宁波文化研究工程·特色文化研究　TS29.201705

浙东文化
与秦晋文化比较研究

南志刚　等著

ZHEJIANG UNIVERSITY PRESS
浙江大学出版社

前言:从中华文化建构观照浙东文化与秦晋文化

　　中华文化是中华民族大家庭中各民族、各区域文化,在长期历史流变过程中,经过不断融合而形成的既具有整体风格,又具有多元特色和丰富内涵的文化,是中华民族文化心理和文化智慧的集中体现。在中华文化的历史建构过程中,浙东文化和秦晋文化都在不同的历史时期,发挥着不同的文化建设作用:一方面,它们都不断吸纳中华文化的整体性文化因子,作为自身文化的主要内容;另一方面,它们又通过与异域文化的整合,借鉴"外来"文化的精神资源。中华文化是以中原文化为大传统的文化,秦晋文化内容融到了中华文化的整体结构中,对中华民族各地域的文化均产生了直接或间接的影响;浙东文化作为具有"异质"特色的文化,总是在中华文化遇到相对困境的时候,以"小传统"力量,促使中华文化吸纳新鲜血液,走向文化新生。近代以降,浙江领风气之先,在中国社会经济文化现代化进程中,表现出秦晋文化难以企及的活力,浙东文化的代表人物放眼看世界,充分吸收世界优秀文化遗产,结合现代中国的国情民情,敢于"拿来",勇于创新,有力地推动了中华文化的现代转型。

　　秦晋文化是内陆性黄土文化代表,浙东文化则是开放性海洋文化代表。黄土文化安土重迁,老成持重,更多体现文化结构的稳定性;海洋文化开放漂泊,充满活力,更多体现文化结构的创新性。一个稳定性,一个创新性,都是中华文化不可或缺的因素:稳定,保障了中华文化虽历经劫难,仍留存文化本色,成为世界上独树一帜且源远流长的文化;创新,克服了中华文化的因循保守,激活了中华文化的内在潜力。秦晋文化和浙东文化虽作用不同,却都为中华文化历史的建构做出了巨大贡献。

　　本书立足于中华文化建构的整体进程,坚持文化价值平等理念,从文化多元共生互融的视角,撷取三秦文化、三晋文化和浙东文化的若干典型性内容,在彰显各自文化内涵与文化个性的同时,注重三地文化精神和价值追求等方面的共通互融,分析三地文化在中华文化建构中的各自作用与文化合力作用。为此,本书采用三种相应研究方法:其一,比较文化学方法,平等对待三秦文化、三晋文化和浙东文化,尊重区域文化个性,深入分析文化事项背后隐含的文化观念和价值追求,发掘区域文化特色和文化内涵。其二,宏观把握与微观分析相结合,即要求从中华文化历史建构和文化价值追求的整体性上把握三地文化的内涵与意义,对三地文化典型案例进行具体分析,勾勒区域文化不同的地理环境、人文传统、文化选择和文化走向,以归纳其"异质"互补性。其三,基础理论研究和应用研究相结合,既对文化形成的基础、历史文化、学术文化等进行比较研究,也对民俗文化、商业文化、文化资源开发利用等进行比较,将基础理论思考与当前文化产业发展结合起来。

　　本书分为六章。

　　第一章,远古文化形成的基础。旨在对浙东区域文化和秦晋区域文化形成基础进行比较分析。黄河流域文化区、长江流域文化区、珠江流域文化区、辽河流域文化区等多种区域文化,集成统一的华夏文明历史长河。本章首先以黄土高原的地形地貌、气候环境为基本依据,分析陕西、山西等黄河中游远古文化形成的基础。其次以东南沿海地形地貌、气候特征为基本依据,分析浙东远古文化形成的基础。最后选取河姆渡文化和半坡文化为典型案例,对比两者的共同点与差异性。河姆渡文化与半坡文化均处于母系氏族社会繁荣时期,选择多水之地作为生存场域,发明了以陶器为标志的生产工具和生活用具,以渔猎为主要生活方式,也显露出种植农业生产的萌芽,在人类文明史上具有重要意义;同时,河姆渡文化和半坡文化也存在着生产工具结构差异、主要农作物品种差异(稻和稷)、居住房屋材料和结构差异等,表现了中华先民在各自生存环境下的不同文化选择。

　　第二章,秦晋与浙东历史文化比较。结合中国历史进程,比较三秦文化、三晋文化和浙东文化形成与兴起的历史时段、文化类型、文化内涵、文化特征等方面,揭示三地文化对中国历史进程的主要贡献。秦文化和晋文化属于典型的黄土地内陆文明,浙东文化更多体现出中国式海洋文明的特点。周秦文化奠定了三秦文化的基本内涵和基本特征,汉唐盛世促进三秦文化达到鼎盛时期,从南宋开始的文化中心转移,三秦文化进入"斜阳"时期,由文化主流走向文化边缘。三晋文化形成于春秋战国—北魏时期,晋及三家分晋形成的文化和北魏文化是三晋文化形成的重要时期，"京师护卫"和多民族文化融合是三晋文化的重要特征。浙东文化的源头是于越文化，春秋战国时期吴越争霸、五代时期的吴越国是浙东文化形成的重要阶段。宋室南渡至元明清阶段，浙东文化的文化内涵不断丰富，文化特色日益彰显，明清两代浙东文化显示出强大生命力，对中国文化全球化、现代化进程产生了重要影响。三秦文化、三晋文化和浙东文化作为区域文化，共同汇聚到中华文化的大家庭中，在中华文化的共同价值取向引领下，不断地支撑着、引领着当地经济社会文化的发展。

第三章，关学与浙东学术，旨在比较分析三地学术文化。在分别描述关学和浙东学术历史发展脉络基础上，提炼关学与浙东学术的共同特征与学术精神。两地学术文化共同特征表现在：源远流长、代有传人；博采众长，有容乃大；书院体制，培育人才。学术精神互通之处表现在：究天人之际的科学创新精神，躬亲礼教的伦理实践精神，刚正不屈的士人品格和爱国精神。

第四章，秦商、晋商与宁波帮。旨在比较分析三地商业文化及其精神内涵，在勾勒秦商、晋商和宁波帮历史发展轨迹的基础上，提炼三大商帮在经营品类、商业范围、突出贡献和文化精神等方面的特征，彰显三大商帮在中国商业文化历史发展中的各自作用与合力作用。特别分析了宁波帮成功实现现代转型的深层原因，指出宁波帮的三个"现代化"：商人身份现代化、经营产业现代化和文化精神现代化。

第五章，黄土地民俗与海洋民俗，旨在进入中华文化深层结构，从民间文化形态角度分析秦、晋文化与浙东文化的不同特征。采用宏观扫描和典型民俗事项分析相结合的方法，从普通老百姓衣食住行、民间艺术、生产活动等方面形成的习惯、理念着眼，以期显现中华民族文化多元并存状态。

第六章，历史文化资源开发与旅游产业，旨在分析三地对待历史文化资源的态度和开发经验。首先，进行三地旅游产业现状的比较分析。其次，选取三地代表性旅游景区开发实例，如兵马俑与法门寺，乔家大院与五台山，天一阁与普陀山等，分析旅游资源开发和旅游产业发展的不同策略，总结先进经验，以期相互借鉴，促进旅游产业发展。

目　录

第一章　远古文化形成的基础

　　远古文化即远古时代的文化,是从人作为新的物种出现起至国家出现前,人类所创造的物质文化和精神文化的总和。它是人类文明的肇始,也是人类社会发展的起步基石。

第一节　自然环境与文化形成

　　在远古时代,人类刚刚从动物界脱颖而出。尽管他们找到了一条与其他物种完全不同的发展道路,开始以自己的生存意志为导向改造自然界,而不是一味接受自然界为自己安排的结果,但觉醒后很长一段时间里,人类的知识和力量都十分有限,依然受到自然界相当程度的限制。这种限制来自于他们生存繁衍区域而不是其他更加遥远的地方,它自始至终影响着远古时代人类的活动,并被忠实地反映在了各地区人类所创造的文化中。不同自然环境造就了不同文化,这些环境因素正是远古文化形成的基础,是人类文明发展到今天呈现出多姿多彩的多元化景象的一大根源。

　　由于远古时代自然环境对人的发展有着巨大影响,当国家产生,人类文明的基石趋于牢固之后,人类在回首自己前进历史时就发现了它的作用。在古希腊时代,希波克拉底认为人类文明决定于气候,柏拉图则发现人类的精神活动往往与海洋同步,相对于他们而言,亚里士多德的理论则更加体系化,他认为一个民族文化的特性乃是受到地理位置、气候、土壤等种种自然因素的综合影响而形成的。十分可惜的是亚氏并没有将这一伟大发现充分完善,而是将其绝对化后应用于政治,认为处于寒冷与炎热之间的希腊人具有统治其他民族的天责,这一谬误对后人的影响与亚里士多德的发现同样深远,逐步发展成"地理环境决定论"。18 世纪时,启蒙运动思想家孟德斯鸠将亚里士多德的理论进一步完善,将自然环境对人的影响具体到生理结构、心理特征、气质性格、宗教信仰、政治制度等各个具体方面,同样掉入了绝对化的陷阱,认为"气候王国才是一切王国的第一位"①,热带诞生专制而温带适宜自由,以此作为反对欧洲君主专制的政治武器。19 世纪末,德国地理学家拉采尔首先将地理环境决定论带入地理学研究,并得到现代地理学奠基人赫特纳和"板块学说之父"魏格纳等著名地理学家的支持,在学术界风噪一时。但其理论的硬伤并没有消除,在地理环境决定论有关社会起源和发展的片面观点遭到后世学者的不断批判后,人们开始将其连同这一理论的部分合理性一起忘却了。

　　人类在不断追求自身发展的过程中逐渐发现自己已处于和自然对立的位置,这种对立的恶果超乎了人类自身的预估。无论是臭氧层空洞、温室气体排放导致的海平面上升,还是因为石油泄漏或塑料等高分子材料生活用品遗弃而产生的各种污染,都在严重影响着人类未来的命运,使人们不得不重新处理自己与自然家园的关系。在这一局面下,自然环境对人类社会发展的影响重新引发了人们的关注,而不仅仅是作为陈旧哲学的一部分过时理论来看待了。远古时代是我们与自然界关系最为密切、和谐的时代,这一时期不同地区的自然环境虽然不能决定后世各文明千百年的发展优劣,却也对它们的走势起了重要的引导作用。这些作用正是自然力量的体现,无视这些作用只会使人类重新堕入盲目自信的深渊,从这一角度看,开展远古时代各文化间形成基础的比较研究,了解远古文化间异同与自然环境差异之间的关系,其意义就远远超出单纯的回望。

　　中国是世界上著名的文明古国,自远古时代起,这片土地上就到处涌现出灿烂文化,同时它也是世界上幅员最为辽阔的几个国家之一,在广袤国土的每个角落,气候类型和自然环境也多不同。正是因为同时拥有远古文化的丰富性和自然环境的多样性两个条件,中国成为开展远古文化形成基础研究的最佳对象。在中华大地孕育的众多远古文明中,发源于黄河中下游地区的黄河文明与发源于长江中下游地区的长江文明无疑是最为繁荣的,

---

　　① ［法］孟德斯鸠:《论法的精神》,孙立坚、孙丕强、樊瑞庆译,陕西人民出版社 2001 年版,第 14 页。

前者的代表为发现于陕西的半坡文化,后者的代表为发现于浙江东部的河姆渡文化。将这两个地区的远古文化形成基础的差异与这两个远古文化在生产、生活方式上的不同分别作比较研究,从而发现这些区别产生的某些规律,是此项研究开展的基本方法和根本目的。

第二节　三地远古文化形成的基础

陕西、山西地区位于中国中部的内陆地区,离海岸线较远,受到东部季风的影响较小。在地理上,这里属于黄土高原的中部和东部,具有鲜明的地理特性。

黄土高原是世界上最大的黄土沉积区,关于它的成因,地理学界一直存有争议,其中影响最大的为"风成说"——来自西部干旱地区的内陆风将细小的尘埃和沙粒带到这里,经过千百年的沉积形成了宽广厚实的黄土塬地,这些塬地被黄河及其众多的支流水系所编织的湍急水网切割成无数座长条状的山梁和馒头状独立的山峁,成为今天支离破碎、沟壑纵深的模样。

从气候类型上看,黄土高原属于大陆性季风气候,季节差异极端而明显。冬季直接暴露在来自西伯利亚的强大干冷气团的影响之下,气候寒冷干燥,常有大风沙,夏季受西太平洋副热带高压和印度洋低压的影响,气候炎热,多暴雨。年降水量由西北向东南递增,按照 400mm 等值线为界可划分为西北部干旱区、中部半干旱区和东南部半湿润区,而远古文明发祥地陕西、山西地区主要位于中部半干旱区和东南部半湿润区,是黄土高原降水量比较丰富的区域,但仍然不能和我国东部、南部和东南部的广大地区相比。另一方面,黄土中氮、磷等植物生长所必需的元素成分含量较低,使得黄土高原的大部分地区植被覆盖率较低,森林主要分布在梁峁间的河谷地带,而梁峁坡面和塬地上分布的主要是草原。由于植被覆盖率本来不高,加之黄土还存在着孔隙大、结构松散的问题,这一地区的水土流失现象极为严重,生态系统很容易被破坏。从人类生存繁衍的角度看,这里的自然环境客观上较我国东部和南部的平原地区稍逊一些。

尽管对于人类来说,黄土高原的自然环境并不是最为优秀的,但这并不能妨碍它成为我国最早有人类活动的地区之一。早在 110 万年前,黄土高原迎来了它最早的人类居民——蓝田人。此后,这块土地上的人类活动并没有因为自然环境的逐渐恶化而停滞,陕西大荔人和山西丁村人的发现,都雄辩地证明了人类自出现开始就成功地深深扎根于这块土地之中,这是半坡文化,也是后世黄河文明形成的重要基础。

浙东远古文化发源于宁绍平原,位于浙江省最东部,北接杭州湾与长江下游平原,东临浩瀚的海洋,西部和南部为丘陵包围。从气候类型上看,这里属于亚热带季风气候,冬季虽然也受寒冷大陆气团影响,但远没有西北地区大,相对而言温和许多,夏季受西太平洋副热带高压控制普遍炎热高温。除此之外,由于地处大陆气团影响的最前沿,同时又是热带海洋气团影响大陆的首冲,因此,这里气旋活动频繁。降水量较为丰沛,年降水量平均达到1000mm左右,且主要集中在春夏之际。受到长江水系的影响,加上丰富的降水量,这里逐渐形成了河湖密布的湿地平原特征。这里的土壤多是河湖泥沙沉积而成,有机物含量较丰富,加之气候温和、降水充足,非常适合植物的生长。因此植被覆盖率很高,尤其是在远古文化的发源时代,气候相对于现在更加温暖湿润,甚至类似于今天广东、广西地区,包括象、犀等热带动物在内的各类动物都活动于这一区域,这也为人类的繁衍生息提供了优良的条件。[①]

浙东地区属于长江下游流域,而长江流域是中国最早有人类活动的地区,早在200万年前,著名的巫山人已经生活在这片水域中游附近了。尽管长江下游地区出现人类活动要比中游地区晚很多,但这里得天独厚的自然条件却是文明诞生的温床。考古资料表明,早在5万年前,浙江地区已有人类活动的遗迹,远古先民们在这片富饶的土地上不断繁衍生息,最终使这里成为了长江文明的发源地,创造了灿烂的河姆渡文化。

第三节　河姆渡文化与半坡文化比较研究

作为中国远古文化的代表,河姆渡文化与半坡文化有着许多相同的特征。首先,二者所处的时代背景大致相同,经碳14测定及年轮校正后,河姆渡文化的发源时代大致在距今约7000年前,略早于半坡文化的6000多年,二者基本上还是处于同一社会发展阶段,即母系氏族社会的繁荣阶段。女性是这一时代社会的主导力量,她们不仅在生产中占据主要位置,还是家庭、部落组成的基础,婚姻、丧葬等社会活动也都围绕妇女展开,这是这一时

---

① 林华东:《河姆渡文化初探》,浙江人民出版社1992年版,第74页。

期文化的基本特征。

由于所处的时代接近,河姆渡文化与半坡文化的社会组织形式与生产生活条件也基本相同。人们以氏族形式聚居,构成一个个部落,氏族或部落的领袖都由女性担任。无论是河姆渡文化还是半坡文化的先民都已经学会建造房屋,开始在自然环境中营造固定的生存空间。在生产工具方面,金属工具还没有被发明,人们采用能够天然直接获取的材料制作工具,但一种新的生产生活用具——陶器已经被发明,其技术也被迅速推向成熟,逐渐成为人们生活中不可或缺的重要元素。

河姆渡文化与半坡文化都发源于大江大河的流域覆盖地区,水资源充足,自然条件相对于远离水源的其他地区优越。因此,在这种特定环境滋养下,二者也和世界各地的其他受江河眷顾的文明发祥地一样,成为农耕文明兴起的摇篮。无论是河姆渡文化还是半坡文化,都发明了种植技术,产生了原始农业的萌芽。尽管渔猎经济在很长一段时期内仍然在社会生产中占有较大的比重,但这些萌芽的作用不可小视,它的发展在一定程度上决定了后世中国社会经济的走向,也为中国文化的繁荣奠定了最初的基石。

尽管河姆渡文化与半坡文化存在着诸多的共同点,但二者在具体细节上的不同也显而易见。这种差异,多数可以追溯到二者发源地的自然环境差异上,是远古文化形成基础比较研究开展的重要参考资料,归纳起来主要有以下几点:

1. 生产工具的结构差异

尽管河姆渡文化与半坡文化的先民使用的工具都是以天然材料加工的工具为主,但二者在结构上存在着巨大差异。根据考古发掘情况看,河姆渡先民的生产工具有骨器(包括牙制和角制器物)、木器、石器、陶器等,其中骨器居主要地位,木器也占据着相当重要的位置。[①] 河姆渡文化的骨器制作水平很高,除了前代文化已有的骨针、骨镞、鱼钩等小件器物外,还能加工一些相对大型的器物,其中最有代表性的是用于耕作的骨耜和用于纺织的骨匕。

河姆渡文化的骨耜作用如同现代的铲,多由一整块有蹄类动物的肩胛骨加工而成,骨耜上不仅有用于系绑绳索的穿孔,还留有安装木柄的銎和装柄浅槽,使工具在使用时更加牢固耐用,是河姆渡文化最具代表性的生产工具。骨匕是一种纺织工具,因其形似匕首而得名,一端长而宽扁,类似匕首刀刃部分,另一端为一个细小的把手,类似匕首的柄。这类骨匕也多是用一

---

① 　张之恒.《中国考古通论》,南京大学出版社 2009 年版,第 240 页。

整根大型动物的肋骨制成,通体打磨光滑,在制作难度上更高于骨耜,许多器物身上还雕刻有细密阴刻线构成的纹饰,以各类凤鸟图腾最为典型,表现出高超的工艺水平。

木器在河姆渡文化遗址中发现也较多,且种类十分丰富,有矛、匕、铲、纺轮、槌、器柄、桨、矢、碗、桶、棍、齿状器、经轴等,加工工艺同样高超。矛的前端有经过火烧硬化的处理痕迹,攻击性和耐用性都有提高。木碗上发现了髹漆的痕迹,是中国发现的最早漆器文物。① 当然,最能反映当时木器加工技术的还是一些大型木器,这其中除了有带有复杂精密榫卯的各种建筑构件,还有六支木桨。② 有桨必定有船,尽管河姆渡遗址并没有发现完整的独木舟遗存,但考古人员还是在遗址中发现一块中心挖空,一端收敛略尖,一端残损,横截面为弧形的巨大残存木器,被当做作板使用,应该是当时一条废弃的独木舟。③ 另外,在新近发现的河姆渡文化余姚田螺山遗址还出土了保存较为完整的独木桥和木构寨墙。④ 在当时的条件下,制作这样巨大的木器是要耗费大量的人力物力的,而河姆渡人用简单的工具完成了这些奇迹般的作品,不能不令人惊叹。

与河姆渡文化的先民相比,半坡文化先民的主要生产工具为石器,且加工较为粗糙,缺乏整齐的棱角,加工部位多在器物的刃部,通体打磨器很少。骨器多为小件的骨镞、骨针、鱼钩等,没有大型器物,也没有木器发现的记录。⑤ 客观地说,半坡文化尽管稍晚于河姆渡文化,在决定生产力大小的一项重要环节——生产工具的制造上,似乎要稍落后于河姆渡文化。这一现象恐怕和二者发源地的环境脱不了关系,河姆渡文化的发源地宁绍平原,无论是植被覆盖率还是物种丰富程度都远远高于黄土高原,优越的自然环境在为河姆渡文化的先民们带来丰富的生存资源之外,也提供了丰富的工具材料,这也正是骨、木等可以直接由生物体获得,加工也较方便的原料成为河姆渡人生产工具的重要原因。而生活于黄土高原的半坡人,获取这些原材料的机会相对小得多,尤其是木材,对于生态系统极为脆弱的地区来说,

---

① 刘军:《河姆渡文化》,文物出版社 2006 年版,第 102 页。
② 陈忠来:《河姆渡文化探源》,团结出版社 1993 年版,第 40 页。
③ 林华东:《河姆渡文化初探》,浙江人民出版社 1992 年版,第 142 页。
④ 田螺山遗址编委会:《田螺山遗址——河姆渡文化新视窗》,西泠印社出版社 2009 年版,第 81 页。
⑤ 张之恒:《中国考古通论》,南京大学出版社 2009 年版,第 123 页。

几乎是不可能长期持续采伐的,因此在半坡文化中没有发现这些器物,也就不足为奇了。

2. 主要经济作物不同

河姆渡文化和半坡文化都产生了原始种植业,但二者的主要经济作物完全不同。

考古发掘资料显示,河姆渡文化是世界稻作文化的起源,水稻是当时河姆渡人最主要的经济作物。在河姆渡文化年代最早的第四层中,发现有大量稻谷、谷壳、稻秆、稻叶的堆积,最厚处甚至超过一米。根据同时出土的水生植物孢粉,以及出土骨骼所属动物的生活习性来看,河姆渡文化先民生存的区域很可能有大片的沼泽分布,且气候温暖湿润,降水充足,这一环境为水稻的栽培创造了良好的条件,是这里成为稻作文化发祥地的自然基础。

半坡文化的先民们主要的经济作物是粟,或称稷,也就是小米。考古人员曾在半坡遗址中多次发现罐装和窖藏的粟,这种作物不同于水稻,对水和土壤的要求不高,是优秀的耐干旱、耐贫瘠作物,非常适合生活于黄土高原的先民们种植。此后,粟作为黄河流域耕作文化的代表随着黄河文明的壮大而深入人心,不仅是人们赖以生存的必需品,还登堂入室进入了祭祀活动,成为不可或缺的供奉品,并作为农业的象征成为了早期中华文明的重要文化符号。

3. 房屋建筑主要形式不同

考古资料显示,半坡文化先民的房屋建筑形式主要有圆形半地穴式、方形半地穴式、圆形地面式、方形地面式和方形地面连间式。[①] 其中方形地面连间式的房屋在半坡文化遗址中发现得极少,而总体上看,地面式房屋又远远少于半地穴式房屋,圆形、方形半地穴式房屋是半坡文化的主要建筑类型,其中圆形半地穴式一般面积较小,方形半地穴式一般面积较大。这种建筑的特点是房基凹入地下,坑壁基本上就是房屋的墙壁,房屋内设有灶坑,但基本没有隔间,只在入口的两侧设有两道隔墙,房屋内的居住面经各种材料涂抹后烘烤坚实,房屋内外都埋立柱,用于支撑顶棚。这种建筑高出地面的部分很少,还带有浓重的穴居风俗遗留,保留了大量的原始气息。圆形、方形地面式建筑的格局基本同于半地穴式建筑,区别是地基不下凹,平地起墙,墙体由草拌泥的红烧土或石灰质物质构成,立柱嵌于墙中支撑屋顶。这

---

① 中国科学院考古所编:《新中国的考古发现和研究》,文物出版社 1984 年版,第56 页。

种建筑相对于半地穴式建筑更加接近现代建筑,是建筑工艺进步的表现。

　　不同于半坡文化的先民,河姆渡文化的先民采用相对复杂得多的榫卯式结构建造房屋,创造了作为中国木结构建筑鼻祖的干栏式建筑。这种建筑完全由木材拼接,材料之间有精巧的榫卯用于加固,其外形上最大的特点是居住面高于地平面,建造于数排桩木之上,居住面以下腾空,甚至可以部分半立于水中,与后世我国南方许多少数民族居住的吊脚楼在基本结构上没有太大的分别,是先民们智慧的结晶。

　　半坡文化和河姆渡文化的先民房屋的建筑方式不同,主要取决于黄土高原与宁绍平原不同的自然环境。黄土高原的植被覆盖率相对较低,而黄土本身又有极易采取的特性,因此半坡文化的先民在建筑房屋时自然多采用土工的形式。当然,黄土质地疏松,不能直接作为建筑材料,必须经过火烧,拌入草枝或石灰等材料加固后才有稳定性①,因此相对于直接挖掘房体来说,在平面上垒砌地面建筑的难度无疑要大得多。直到现在,生活于黄土高原的人们还在黄土层中直接开掘窑洞,这也正是半坡文化中半地穴式建筑仍然占据建筑形式的主流,没有完全让步于地面式建筑的重要原因。

　　7000年前的宁绍平原温暖多雨,降水丰富,尤其是每年夏秋之际多暴雨暴风等强对流天气。森林覆盖率高,使得人们被迫与各类毒虫猛兽同居,受各种湿热瘴毒的侵扰。在这些不利因素面前,河姆渡人就地取材,发明了干栏式木构建筑以增强安全性。相对于原始的土工建筑,有着榫卯穿插的木结构体系在坚固度上占有明显的优势,可以抵御雨水的长期侵蚀和各种强对流天气的侵害,凌空而起的干栏式结构又将人们与来自于森林的湿热瘴毒、毒虫猛兽相隔开来,避免了河湖泛滥的侵害,提高了居住的安全性②,而这种独特的建筑形式也在与当年宁绍平原自然条件相近的西南地区少数民族建筑中保留。

　　4. 陶器制作工艺和装饰工艺不同

　　对于河姆渡文化和半坡文化的先民们来说,陶器都是必不可少的生活用具,但从考古出土的实物来看,这两个文化的制陶工艺仍然存在着许多差异,主要表现在陶器的制作工艺和装饰工艺两个方面。

　　首先看陶器的制作工艺。一般认为,半坡文化的陶器制作技术已基本

---

　　①　中国科学院考古所编:《新中国的考古发现和研究》,文物出版社1984年版,第58页。

　　②　陈忠来:《河姆渡文化探源》,团结出版社1993年版,第65页。

超越陶器制作发明的初期阶段。其胎土用料都来源于当地,主要可分为两种:一种胎质较为细腻,烧成后胎体呈现砖红色,称为泥质红陶;另一种陶器胎色相近,但胎质稍粗,胎土中夹杂着细小的沙砾,称为夹砂红陶,烧成温度约为 950—1050 摄氏度。所有陶器皆为纯手制,小件器物直接捏塑成型,大件器物则采用泥条盘筑法,即使用长泥条盘旋堆砌成基本型,再用手工修整牢固的技术。特大件器物则采用泥圈叠加法,即先用多个大泥圈砌出基本型,再手工修整牢固的技术。小件器物一般胎质较细,而胎质较粗的夹砂红陶多为大件或特大件的炊具和容器。尽管如此,我们并不能说夹砂红陶是半坡陶器中较为粗陋的品种,根据现有的研究成果看,夹砂红陶的胎质并非是由于淘洗不够精细而致粗疏,相反其中的沙砾很可能是故意加入的,以此来提高大型器物胎土在受热后的稳定性,提高成品率。如此看来,这反而应该是半坡文化的先民高超制陶工艺的重要体现了。[①]

从已发现的实物来看,半坡文化的陶器皆为平底器、尖底器或圜底器,尖足器极少,没有袋足器。[②] 器型主要有钵、盆、壶、罐、瓮、豆、灶等,其中最有代表性的是一种尖底瓶,这种瓶是当时的一种汲水器,特征为小口带唇,鼓腹尖底,腹部两侧带系,可穿绳索。这种尖底瓶在造型上符合力学原理,放入水中后即快速下沉,盛满水后会自动立起,方便取用,是远古先民们智慧的结晶。

相对于半坡文化,河姆渡文化的陶器制作工艺更为原始,从现有的实物来看,贯穿全部四个文化层,出土数量最多的,也是最具代表性的是一种被称为夹炭黑陶的陶器。这种陶器胎质灰黑粗松,因在胎骨中往往存在大量植物屑和料炭化后残留的木炭颗粒而得名,烧成温度大约为 800—850 摄氏度,成品硬度低,吸水性强。所有陶器均为手制,小件器物直接捏塑成型,大件器物也采用泥条盘筑法制作,造型不准确、胎壁厚薄不均、弧度不统一等问题大量存在。尽管有学者认为夹炭黑陶胎体中的炭化植物是河姆渡人有意添加入陶土的,其作用与夹砂红陶中的沙粒一样,可以提高器物在烧制过程中的稳定性[③],但无论这种说法是否真实,从出土器物来看,在烧制温度、器型规制度和吸水率的比较上,河姆渡文化的夹炭黑陶的表现都略逊于半

① 中国科学院考古所编:《新中国的考古发现和研究》,文物出版社 1984 年版,第 61 页。

② 张之恒:《中国考古通论》,南京大学出版社 2009 年版,第 124 页。

③ 林华东:《河姆渡文化初探》,浙江人民出版社 1992 年版,第 84 页。

坡文化的陶器,表现出陶器制作技术的原始性。①

河姆渡文化的陶器多圜底器和平底器,但包括鼎、鬶在内的尖足器多于半坡文化,主要器型有釜、钵、罐、鼎、盉、鬶、灶、甑、支座等,其中最有代表性的是一种陶釜。这种陶釜明显地分为口、颈、肩、腹四区,口多敛口,少数为敞口,颈肩多粗壮,常突出器表呈起棱状,早期的颈部更是超过肩部,外撇成喇叭状,颈肩的起棱带有高起的脊突。器腹一般较深,底为弧度较大的圜底,与一种陶制支座或陶灶配套使用。

无论从陶器的选料、烧制的温度还是器型的准确性和技术的创新性来看,河姆渡文化的制陶工艺都要逊色于半坡文化的制陶工艺,而在主要器型上,二者也存在着明显的差异。半坡文化的代表器型多为盆、瓶、壶等水器,以平底器居多,带有直接加热功能的圜底器,尤其是尖足器的数量很少;而河姆渡文化的代表器型多炊器,带加热功能的圜底器占主要位置,尖足器的数量也多于半坡文化。由此我们似乎可以得出这样的结论:半坡文化的先民在生活中比较在意处理人与水的关系,而河姆渡文化的先民则更关心与火有关的事务。这一构想并非空穴来风,而恰恰是与黄土高原与宁绍平原各自不利于人类生存繁衍的主要矛盾面相适应的。

居住于黄土高原的半坡文化先民,与水的矛盾显而易见,干燥的气候使人们更加注意水的贮存,于是水器就成了半坡陶器的主要器类。除了气候干燥带来的相对缺水问题外,水源的取用问题也很尖锐。黄河水流湍急,高原中的小溪小河多位于梁峁间的深谷,直接汲取与平原地区相比难度增大了很多,而著名的尖底瓶正是具有远距离取水的妙处,因此极有可能就是为适应这种矛盾而被发明出来的。

不同于黄土高原,河姆渡区域并不缺乏水源,这里河湖众多,地势平坦,水的取用也很容易,在 7000 年前,这里的气候与现在相比要更加温暖湿润。广阔的森林分布区内气候湿热,猛兽盘踞,毒虫孳生,人在这种环境下生活也容易染各种疾病。因此,对于河姆渡文化的先民来说,处理好这一问题是关系生存的重大问题,解决问题最简单的办法就是增加火的使用。火可以干燥空气,还可以驱赶猛兽毒虫,提高食物的卫生程度。陶器中丰富的炊器种类,正是河姆渡人热衷于用火的最佳例证。除了陶釜的盛行,河姆渡人还能够制造各种设计精美、搭配巧妙的灶和甑,尤其是体型硕大的陶灶。这种

---

① 中国科学院考古所编:《新中国的考古发现和研究》,文物出版社 1984 年版,第148 页。

陶灶形似倒置的头盔,器内有安放陶釜的乳突支点,支点到生火处留有部分空间,用于通风,盔状兜起的造型既便于稳定柴火,又能防止火星的外溅,灶底设有圈足支架,灶外壁两侧有系可以提拿,随时可以抬入生活区使用。陶灶的使用,是人类的烹饪习惯由直接用火烘烤食物向隔火蒸煮食物过渡的一个重要标志,在中国烹饪史上具有里程碑的意义。从此人们就可以不用受天气的影响自由享用烹饪过的食物了,这正是河姆渡人热衷于探索与火相关事务的重要体现。①

再来看半坡文化与河姆渡文化陶器在装饰艺术上的区别。作为一个在当时刚发明不久的新兴事物,陶器成为远古文明文化艺术的重要载体,陶器的装饰艺术就是一个远古文化艺术风格的主要代表。那么半坡文化与河姆渡文化的陶器装饰艺术具体有哪些不同呢?

在装饰手法上,半坡文化的先民选择用平涂的方式在陶器上表现艺术效果,创造了闻名于世的半坡彩陶文化。半坡文化的彩陶,主要由含锰量较高的黑色矿物颜料绘作,很少使用赭石等含铁量高、偏红色系的颜料,在绘制时多用直线条,很少使用弧线,常见的纹饰有:宽带纹、平行线条纹、三角纹、网纹、鹿纹、人面纹、鱼纹和由鱼纹演变而来的各种图案,其中最为典型的是人面纹和鱼纹,多绘制在泥质陶盆上。② 这些图案虽多由简单线条和色块构成,不具立体感,但艺术形象生动活泼,极富装饰性,具有朴实而灵动的艺术气息。通过考察半坡文化彩陶中的主要纹饰,不难发现除了代表半坡文化先民自身的人面纹外,与水有关的网纹、鱼纹和由鱼纹演变而来的各种图案占有极其特殊和重要的地位,这依然是半坡文化的先民尤其关注与水之间关系的重要体现。

不同于半坡文化,河姆渡文化的先民多采用雕刻和雕塑的手法装饰陶器,这点与河姆渡文化的其他艺术品的装饰手法是相一致的。河姆渡文化最负盛名的艺术精品——"双鸟异日"象牙雕,在一块蝶形象牙块上用细密流畅的阴刻线,描绘了一对凤鸟托抬光焰万丈的太阳缓缓升起的场景,整个图案布局精妙,刻画细腻,堪称远古雕刻艺术精品。③ 相比牙、骨质器物上的雕刻工艺,河姆渡文化的陶器装饰工艺也毫不逊色,除了普遍存在的一些较

---

① 陈忠来:《河姆渡文化探源》,团结出版社1993年版,第100页。

② 张之恒:《中国考古通论》,南京大学出版社2009年版,第124页。

③ 浙江省文物考古所编:《河姆渡——新石器时代遗址考古发掘报告》,文物出版社2003年版,彩图版六一。

为简单的刻线纹装饰外,一些艺术精品运用阴刻线的技术可谓炉火纯青。如著名的猪纹黑陶钵,在钵的外壁用阴刻线刻画了一头屈肢俯首的猪形象。不同于半坡文化的先民在装饰时较少使用曲线和弧线,河姆渡文化的先民特别热衷于用各种弧度不一的曲线,甚至于用圆形线条构筑图案。在陶钵上的猪图案中,除了鼻端和背部的鬣毛使用短直线表示外,身体的其他部分都用各种曲线表示,头部和腹部中心各装饰有圆形阴刻线,用来表示眼睛和身体肌肉,而腿部的曲线基本没有规律,弧度按照猪的解剖学结构自然延伸,使整个猪的图案仿佛正在行走一般,极具灵动感。[1] 在河姆渡遗址发现的一块陶片上,人们发现了由阴刻线组成的盆栽植物图案,该图案底部盆的部分由直线组成长方形图案,主体植物部分完全由曲线构成,用短小均匀的弧线表现植物的叶脉,用长而多波折的曲线表现植物宽大叶片的卷折效果,线条随意流畅,颇有后世写意花卉画的意蕴。更值得称道的是,植物的叶脉并不是平行分布在叶子的中间,而是随叶片卷折方向分布,其弧度的曲面也基本与叶片卷折的曲面一致。这说明河姆渡人已经具备了空间透视的能力,能够在一定程度上用线条表现立体的事物了,这在艺术发展史上是一个重要的飞跃。[2]

　　除了以阴刻浮雕手法,河姆渡人的圆雕技艺也十分高超,能够制作各种立体艺术形象,已发现的陶塑作品包括陶猪、陶牛、陶羊、陶狗、陶兔、陶鱼、陶蝾螈、陶怪兽、陶人首等,这些陶塑并不刻意描绘细节,多着重塑造作品的立面造型。如一件著名的陶猪,周身并不施刀,五官、肌肉、毛发皆不作描绘,采用纯捏塑的手法塑造,背部高耸,垂耳俯首,四蹄微向前屈,造型准确而不乏生动情趣,整件作品具有超乎精雕细刻的灵动感。[3] 又如一件陶塑人头,只有眉眼和口部用简单阴刻线装饰,其余完全由捏塑手法制作,人面长狭,基本作上稍宽的圆柱状,看似刻板,但在颧骨和鼻部却陡然高出脸部许多,呈夸张的小丘状,为整件作品注入生动气息,使之拥有了突出描绘对象

---

① 浙江省文物考古所编:《河姆渡——新石器时代遗址考古发掘报告》,文物出版社2003年版,彩图版一四。

② 浙江省文物考古所编:《河姆渡——新石器时代遗址考古发掘报告》,文物出版社2003年版,彩图版四一。

③ 浙江省文物考古所编:《河姆渡——新石器时代遗址考古发掘报告》,文物出版社2003年版,彩图版四七。

脸部特征的漫画效果,表现力极强。①

　　既然半坡文化的陶器装饰艺术仍然带有强烈的水崇拜气息,那么河姆渡文化的陶器装饰艺术又与其发源地的自然环境有着什么关系呢?通过简单考察河姆渡文化陶器中出现的艺术形象,我们可以发现,无论是雕刻还是陶塑都在尽力展现与养殖业有关的内容,其中以猪的形象最为典型,既出现在了雕刻中,又出现在了陶塑中,这正是河姆渡人生活面貌的集中体现。相对于半坡文化,河姆渡文化的养殖业要发达很多,这与两地的自然环境差异不无关联。半坡文化先民居住的黄土高原,无论在动物的种类还是绝对数量上都不丰富,且植被覆盖率低,不足以为大规模人工饲养提供饲料,而宁绍平原的广阔森林中生活着大量容易被驯服的动物,林区大量的果实和沼泽平原区丰美的水草也为养殖业的发展提供了丰富的饲料。从考古资料来看,目前可以确定为人工驯养的牲畜有猪、狗、羊和水牛,另外如兔、麋鹿等也有驯养的可能,但尚缺乏物种学上绝对的证据。② 在所有驯养牲畜中,数量最多的就是猪,在河姆渡文化的地层中几乎随处都能发现猪的骨骼,其中超过一半的骨骼属于未成年个体,证明在驯养后不久即被宰杀,除此之外,狗的骨骼也相当丰富③,这些证据足以反映当时养殖业之发达,也正是艺术作品中屡次出现猪、狗等牲畜形象的主要原因。

　　5. 丧葬文化不同

　　如果说远古时代包括陶器装饰在内的各类工艺美术体现了先民们对于生的热情,那么有关丧葬事务的文化内容就彰显了先民们对于死的理解了。从考古资料看,河姆渡文化和半坡文化在丧葬文化上的差异非常大,这不仅仅是一个特殊的文化现象,还深深影响了后世的文明发展进程。

　　在河姆渡文化遗址中,考古人员清理出的墓葬数很少,四个文化层一共只有 30 座,所有墓葬均无墓坑,其中 4 座婴儿墓葬有作瓮棺的葬具,瓮棺为普通陶釜、陶罐,带有相当的临时性,成人墓葬不见葬具。年代最早的第四层没有发现成人墓葬,只清理出三个幼儿的瓮棺葬。第二、三层的墓流行单人侧身屈肢葬,个别为俯身葬。第一层多单人仰身直肢葬,少数为仰身屈肢

---

　　① 　浙江省文物考古所编:《河姆渡——新石器时代遗址考古发掘报告》,文物出版社 2003 年版,彩图版六一。

　　② 　陈忠来:《河姆渡文化探源》,团结出版社 1993 年版,第 80 页。

　　③ 　中国科学院考古所编:《新中国的考古发现和研究》,文物出版社 1984 年版,第 146 页。

葬。各层位尸骨头部朝向并不统一,第二、三层头多朝东或东北,第一层头多朝西或西北。另外,随葬品普遍出现在第一层的墓葬中,第二、三层的墓葬极少有随葬品发现,第一层墓葬中的随葬品多为釜、豆等生活用品,较少见到生产工具。①

相对于河姆渡文化,半坡文化的丧葬习俗要考究得多,以半坡遗址为例,考古人员共清理出250座墓葬,其中成人墓174座,除2座位于遗址东、南部,2座位于灰坑内外,绝大多数墓葬都统一安排在遗址北面的墓地中。墓地除东南方稍乱外,其余均排列整齐,墓葬中遗骨绝大多数头朝西方,误差一般不超过20度,葬式绝大多数为仰身直肢葬,另有少数俯身葬、屈肢葬和二次葬。有随葬品的墓大约占到总数的二分之一,随葬品数量最多的有17件,一般以五六件者为常见,基本组合是由罐、钵、尖底瓶和壶组成的生活套装,部分陶器器口被有意识地破坏后随葬。

除了成人墓葬,另有76座幼儿墓葬,葬俗同样考究。在76座幼儿墓葬中,有73座实行瓮棺葬,多埋在住房的周围。瓮棺并非如河姆渡文化般带有随意性,而是有一定的模式,一般以瓮盛尸骨,上扣一个陶盆或陶钵,作为棺盖。盆或钵的底部多有人为凿出的小孔,意在供灵魂出入使用。另有3座幼儿土坑墓,其中1座较为特殊,墓主为一名三四岁左右的女童,出土包括各类陶器、饰物在内的随葬品达79件之多,在随葬的钵内还发现了粟的痕迹。除此之外,此墓还是所有半坡墓葬中唯一使用葬具的,葬具为木板。这种厚葬幼儿的葬俗在其他半坡文化遗址中也有发现,当是考察半坡文化丧葬文化的重要对象。②

河姆渡文化与半坡文化的先民对于丧葬事务的关注程度完全不同,河姆渡文化的丧葬习惯应该到第三文化层所处时代才刚刚开始,第四文化层中简易的瓮棺葬很可能只是出于对于幼体夭折的怜悯,换言之这种行为还停留在动物性本能层面,并没有推广到普遍个体。在丧葬习惯出现后,很长一段时间内可能还仅限于埋藏尸骨,没有深入到精神层面,因此人们还长期缺乏对于死亡的理解,这点从墓葬缺乏统一的墓地和墓坑,随葬品也极少的现象可以判断。直到第一文化层所处时期,随葬品开始普遍出现,表明人们开始普遍有意识地考虑灵魂归宿的问题,对于死亡的理解初步形成,但从葬

---

① 陈忠来:《河姆渡文化探源》,团结出版社1993年版,第205页。

② 中国科学院考古所编:《新中国的考古发现和研究》,文物出版社1984年版,第63页。

俗简单的情况来看,人们对于这一精神问题的探究兴趣还是十分有限。除此之外,头向的改变,反映了新兴的丧葬习惯并不是立足于旧的基础上的,可以说河姆渡文化第一文化层时期丧葬文化的发展,是具有一定突然性的,而不是一个有序传承的过程。

与河姆渡文化相比,半坡文化的丧葬习俗可谓繁复细密。尽管河姆渡文化在年代上要略早于半坡文化,但其正式出现丧葬现象的年代,与半坡文化所处时期是基本契合的,而其丧葬文化发展较快的第一文化层时期还要晚于半坡文化。至于丧葬习俗的内容,无论是墓地的选择、墓坑的排列,还是随葬品的使用和处理,尸骨的朝向,乃至瓮棺的形式,半坡人都有着统一的规划和安排,具有明显的制度化倾向。这种制度式葬俗贯穿半坡文化始终,是一个有序传承的过程。这种重视统一、重视延续的文化习惯并没有随着半坡文化的衰落而消失,而是在黄河流域不断丰富,继续发扬,最终形成了最初的礼乐制度,使黄河文明率先立足于中华大地精神文化之巅。

究竟是什么原因导致了河姆渡文化与半坡文化在对待丧葬事务的态度上有如此大的差别,这其中又有多少与二者形成基础间的差异有关呢? 河姆渡文化在自然条件以及社会经济的诸多领域较稍晚于它的半坡文化优秀,因此直接以生产力发展水平或社会进步程度来衡量二者在丧葬文化上的差异是站不住脚的,解决问题的关键恐怕还是存在于我们已经了解的信息中。由于河姆渡人生活区域的自然条件相对平和,无论是气候上还是地理上都不存在较为极端的因素,而这种条件本身也适合开展各项生产活动,使得河姆渡人能够专心于创造物质财富,即便以较小的群体为单位生活,依然能够繁衍生息。在这种状态下,在物质生活上相对较为自如的河姆渡人可能就不会对死亡特别关心了。半坡人则不同,他们生活在自然条件相对不稳定的环境当中,气候季节变化大,地理条件不佳,生态系统脆弱,各种自然灾害频频威胁着他们的生存。在这种相对极端的自然环境下,一方面,人们容易对于自然现象产生反应,将其视为神秘力量加以崇拜,同时激起对于自身处境的思考,原始的丧葬行为正是基于这种思考而出现的;另一方面,不同于河姆渡人,半坡人在相对恶劣的环境下恐怕无法以较小的群体存在,必须依靠社会性更加强的组织形式才能在夹缝中求生,这点从两个文化的代表遗址在规模上的差距就能体现,河姆渡遗址的发掘面积为 2630 平方米①,而半坡遗址的发掘面积达到 10000 平方米,估计半坡人的完整居住区大约在 30000 平方米左右②,二者社会组织规模的差距显而易见,在这种条件下,半坡人也养成了与河姆渡人不尽相同的文化观念。首先,他们极容易,也极希望死去的先人仍能作为他们的同伴继续生活在他们周围,以保持集体的力量。这使得半坡人从事丧葬活动的愿望加强,并催生了视死如生的随葬行为。其次,加强社会性的愿望使得半坡人在日常生活中,统一和制式的要求越来越多,这些要求最终上升到精神世界,形成固定的原始信仰,并反映到丧葬文化活动中。当然,这种统一性源于人们无论贫富贵贱都要面对的自然环境问题,因此只停留于人们的精神世界,并不能阻止社会前进的脚步,半坡墓葬拥有较统一的葬式但却有随葬品的数量分化说明了这一问题。最典型的例子即是那一例独特的女童土坑墓葬,这种厚葬幼儿的行为说明死者的地位必然高于一般半坡人,这表明在统一的精神状态下,人的个体境遇差异并没有消失,推动社会进步的物质刺激也仍然存在,而当自然对于人的控制逐渐减弱时,这种最初的统一也将在局部有所改变,人们的精神刺激将更多地来源于人类社会本身所发生的变化,从而产生更加复杂化的文化内容。

---

① 中国科学院考古所编:《新中国的考古发现和研究》,文物出版社 1984 年版,第 145 页。

② 中国科学院考古所编:《新中国的考古发现和研究》,文物出版社 1984 年版,第 54 页。

第二章　秦晋与浙东历史文化比较

　　远古文化以降,在今天陕西、山西和浙东地区逐渐形成了三种特色鲜明的区域文化,从而成为三秦文化、三晋文化和浙东文化形成的源头。从文明类型来说,秦文化和晋文化属于典型的黄土地内陆文明,而浙东文化则更多体现出中国式海洋文明的特点。

　　三秦之地有秦岭、黄河及其支流渭河、泾河,是周人、秦人活动的主要区域。周秦文化对于三秦文化的形成具有深刻的历史影响,它构成三秦文化的主体内容。到了汉唐时期,长安作为帝国首都,三秦文化借助这一优势逐步定型,形成了内涵丰富、特色鲜明的文化形态。三晋位于黄河流域和太行山之间,春秋时期的晋国,以及三家分晋之后的韩、赵、魏,构成晋文化的主体,经过汉唐盛世的充分发酵,特别是南北朝时期发展,三晋文化趋于定型。秦文化和晋文化形成的地理条件、历史时期更加接近,文化的共通性更多。

　　浙东文化的源头是于越文化,于越之地远离中原地区,与中原文化交流相对较少,其文化形成具有海洋文化的鲜明特点。远古历史上三次海侵而形成的宁绍平原,是于越民族的主要活动区域,春秋战国时期吴越争霸、五代时期钱镠建立的吴越国是浙东文化形成的重要阶段。宋室南渡,以至元明清阶段,浙东文化显示出强大的生命力,并在中国文化全球化、现代化进程中,扮演着重要的角色。

　　从文化交流来说,三秦文化和三晋文化由于地缘关系,自古以来就有频繁交流,唐代以后也成为中华多民族文化冲突与融合的主要区域,两地文化与浙东文化的交流则相对较少。南北朝时期,政治上的南北对峙也导致了文化上的南北对峙,文化交流主要表现为北方士族南迁,带动包括浙东文化在内的南方文化兴起。明清以后,随着浙东文化品质不断上升,三地文化的交流日益增多,明清时期形成的秦商、晋商和宁波帮,极大地促进了三地商业文化的交流,也将三地文化交流带到一个新的层面。

三秦文化、三晋文化和浙东文化作为区域文化,共同汇聚到中国文化的大家庭里,在中国文化的共同价值取向引领下,不断地支撑着、引领着本地经济社会的发展。

第一节　三地文化的形成与兴起

秦文化、晋文化和浙东文化诞生的地域大相径庭,文化萌生的地理条件和历史条件差异性较大,决定了各地先民做出不同的文化选择,对于三地历史文化的价值内涵和发展方向产生了深刻的影响。

一、周秦民族与三秦文化兴起

三秦文化之兴起,与周秦部落崛起具有深刻联系。一定程度上说,周秦文化兴起、形成与发展的过程,就是三秦文化兴起发展的过程。所谓"陕西""三秦"等概念,无论是作为历史文化内涵,还是地理文化内涵,都与周秦时代有着根本的关联。西周初期,周、召二公分陕而治,陕以东周公治之,陕以西召公治之,陕陌以西称为陕西,简称"陕"。项羽为了防止刘邦东进,将陕西关中分给三位故秦降将。"故立沛公为汉王,王巴、蜀、汉中,都南郑。而三分关中,王秦降将以距塞汉王。项王乃立章邯为雍王,王咸阳以西,都废丘⋯⋯故立司马欣为塞王,王咸阳以东至河,都栎阳。立董翳为翟王,王上郡,都高奴(今陕西延安东北)。"[①]今日人们所谓"三秦"大地,与秦汉时期的"三秦"概念不同,是指现代陕西省区域内的陕南、陕北、关中。

三秦文化在中国文化发展史上有着极其重要的地位:"渭河流域和黄土高原,是中华文明的重要发祥地之一;关中的长安,是周、秦、汉、隋、唐等十一个封建王朝的千年古都,也是丝绸之路的起点;陕北,则作为民族融合的重要场所而令人瞩目。三秦文化在公元906年以前,曾集中反映了中华文明的成就,以汉唐长安为标志,如日中天地照耀着整个世界,显示着古代中国曾经具有的开放与创造风貌以及值得炎黄子孙永远自豪的文化传统。宋

---

① 〔西汉〕司马迁:《史记·项羽本纪第七》,中华书局1959年版,第316页。

元以降,三秦作为临制西北的军事重镇,凭借其地理与文化优势,仍然在历史上有许多出色的表演,创造出既有西北风格,又保持中国文化基本精神的精彩内容。"①三秦这片广袤的土地不仅有着悠久的历史,也积淀了深厚的文化底蕴。

三秦文化兴起的地域以今天陕西为核心区域,这里早就有远古人类的活动,神话传说中的杰出人物也大多与陕西有关,这里是中华民族的发祥地和中华文明的摇篮之一。

"从蓝田猿人到大荔人,再到陕北的河套人以及沙宛人,显现了陕西境内北方直立猿人向智人发展的轨迹,以半坡、姜寨、北首岭为代表的仰韶文化遗存,以客省庄、米家崖为代表的龙山文化遗存,皆典型地反映了中华先民在农业、手工业、渔业以及初具雏形的文字、绘画、雕塑等方面的文明程度。"②中华民族的始祖炎帝和黄帝的部落,就崛起于渭水中游和陕北高原。炎帝又称赤帝,其部落活动于姜水流域(即今宝鸡的清江河)。炎帝的母亲是少典的妃子,游华山遇神龙而生炎帝,炎帝"尝遍百草",教授人们种植五谷,创立了最早的中华医药学和农业生产。黄帝部落活动区域在姬水流域(今陕甘青境内,东起渭水,西至湟水之间),曾败炎帝于阪泉之野,诛蚩尤于涿鹿,代神龙而起,有土瑞之德,故称黄帝。据说黄帝时代发明了井、舟楫和车,黄帝的妃子嫘祖发明了植桑养蚕、抽丝纺织技术,另一位妃子嫫母发明了缠丝的纺轮和织丝的织机,促进了中华文明大发展。黄帝史官仓颉诞生于陕西白水,仓颉"双瞳四目",创造了中华民族最早的文字——鸟迹书。夏禹曾将陕西境内的梁山、岐水作为治水的重点区域,并在今天陕西韩城和山西河津交界处"凿龙门、铸九鼎",那里至今仍然保留着"禹门口"的传说。

周民族的始祖姜嫄是高辛帝的正妻,因履大人迹感孕而生弃,弃善于种植五谷,曾协助大禹治水,担任大禹的农官,获封邰地,世称"后稷",他是把中国带入农耕文明的关键人物。弃的曾孙公刘大兴农耕,扩展耕种面积,带领部族迁徙到更适合发展的"豳",古公亶父带领部族南迁周原(今陕西扶风、岐山一带),开启了周民族强盛之路。周文王姬昌在商纣时被封为西伯侯,在位50年,注意发展生产,礼贤下士,广罗人才,励精图治,是中国历史上有名的贤明之君,也是儒家理想中的有道之君。周文王在商帝乙继位二

---

① 黄新亚:《三秦文化》,辽宁教育出版社1995年版,"引言"第2页。

② 张岂之:《话说陕西》"总序",田旭东主编:《话说陕西——远古西周卷》,西北大学出版社2009年版,第1页。

年,为报杀父之仇,起兵讨伐商朝失败,转而逐步讨伐戎狄诸部落,一方面解除后顾之忧,一方面继续增强国力。周文王先后灭了商朝的附属国黎(故址在今山西黎城),攻占了崇国,攻克了商王朝在渭水中游的许多重要据点,使商王朝的大小方国纷纷依附于周,周民族势力开始强盛。趁此时机,周文王将都城从周原迁至沣水西岸,正式将关中作为伐纣的根据地,为武王伐纣最后取得胜利打下坚实的政治基础和经济基础。周武王在姜尚等一批贤臣武将的支持下,联合诸多部落力量,发布讨伐商纣檄文,公告战胜商王朝决心于天下,一举攻克殷都,成就了中国历史上影响最为深远的一个王朝——周朝。取得决定性胜利之后,周武王迁都镐京,周公制礼作乐,开启了以"礼乐文化"为主导的文治武功。

三秦文化的另一个重要渊源是秦民族文化。相传秦之先祖为颛顼的后裔女修,女修感"玄鸟陨卵"而生大业,大业则为秦民族之先祖,大业的儿子大费曾经协助大禹治水。夏朝末年,大费的一支协助商汤成功地攻灭夏桀,另一支鸟俗氏部落中有两个驾车技术高超的兄弟——孟戏、中衍,辅佐商王有功,开始进入商朝贵族行列。大骆居于犬丘(今甘肃天水西南),大骆及其子继承了秦民族善于养马和驾车的技艺,周孝王将"秦地"作为封邑奖赏大骆之后非子,号为"秦嬴",于是有了"秦人"之说。公元前771年,西戎、犬戎联合进攻周之京城镐京,秦襄公全力保卫周王室东迁洛阳,立下汗马功劳,周平王正式封秦为诸侯国,秦襄公夺回被西戎所占领的岐、丰之地。

秦襄公去世以后,其后代不断向东推进,逐渐将都城迁往汧水、渭水之间,先后以汧邑、平阳、雍城作为都城,控制范围西起今天甘肃东南部,东至今天陕西东部华山,成为"关西"第一大诸侯国。此后,数代秦人坚持既定国策,不懈努力:内修政理,锐意改革,实施富国强兵之策;向西平定西戎,稳定后方;向南争夺武关,攻占巴蜀,建立富饶的粮食基地;向东则破除"关东"联盟,用兵三晋,不断开疆拓土,直至横扫六合,称霸天下。秦穆公不拘一格,选贤任能,先后任用晋人丕豹、戎人由余、蹇叔、百里奚、孟明视等人,称霸西戎,稳定了秦的大后方,多次大破晋军,是秦国实施向东战略转移的第一人。秦灵公建都泾阳,与晋国形成对峙之势。秦献公迁都栎阳,从魏国夺取河西之地,为秦人进军河东打下良好基础。秦孝公大胆启用卫人商鞅,实施了一系列政治、军事、经济、道德等方面的改革举措,秦国国力强盛,收复了穆公故地和河西之地,并将都城从栎阳迁到咸阳。从此咸阳成为秦国都城近150年,对中国历史产生了巨大影响。秦惠王用张仪,成功破解苏秦合纵抗秦之策,使秦国成为当时实力最为强大的诸侯国。秦昭襄王在位56年,采用远交近攻、各个击破之策,为秦国最后统一六国奠定了坚实的基础。一代雄主秦始皇广泛收罗天下英才,发展生产,整顿军事励精图治,于公元前 221 年统一中国,结束了长达 500 年之久的分裂局面,在政治、经济、文化各方面采取了加强中央集权制的措施,为中国古代的政治制度、经济制度和文化发展打下了基础,"汉承秦制"就是指汉代采用秦代诸多制度,影响深远。

周秦时期是秦文化乃至整个中国文化发展的奠基时期,也是秦文化兴起的时期。周文化、秦文化为后来的三秦文化留下了许多重要的资源。其中,自强不息的文化精神、礼乐文化、"郡县"制度,对中国历史产生了深远的影响。

其一,自强不息的文化精神。周民族和秦民族本为偏于西部的小部族,在民族崛起的过程中,不仅要与关东诸国竞争,还要时时提防西北部少数民族的侵扰。周民族、秦民族的崛起,就是不断处理各种冲突的历史,就是在各种危机中奋发图强、争取生存空间的历史。周民族不畏强暴,数代励精图治,克服重重困难,终于成就大业。秦民族兴起于甘肃东部,先是与少数民族争夺生存空间,继而与山东诸国争夺天下,到秦始皇嬴政时期,统一中国。若没有自强不息的文化精神,周秦民族就不可能拥有相对稳定的生存空间,更不可能逐渐强大自身,进而君临天下。这种自强不息的文化精神,后来积淀为中国文化的基本精神,每当中华民族遇到危机,就会发挥出巨大的能量,保障中华文化生生不息。

其二,周之礼乐文化。"与西方'罪恶文化'、日本'耻感文化'(从 Ruth Benedict 及某些日本学者说)相比较,以儒家为骨干的中国文化的特征或精神是'乐感文化'。'乐感文化'的关键在于它的'一个世界'(即此世间)的设定,即不谈论、不构想超越此世间的形上世界(哲学)或天堂地狱(宗教)。它具体呈现为'实用理性'(思维方式或理论习惯)和'情感本体'(以此为生活真谛或人生归宿,或天地境界,即道德上的准宗教体验)。'乐感文化''实用理性'乃是华夏传统的精神核心。"①李泽厚先生所说的"乐感文化"实际就是中国"礼乐文化"的一部分,先秦儒家代表人物孔子的核心思想为"仁",主张内仁外礼,而"乐"亦在其中。孔子重视的仁与礼的文化资源,基本来自于周公,他主张不断修习周代传下来的"六艺"来掌握西周时期的典章制度,并以此作为自己理想的社会形态,进而使周公建构的社会理想和社会制度得到更为广泛的宣传和影响。

---

① 李泽厚:《论语今读》,安徽文艺出版社 1998 年版,第 27—28 页。

　　周公,名旦,是周文王的第四个儿子,曾辅佐周文王、周武王伐纣克殷,武王去世后又尽力辅佐年幼的周成王,胸怀坦荡,克勤克俭,提出了以"此世间"和民为本的政治思想,主张王命取决于天命,天意取决于民意。周公旦把保留了许多宗法血缘父系家长制的夏礼、殷礼,与分封制结合,形成了系统化、理论化、制度化的周礼。

　　　　古我先王,暨乃祖先乃父,胥及逸勤,予敢动用非罚。世选尔劳,予不掩尔善。

　　　　兹于大享于先王,尔祖其从与享之;作福作灾,予亦不敢动用非德。

　　　　　　　　　　　　　　　　　　　　　　　　　　——《尚书·盘庚》

　　"由于主祭人的地位至关重要,而每个家族的后代往往不止一个,为了避免争夺继承权,便有了根据血缘远近而规定的嫡长子继承制。这种与祖先崇拜观念密切相关,以财产继承为形式,以嫡长子继承为原则,以宗法血缘为标准的等级制度,便构成了'礼'。由于'礼'在陕西的周人中最先形成,所以被称为'周礼'。"[①]周礼逐渐演化成中国封建传统文化的核心——儒学,发展成为中华民族重要的文化资源。

　　其三,秦之"郡县制"国家制度。"郡县制"是秦国对中国政治制度和管理文化的重大贡献。周武王灭商纣以后,为了表彰功臣、平衡各方利益关系,避免商纣式专制独断,将"天下"分成若干区块,分封部族子弟和异姓诸王,形成宗族血缘与政治关系互补的国家管理制度,以期实现"众建亲戚,以蕃屏周"之目的。分封制度在西周时期,发挥了巨大的历史作用,促进社会经济迅速走向繁荣。随着诸侯王世袭制度的延展,经过几代王位继承,各诸侯王与周天子的血缘关系越来越远,各国之间发展并不平衡,国家实力和影响力不断拉开,一些诸侯王开始质疑周天子地位的合法性,不仅不听周天子的号令,而且敷衍、拖延应有的朝贡和礼仪,甚至发生叛乱事件。平王东迁以后,分封制的弊病日益暴露,到春秋时期,周天子基本失去了对"天下"的控制力,中国陷入诸侯争霸的时代。

　　秦始皇统一中国后,为了避免分封制带来"分权"危机,强化中央集权的控制力,否决了大臣王琯"分王子弟"的建议,而采用李斯"郡县制"之策,实行全国统一的郡县制管理,开创了中国历史上国家治理制度的新局面。所谓郡县制,就是将"天下"分为三十六郡及若干县,县以下设立乡、里,郡守和

---

① 黄新亚:《三秦文化》,辽宁教育出版社 1995 年版,第 22 页。

县令不再是诸侯王,而是由"始皇帝"直接派人担任,代表皇帝负责该区域的各项事务,将"皇帝"的权力直接运用到普通乡村民众,形成中央集权制度。秦始皇推行郡县制,希望保障嬴姓子孙世世代代为"皇帝",但由于分封制面临传统的巨大挑战,加之六国贵族仇恨心理,秦始皇只能实行极端高压政策。严刑峻法终于引起天下强烈纷乱,秦国仅仅二世而终。

秦虽短命,但郡县制国家治理制度成为中国文化一份厚重的遗产被历代所继承,并不断完善。汉初实施分封制,很快酿出吴楚七国之乱,"文景之治"的主要内容就是"削藩",即逐步压缩诸侯王的权力空间,加强中央集权领导,汉武帝时期终于完成了郡县制与分封制并轨局面,构建起相对平衡的国家治理制度。但分封制和郡县制的交锋远远没有结束,在以后的中国历史中,多次上演"分封"与"削藩"的乱争,即便是在"行省制"确立的元、明、清三代,也曾周期性爆发因"削藩"而引起的战乱。

"郡县制"既是秦始皇留给后人的一份厚重的政治遗产,也为专制政体之下的国家治理留下了一份无解的难题,其历史影响深刻而久远。

二、晋、北魏崛起与三晋文化的兴起

山西,最初并不指今山西省地区,战国时期以崤山为界来区分山东、山西,当时的山西主要指函谷关以西地区,而"山东"是指函谷关以东地区。东汉开始以太行山为界划分山东、山西,开始具有今天所谓"山西"的地理概念。因地处黄河以东,这里在历史上长期被称为"河东"。从地理条件看,一山一河一长城构成山西的基本区域疆界,今之山西省作为华北地区的一部分,南北长约 550 公里,东西宽约 290 公里,有天然地理分界与周边省份相连。其西有晋陕大峡谷,与陕西隔黄河相望,其南有中条山、黄河等与河南为界,其东以太行山、黄河与河北、河南相分,其北以古长城与内蒙古分开。山西自古以来就是多民族混居地区,是北方少数民族文化走向中原文化的必经之地,成了中国各民族文化冲突与融合最为频繁、最为深刻的"试验场"。

山西属于黄河中下游流域,远古时期水源丰足,森林覆盖,适合人类居住。在山西境内发现了大量旧石器、新石器时代文化遗存,表明远古先民在 100 万年以前,就在这片河山中生存。山西芮城西侯度村的西侯度文化遗址,为中国人类应用石片技术提供了最早的资料,一些被火烧过的鹿角、兽骨和马牙化石,证明西侯度人开始使用火,在这里人类文明取得长足进步。匼河文化出土的砍斫器、刮削器、三棱大尖状器、小尖状器和石球等比较精致的石器,与陕西渭水流域文化形成衔接。分布在汾河流域的丁村文化,出

土器物数量大,在大量石片石器中,还出现了少量的石核。这种石核、石球在许家窑文化中大量出现,进一步证明远古人类在山西的生活生产活动。远古山西人类活动,是中华先民活动的有机组成部分,与中华大地上诸多文化区域的进程是大体一致的。

"晋南属于中原文化圈,晋北属于北方文化圈,晋中为两种文化冲突碰撞、交界推移地区。"①从炎黄开始,山西南部(晋南地区)逐渐成为中原文化的核心区域之一,在华夏文化形成过程中发挥重要作用。相传黄帝部落和炎帝部落都是少典氏的后裔分支,炎帝族和黄帝族的后裔都曾经在晋南汾河流域建立过"方国",而尧的封地"唐",舜的都邑"虞",大禹的都城平阳,都建立在现在晋南地区,晋南地区是中国最早进入神话传说的区域之一。

三晋文化第一次兴起与晋文公崛起有着深刻联系。西周刚建立时,周武王的少子、周成王的弟弟叔虞被封于"唐",其子燮改称"晋",其地不足百里。春秋时期,晋国日益强大,疆域有今山西省中部、南部,河北省西南部,河南省西北部和陕西省一部分。春秋后期六卿势力逐渐强大,晋国国君的权势衰弱,最后被韩、赵、魏三家瓜分,建立了韩国、赵国、魏国,成为战国时期三个强盛的诸侯国,即所谓的"三晋",与秦国形成强弱对应关系,"三晋合而秦弱,三晋离而秦强"②。

晋国是周天子"以蕃屏周"的重要区域,特别是在确立周平王统治地位和王室东迁活动中,发挥了关键性作用。公元前760年,晋文侯杀死了由虢公翰拥立的王子余臣,结束了"二王"并立局面,保障了周平王的"正宗"地位,周平王发布《文侯之命》予以表彰。平王东迁以后,周王室处于晋国和郑国夹缝中,实际控制力迅速衰减,晋国利用周天子"天下共主"的身份,提出"尊王攘夷"的口号,经过晋昭侯、晋武公、晋献公的努力,晋国"霸主"地位逐渐显现,但由于晋献公在太子废立问题上处置失当,晋国"霸主"地位被推迟了数十年。晋公子重耳流亡19年,62岁回国执掌晋国,举贤授能,发展农商,励精图治,终于将晋国推上春秋霸主地位。晋文公首先抓住太叔带、狄人之乱,成功地打败狄人,杀太叔带,迎周襄王重回洛阳,"勤王"之功无人能比,城濮之战大败楚军主力,并将楚将子玉献于周天子,以示"王战",获得周王室正式册封"霸主"。其后,晋文公凭借"霸主"之威,先后灭掉数个周边小

---

① 冯宝志:《三晋文化》,辽宁教育出版社1991年版,第27页。
② 〔西汉〕刘向集录:《战国策》卷十八,见《国语·战国策》,岳麓书社1988年版,第160页。

国,不断开疆拓土,并先后大败齐军于鞍,大败秦军于麻隧,进一步确定了"霸主"地位,成为春秋五霸之一。

公元前453年,晋国公卿赵氏、韩氏、魏氏联合灭掉了实际掌握政权的智氏,瓜分其领地,形成"三家分晋"的局面,"晋侯"成为三家反复利用的工具。公元前403年,周威烈王正式承认三家为诸侯。三晋在战国七雄争霸中具有特殊的地位,三晋距离秦国最近,无论"合纵",还是"连横",三晋都是首当其冲,三晋面临的主要矛盾似乎就是秦国,"存秦"还是"灭秦"一直是困扰他们的关键性问题。

最早与秦国开战的是魏国。魏文侯文臣有李悝,武将有吴起:李悝负责进行经济改革,推行"平籴法",实现经济富强;吴起主持军事改革,创立"武卒制",打造了一支战斗力极强的军队。魏文侯凭借经济改革和军事改革的成果,数战之后,从秦国夺取了河西之地,不仅给秦人以沉重的军事打击,更给秦人心理上造成巨大阴影,使"河西之地"作为秦人永远的"痛",成为秦、魏之间争夺的焦点。晋文公高举"尊王攘夷"的政治旗帜而称霸,魏文侯则更多依赖经济、军事改革而崛起,反映出晋文化的另一个重要侧面。

无论是晋文公,还是魏文侯,都是周天子治下的臣民,其文化归属基本属于以周文化为主体的中原文化,从山西文化形成来看,这基本代表了晋南文化,属于山西文化的主流。山西文化还有另外一个主要来源,这就是多民族融合的文化,更多体现晋北游牧文化内涵,北魏拓跋氏无疑是其中最杰出的代表。

291年,西晋发生"八王之乱",趁着司马氏家族内讧,各地流民揭竿而起。304年,刘渊联络匈奴各部起兵,建立国家——汉,自称汉王,加入反晋斗争中,迅速控制了晋中、晋南和河北、河南部分区域。308年,刘渊于平阳称帝,311年,刘渊子刘聪攻克洛阳,晋人又在长安拥立晋愍帝,西晋名存实亡。317年琅琊王司马睿在建业建立东晋,中国历史进入南北对峙局面。北魏拓跋氏正是起于南北对峙的大背景中。

拓跋氏原为鲜卑族的一个分支,西汉后期的拓跋毛曾经"统国三十六,大姓九十九",一时雄震北方。东汉初年,拓跋氏由北向南迁徙,到了三国、西晋时期居住在今天内蒙古西部和山西北部一带,趁着中原战乱纷争而建立"代"国,南北朝时期被前秦苻坚所灭。淝水之战后,前秦实力大损,拓跋珪乘机召集旧部,恢复代国,建都盛乐,并改国号为"魏",史称"北魏"。拓跋珪在位24年,397年灭了后燕,迁都平成,一举奠定了北方大国的地位。北魏太武帝拓跋焘重用汉人崔浩等,先后灭掉柔然、北燕、北凉,两败大夏,统一了北方,结束了北方十六国并立的乱局。450年进兵南朝刘宋,取得军事胜利,控制区域达到淮河北岸。北魏孝文帝拓跋宏力排众议,大胆进行汉化改革,鼓励鲜卑人和汉人通婚,参照南朝典章制度进行国家治理体制改革,建立了鲜卑贵族和汉人士族"联合政府",并把京城迁至洛阳,实现了中国历史上少见的多民族文化融合,推动了社会文化经济的发展。

从三晋文化兴起的历史进程中,我们可以大致看出三晋文化的基本精神和文化特征,至少有两个方面值得我们重视:

其一,三晋文化是一种"护卫性"文化,是中原文化(中华民族核心文化)的屏障,其文化向心力一直是中原文化。周天子从一开始就将山西作为"以蕃屏周"的重镇,这种作用不仅体现在军事上,而且体现在政治、经济、文化各个方面,经过历史长期积淀,形成三晋文化一种特殊的文化心理——护卫中原文化。晋文公崛起过程中,勇于担当历史责任,高举"尊王攘夷"的政治旗帜,数次"勤王",护卫周王室的政治权威和天子声誉,将"护卫性"功能发挥得淋漓尽致。究其深刻原因,中原文化向心力无疑发挥了巨大作用。北魏拓跋氏崛起过程中,汉人士族功不可没,从拓跋珪、拓跋焘一直到拓跋宏,在道与佛的摇摆中,实际体现出对中原儒家文化的尊重与膜拜,孝文帝拓跋宏迁都洛阳,大力推行汉化政策,都是中原文化向心力的表现。三晋区域和三晋文化对汉民族为主体的中原文化的护卫作用,在以后的中国历史进程中反复上演,直到明清两代,作为边关重镇的山西,对于大一统国家的政治经济稳定、文化传承都起到了巨大的护卫作用。

其二,三晋区域处于汉民族与少数民族杂居的最大结合部,其文化地理和人口资源,决定了三晋文化必须采用多民族融合的方式。因此,三晋文化是中国多民族文化融合的前沿地带,也是中华民族多民族文化融合最为突出的文化。如果说,春秋时期的晋国及其后来形成的韩、赵、魏三国,采取的文化策略更多的是以中原文化(晋南文化区)为主体,适当融合北方各少数民族文化,那么,北魏则是以鲜卑族为主体的少数民族文化,主动融合、自觉走向中原文化。这种文化主体选择的位移,是多民族文化融合而形成的必然结果,毕竟汉民族文化在价值理念、层级结构、历史积淀和包容精神等方面,远非北方少数民族文化可以比拟,当国家政权发展到一定程度时,自觉选择汉民族文化为主体,就成为国家进一步繁荣发展的必然结果。

三、多变的海洋与于越文化形成

浙东地区直接面对海洋,其文化形成条件以海洋为主,其价值理念和文化形态也不可避免地带有海洋文化特色。

　　浙东地处我国的东南沿海,属于亚热带湿润季风性气候。在浙江文化的形成时期,有三次大的海侵对浙江的气候条件和浙江古人类的活动发生了巨大的影响。① 第三次海侵,即卷转虫(ammonia)海侵使整个浙江沿海平原自然环境更加恶化,宁绍平原沦为一片浅海,杭嘉湖平原也受到了很大的影响,迫使古越人再一次向着海拔高的地区迁徙,"一支流向中国大陆,并在较高亢处建立了河姆渡、马家浜、罗家角、彭城、吴家浜等距今 7000 年前的聚落。这一支后来在《越绝书》中称为'内越'。另一支迎水而进,利用独木舟和木筏等水上航行工具,顺着盛行的东南季风,沿着海流,漂洋过海,迁徙到了日本列岛、南洋群岛等地。这一支后来也被多次提到,称之为'外越'或'东海外越'(《越绝书》卷二、卷八)"②。有的学者认为海侵迫使浙江的原始先民向三个方向流散:"一是古越族中的临江的部落越过今杭州湾(古钱塘江下游)向浙江西部和江苏南部的丘陵地带迁移,他们在以后的岁月中创造了马家浜文化、崧泽文化、良渚文化等,是载入史书的句吴族的缔造者。""二是古越族中的濒海的部落,在宁绍平原的环境逐渐恶化的过程中,运用他们长期与江海打交道的积累、掌握的漂流技术,用简单的独木舟或木筏漂洋过海,落脚于琉球、南部日本以及印度支那等地。""三是古越族中的靠山的部落进入宁绍平原以南的会稽、四明山麓,'河姆渡文化'就是他们留下的一个聚落点。"③

　　浙东古人类受到海侵的影响,不断进行迁徙以适应自然、保障生存。在迁徙过程中,他们不仅顽强地生存下来,而且创造了灿烂的远古文化,证明了浙江远古人类顽强的生命力和适应自然变化的能力。同时,在古人类的大迁徙过程中,浙东地区和浙西地区的古人类也在不断地发生冲突、融合,形成了相对统一的文化聚落,为以后"于越"民族的形成奠定了基础。

　　如果从文化区域来划分,"可粗略地将浙江的史前文化分为四个区域——杭嘉湖平原、宁绍平原、金衢盆地、瓯江流域"④。宁绍平原的文化遗址以著名的河姆渡文化为代表,河姆渡文化的发现在中国文化史上具有划

　　① 王靖泰、汪品先:《中国东部晚更新世以来海面升降与气候变化的关系》,《地理学报》1980 年第 4 期。
　　② 滕复、徐吉军等编著:《浙江文化史》,浙江人民出版社 1992 年版,第 24 页。
　　③ 陈方竞:《鲁迅与浙东文化》,吉林大学出版社 1999 年版,第 26—27 页。
　　④ 滕复、徐吉军等编著:《浙江文化史》,浙江人民出版社 1992 年版,第 27 页。

时代的意义,证明了早在距今 7000 年前,长江流域已经存在可以与黄河流域仰韶文化相媲美的远古文化。金衢地区位于浙江中西部,与皖、赣、闽接壤,这一地区的新石器文化的发展阶段与良渚文化相当,专家们推测,金衢地区更早的文化来源于浙皖山区的另一支原始文化。① 瓯江流域发现了不少新石器时代的文化遗物,"永嘉罗浮区塘头华严山、长脚窟、楠溪上塘正门山、下塘屿门山及门前山,乐清琯头白鹭山、永嘉德政乡双屿山、接乐沟、柳市象峰乡下淳山、瑞安陶山区浦北山坪地"②等,都发现了新石器时代的遗物。新石器时代以后,高祭台文化类型和良渚文化有较大的差异,说明它不是良渚文化的继承者,而是与古越族有着密切关系的青铜时代的文化遗存。

大约到了与良渚文化在地层上有叠压关系的高祭台文化时期,宁绍平原地区和杭嘉湖地区的土著文化已经完全融合,作为连接这些文化的民族共同体的于越民族也就正式形成。这些远古时期的浙江文化,在长期的文化流变中,尽管有很多文化因素被"遗忘"了,但是,其文化精神作为一种文化"积淀",已经深深地隐藏于浙东文化的潜在结构中,并作为一种文化"原型",对后代的浙东文化产生巨大的影响。

远古时期的浙东文化体现出与中原文化不同的本质性因素。与中原的龙图腾崇拜不同,浙东远古文化体现出鸟图腾崇拜的文化趋向,并把这种鸟图腾崇拜和浙江古老的生产劳动相联系,形成了鸟图腾崇拜和稻作文明相结合的文化形态——于越文化。"于"上古文作"於",本字为"乌":"乌,孝鸟也,象形。"③"'於'实是于越族人的一种图腾符号,是该族的护族符。""越"是史前越人用来种植水稻的重要的劳动工具,到了良渚文化时期,"越"逐渐被神化,成为军事统治、政权的象征。"于越族名的意义是于越人的图腾符号和他们所特有的稻作文化生产工具的融合,是于越人稻作文化中一个具有标志性的文化特质。"④

先秦时期,浙江文化以中原文化等文化形态为参照系,通过与中原文化的对照来观照自己,进而形成自己的"文化镜像"。在先秦两汉的文化典籍中,对于越文化的记述多是以"奇""异""怪"观之。这说明,于越文化有许多不同于中原文化的文化因素,并与中原先秦文化之间存在着文化理解和文

---

① 滕复、徐吉军等编著:《浙江文化史》,浙江人民出版社 1992 年版,第 37 页。
② 方金堪文见《考古通信》1956 年第 6 期"考古简讯"。
③ 〔东汉〕许慎:《说文解字》,中华书局 1963 年版,第 82 页。
④ 滕复、徐吉军等编著:《浙江文化史》,浙江人民出版社 1992 年版,第 43 页。

化交流方面的障碍。这些障碍,也构成了上古时期浙江文化和中原文化的主要冲突,这种文化冲突,在以后的中国历史中多次重演,并以各种各样的形式表现出来。在中原文化体系中被视为理所当然的伦理内容和行为规范,特别是在中国历史上处于统治地位的那部分,常常引发江浙一带(不同于中原地区文化)的知识分子的反思甚至激烈的反抗,浙东文化与中原文化的伦理内容、行为规范、价值观念的差异性,是引发这种反思的源发性历史文化原因。

从文化传播学的角度来说,一种文化只有在与异质文化的交流中,才能充分认识到自己的文化特质,也只有在文化的冲突和融合中,文化的特性才能够充分地表现出来。到了先秦两汉时期,浙江文化与中原文化、楚文化、闽文化、吴文化等的交流范围不断扩大,交流的频率也不断加快,因而,于越文化的特质也就更加凸显。从文化的外部因素来说,在异质文化,特别是在中原文化的氛围中成长起来的知识分子,带着中原文化的文化眼光观照于越文化,他们更多地关注于越文化与中原文化的不同,发现于越文化的特质;从文化的内部因素来说,浙江文化学者带着于越文化的眼光来观照中原文化等文化形态时,自觉不自觉地会与自己的传统文化进行比照,同时也会影响他们对自己文化的反思,从而,对自己的文化特质认识得更清晰。因此,在先秦两汉的文化典籍中,关于浙江文化的记述几乎都带有文化比较的眼光,而文化比较的参照系,就是中原文化。

"勾践之地,南至于句吴,北至于御儿,东至于鄞,西至于姑蔑,广运百里。"①句吴就是今天诸暨一带,御儿在今天嘉兴一带,鄞就是今天宁波的鄞州区,姑蔑就是今天的太湖。先秦时期,由于共同的地域、共同的语言、共同的生产方式和共同的文化心理,浙江地区形成了以会稽为中心的,活动范围集中于杭嘉湖平原、宁绍平原、金衢地区的古越。由于地域环境和文化传统的关系,于越人在饮食、服饰、居住和交通等方面,都表现出与中原文化大不相同的特点,在这些文化基础上形成的于越族人的文化心理,也自然表现出与中原文化心理的不同。滕复先生等编著的《浙江文化史》对先秦时期浙江的民族文化心理进行了梳理②,笔者在此基础上,补充说明以下几点:

第一,宗族礼教意识相对淡薄。先秦时期,中原文化敬天尊地事祖先,无论是商人尊地,还是周人敬天,都把这种对自然物的祭祀活动与祖先崇拜

---

① 〔战国〕佚名:《国语》卷二十《越语上》,上海古籍出版社 1988 年版,第 635 页。

② 滕复、徐古军等编著:《浙江文化史》,浙江人民出版社 1992 年版,第 48—52 页。

结合起来,并形成了一整套严格的礼仪制度,以孔子为代表的先秦儒家文化对这种文化观念进行了系统的整理、筛选,并进行大力提倡,形成了以宗法伦理观念为核心的儒家文化,对整个中国文化的发展产生了深刻的影响。儒家文化讲究"仁"与"礼"的结合,"在孔子的思想中,'仁'是一个极高的神秘境界,只有圣人才能达到。何谓'仁'?孔子的回答是'克己复礼谓仁'。'仁'是一种内在的精神修养,而'礼'则是'仁'的外在表现,一切'仁'的修养,都要通过'礼'来具体体现"①。以儒家文化为代表的先秦时期中原文化,非常重视与内在的文化观念相配合的一整套礼仪制度,并把这种礼仪制度以宗族礼教的方式传承下来。与此相比,于越人居住于外为浩瀚的海洋所围绕、内为星罗棋布的湖泊河流所分割之地,其生产方式也不像中原那样"千耦其耘",而是更多地实行个体家庭的劳动组合方式,因而,不会形成整体上的礼仪制度,其宗族礼教观念相对于中原文化米说,要淡薄得多。于越人更多地崇拜山神、水神、鸟神和四方之神,他们崇拜着自然界的一切,并努力使自身达到与自然神秘力量的交融。在诸多神灵崇拜中,于越人对鬼的崇信似乎更加突出。《吕氏春秋·孟冬纪第十·异宝》言:"楚、越之间有寝之丘者,此其地不利,而名甚恶。荆人畏鬼,而越人信祆。"②这种多神崇拜中的鬼神崇信观念,与中原地区崇尚大一统的天地宇宙而形成的宗族礼教观念形成了鲜明的对照,从而,也在一定程度上形成了于越文化和中原文化的基本差异。

第二,追求主体的独立价值。中原文化建立在中央集权国家基础上,在个人与群体的关系上,更加强调群体的利益,强调个人对群体的责任和义务,"人"是在群体中体现出符合人的"类本质"和群体规范的存在:"无恻隐之心,非人也;无羞恶之心,非人也;无辞让之心,非人也;无是非之心,非人也。恻隐之心,仁之端也;羞恶之心,义之端也;辞让之心,礼之端也;是非之心,智之端也。人之有四端,犹其有四体也。"③仁、义、礼、智是人的必备条件,反映了大一统的国家基础上强调道德的文化眼光。"克己"是"复礼"的前提,"复礼"是"克己"的目的。与中原文化强调"克己"不同,于越"地广人稀,饭稻羹鱼。或火耕水耨,果隋赢蛤,不待贾而足,地之饶食,无饥馑之患,

---

① 未尧、孙正谋:《儒道自由观与审美关系论》,《唐都学刊》1995 年第 3 期,第 14 页。
② 许维遹:《吕氏春秋集释》卷十,中国书店 1985 年版。
③ 杨伯峻:《孟子译注》,中华书局 2010 年版,第 72 页。

以故呰窳偷生,无积聚而多贫,是故江淮以南,无冻饿之人,亦无千金之家"①。河流湖泊相隔的自然环境,培育了于越人注重个人感情的表达,追求个人价值和独立性的文化品格,他们更注重以个性化的方式对待生活,并在对待生活的过程中,更多地以感性化的方法反抗外部环境的暴虐,追求个体精神的自由。

第三,率真、浪漫的情感与雄俊、耿介的个性。中原文化诞生于黄土地的地理和气候特征,因而形成了以浑厚博大、沉着雄健为基本特征的黄土文化,兼之统一国家宗族礼教的限制,使人们距离远古时代的率真与浪漫的情感愈来愈远,沉稳憨厚、刚健雄浊的文化心理表现得更加明显一些。而于越之地的名山秀水,激发了人们空灵而瑰丽的想象、率真浪漫的情感,充满浪漫主义格调的诗篇《侯人歌》《越人歌》都充分体现了于越人空灵飘逸的情趣。

第四,巧思与冒险的文化特性。中原黄土文化大气恢宏、相对稳定的特征,养成了中原人民长期发展过程中古拙守成、因循保守的文化心理。而于越文化诞生于海洋和江湖的氛围中,湿润性海洋气候变化多端,于越先民为了生存和发展,不得不想方设法来适应多变的自然环境,形成了巧于思考、勇于进取、敢于冒险的文化心理。从历史的发展来看,以中原文化为主体的中国古代文化,具有保守性,强调对传统文化的继承,中国文化的每一次变革都会遇到传统文化的重重阻力;而以勇于进取、敢于冒险为代表的于越文化(于越文化影响下的知识分子),常常对中原文化形成冲击,从而引发中国文化的变革。在长期与中原文化的冲突中,浙东知识分子面对强大厚重的中原文化,常带有"历史的必然要求和这种要求实际上不可能实现"的悲剧心理,如果没有浪漫主义的信念和勇气,浙东知识分子是不可能坚持不懈战斗的。这种战斗精神表现在两个方面:其一是激愤的反抗和彻底的诅咒,以及由此产生的彻底的战斗精神和牺牲精神,这种精神表现在现代就是鲁迅精神;其二是感时的反叛和个人的隐逸,以及由此而产生的个人苦闷与感伤,这种精神表现在现代以浙江作家郁达夫为代表。

第五,漂泊的文化心态。浙江文化环境不同于中原文化的黄土文化环境,海洋和湖泊的交错,使得浙江人民在与自然交往的过程中,养成了漂泊的生活习性和漂泊的文化心态。这种心态,和中原文化求稳定、大一统的文化心态形成鲜明的对照,并对后代浙江文化发展产生了巨大的影响。

_____

① 〔西汉〕司马迁:《史记·货殖列传》,中华书局1959年版,第3270页。

在浙东文化形成过程中,"吴越争霸"具有重要的影响,越王勾践完成的"霸主"之业,是浙东文化第一次兴起,也是包括浙东文化在内的于越文化第一次登上中国历史舞台。公元前515年,吴王阖闾继位,任伍子胥为相,使吴国走上强大之路。越国一直是个弱小的国家,直到越王允常建立城郭、开垦荒田、发展手工业,才开始变强。公元前506年,越乘吴攻楚之机,偷袭吴以救楚国,摆脱了对吴的从属关系。吴国为报偷袭之仇,大举攻越,反被越打败,吴王阖闾身负重伤,死于回军途中。夫差继位,吴越战于夫椒,勾践大败,无奈"请为臣,妻为妾",越国再次沦为吴的属地,不仅向吴进贡越米、葛布,还将越女西施、郑旦等送入吴宫,以博吴王的欢心。勾践卧薪尝胆,励精图治、伺机反击,利用伍子胥与太宰嚭的矛盾,使嚭进谗言,伍子胥被吴王相逼自杀,越彻底摆脱了属国地位。越灭吴后,与齐、晋会于徐,周王派使臣封勾践为"伯",赐越以"胙",越始成霸业。越一度泛海攻齐,迁都琅琊,成为春秋末年最后一位霸主。

东汉末年,三国时的吴国在吴越故地立国,孙坚、孙策和孙权,起自富春,继承了吴越文化。当黄河流域因五胡乱华而陷入战乱,中原许多氏族开始渡江避乱,"在南迁的人群中,有官僚豪强,有平民百姓,也有相当一批是文人学士,如王充、严子陵、王羲之等,魏晋南北朝时期,连年战乱,南方相对安定一些,更有大批文人荟萃江南,他们的到来,活跃也浓厚了江南的文化空气,形成文人云集,文教日盛的壮观景象,促动着江南世风由尚武走向崇文"[1]。

五代十国时期,钱镠(852—932)几乎凭借一己之力,周旋于梁、唐、汉、吴诸大国之间,先后担任镇海军节度使和镇东军节度使,最终建立了吴越国,在乱世中生存百余年。钱镠原为唐代将军董昌之偏将,在镇压黄巢起义中崛起,882—886年随董昌打败越州观察使刘汉宏,因立下大功,取得越州、望海、台州等地。887—893年,钱镠领军先后攻破润州、苏州、常州等地,取得古吴国之地。895年董昌在越州自立为帝,钱镠奉朝廷命令讨平董昌,不久被封为越王,904年被封为吴王。随着势力不断壮大,钱镠官职也越做越大,923年终于成为吴越国王,正式建立吴越国,成为割据一方的重要力量,地跨浙江全境、苏南大部分地区和福建北部区域。钱镠割据吴越国之后,在外交上注意与大国保持平衡,特别尊重中原大国的关系,在夹缝中求生存;在吴越国内部,钱镠注重保境安民,发展农桑,加强了水利建设,特别是大力

---

① 张荷:《吴越文化》,辽宁教育出版社1991年版,第159页。

建设杭州、苏州等城市,不仅极大地促进了浙江农业发展,也为天堂苏、杭的城市发展做出了杰出贡献,使杭州湾三角洲成为当时中国社会最稳定、经济最繁荣、人民安居乐业的区域。

第二节　"各领风骚"的历史文化

秦、晋和浙东三地,自然地理条件和历史机遇大不相同,文化的基本面貌和基本精神也就有所区别,随着中国历史的发展,三地在中央集权制统一国家的位置差异不断放大,各自文化繁荣的历史时期表现出不小的"时差"。如果说,三秦文化凭借汉唐盛世走向极盛,三晋文化在南北朝对峙时期表现出更强劲的文化活力,那么,浙东文化则是抓住宋室南渡、中国政治经济文化中心南移的历史机遇,不断积累成长,对中国历史产生重要影响,至近代宁波等地开埠,成为中国文化发展中不容忽视的力量。值得注意的是,浙东文化在发展过程中,常常与吴越文化、越文化、浙江文化等,凝聚在一起共同发展,而从南宋开始,浙东文化逐渐显示区域文化活力,与浙西文化的差异性逐渐表现出来,特别是浙东学术文化和商业文化,为中国文化发展提供了不少资源和活力。

一、汉唐雄风与三秦文化鼎盛

汉唐雄风是中华民族最为骄傲的历史风貌,汉、唐时期是中国历史上最有世界影响的历史阶段。由于这两个朝代都将京城选择在长安,以长安为中心的陕西作为"首善之区",受到全国乃至全世界瞩目。从西汉到魏晋南北朝时期,是中国历史上各种社会矛盾、民族矛盾集中爆发的时期,而陕西就处在各种矛盾的"风暴眼",这一特殊的历史环境,既为三秦文化提供了前所未有的发展机遇,也给三秦文化带来巨大的历史考验:一方面,三秦文化可以借势发展,对整个王朝文化施加更为深刻地影响;另一方面,三秦文化的文化个性受到挑战,在王朝文化的笼罩下,全面融入"大文化"系统的周秦文化主体作用不断消减。

汉高祖刘邦起于战乱,在反秦斗争和楚汉相争中崛起,他吸取了西楚霸王项羽"背关怀楚"的教训,将都城设置在关中,但由于项羽焚烧了秦都咸阳的阿房宫和六国贵族馆舍,刘邦建长安城为都城,拉开了汉王朝序幕,长安成为天下的心脏。在政治上,汉承秦制,不断完善由秦始皇开创的中央集权制,到汉武帝时期,终于将中央集权制度发展为一种成熟的国家政治制度;在经济上,汉初实施休养生息的政策,迅速恢复生产,积累财富,综合国力日渐强大,成为当时世界上最富庶繁荣的国家;在军事上,经过对匈奴多次用兵,从根本上解除了匈奴边患,保障了农耕文明的延续与发展;在文化上,汉王朝博采众长,吸纳各种文化资源,整合不同民族、不同区域文化,形成恢弘大气、绵延久远的汉文化。①

　　叔孙通以周礼和秦制为基础,设立了大汉王朝的礼仪制度,凸显帝王的威仪和权力。此举不仅传承了周秦政治文化和礼仪文化的核心内容,而且确立了中国朝堂礼仪规范,成为中国文化生生不息之主体内容。汉代在立国初期,改变了"为天下安有腐儒"的观念,向士人请教治国之道,采用了"无为而治""与民休息"的基本国策。文景时期,以道家的黄老思想为主,辅以儒家和法家思想,不仅强调无为,还注重礼与德的作用,既承认法律的重要性,又坚持约法省简。汉武帝"罢黜百家,独尊儒术",确立了儒家思想的正统地位,并辅之以法家思想为法制指导思想,先用德礼教化,教化无效再施之以刑罚。这种刚柔相济的治国之道,成为汉武大帝以后汉王朝法制的指导思想。秦始皇焚书坑儒所毁坏的很多文献书籍,通过汉代学者的不懈努力发掘得以重现,包括五经当中的《古文尚书》,也是这时候发掘整理出来的。宣帝时期立学官于太学,《易》有三家,《书》有三家,《诗》有三家,《礼》有一家,《春秋》有两家,共十二博士,东汉初年,增加到十四博士。汉政府继承周代传统,设立乐府,搜集民间诗歌,后世的《乐府诗集》《玉台新咏》中便搜集了不少汉代乐府诗。汉代隶书亦渐渐取代小篆成为主要书写字体,而隶书的出现则奠定了现代汉字字形结构,成为古今文字的分水岭。西汉陕西人司马谈、司马迁的《史记》和东汉扶风人班彪、班固、班昭的《汉书》,奠定了中国历史叙事的基本模式,司马迁"究天人之际,通古今之变,成一家之言",为千古史家树立了标杆,成为中国文化极为宝贵的遗产。城固人张骞和杜陵人苏武两次出使匈奴,历尽艰辛不改其志,成为历代知识分子"气节"典范。所有这些,无不证明三秦文化在大汉王朝文化建设和中国文化体系中的示范性作用。

　　汉代以降,中国陷入长达数百年的战乱时期。西晋表面上的政权统一,难以掩盖群雄割据、民族矛盾激化的历史事实,导致更大规模、旷日持久的分裂割据。在战乱纷繁、冲突激化的过程中,前后有割据势力建都长安,三

---

　　① 参见张岂之、卢鹰:《话说陕西·汉风荡神州》,西北大学出版社 2009 年版,第 9 页。

秦文化又一次经受历史考验。公元 316 年,刘曜率领匈奴大军攻陷长安,西晋宣告灭亡。318 年刘曜自立为皇帝,建立"赵",历史上称为前赵。刘曜大军带来匈奴人大举进入长安城,西北部少数民族鲜卑、氐、羌、羯等部族也伴随匈奴人进入关中,为了强化政权统治力,刘曜聘请关中汉族名儒教授儒学,开展考试选官,掀起了少数民族学习汉文化的高潮,为促进民族文化融合做出了一定的贡献。前赵政权倾覆之后几十年,北方地区出现了多个割据政权,定都于长安的前秦是唯一统一北方的政权,号称"大秦天王"的苻坚居功至伟。苻坚在氐族、汉族大臣的联合支持下发动宫廷政变而称王,他深刻地意识到必须抑制骄纵跋扈的氐族守旧势力,于是任命王猛进行全方位汉化改革,改变游牧民族生活方式,兴修水利,恢复农业生产,发展交通事业,兴办学校,崇儒选官。经过政治、经济、文化的全面改革,前秦综合国力迅速提升,公元 370—376 年,苻坚先后消灭后燕、前凉、代国等割据的少数民族政权,又南征巴蜀,远征西域,建立了幅员辽阔①的多民族和谐统一的北方政权。苻坚本人特别尊崇儒学和汉族礼仪,带兵攻陷后燕、后梁、代国诸政权后,采取"怀柔政策",将诸国首领贵族子弟集中于长安,为他们延请名儒大家,在太学学习儒家经典和汉族礼仪,在一定程度上为拓跋氏北魏进行汉化改革树立了样板。后秦姚兴尊儒崇佛,在长安建立了律学、官学,延请西域高僧鸠摩罗什讲经,一时长安学者云集,成为天下儒学、佛学中心。

在纷乱的魏晋南北朝时期,三秦大地尽管政权更迭递变,少数民族割据政权几经变化,但无论是匈奴人主导的前赵,氐族主导的前秦,还是羌族主导的后秦,都尊重儒家文化和汉朝礼仪,大力推行汉化改革,保护和发展农耕文明,自觉改变游牧民族的生活方式和生产方式,在民族大融合的历史进程中,实现游牧文化向农耕文化的转型。而推动这一文化历史转型的知识群体,无疑是汉族上层知识分子,三秦大地的名儒大家,起到了关键性作用。

三秦文化在唐代达到鼎盛。长安成了全国政治、经济、文化、交通的中心,经济贸易繁荣、人文荟萃,不仅是全国的文化中心,也是全世界的文化中心。公元 617 年,李渊父子乘农民起义之势在太原起兵反隋,制定了夺取长安的战略:"乘虚入关,号令天下,不盈半岁,帝业可成。"②李渊于公元 617 年 11 月攻克长安,次年 5 月正式建立唐朝,封长子李建成为太子,让次子李世民带军平定天下。李世民于公元 625 年铲除割据势力,实现全国统一,同年

---

① 苻坚建立的大秦版图辽阔:东极沧海,西并龟兹,南包襄阳,北尽沙漠。

② 《旧唐书》卷五十七,中华书局 1975 年版,第 2209 页。

发动玄武门之变,夺取政权,成为赫赫有名的唐太宗,拉开了辉煌王朝序幕。

李渊、李世民等李唐王朝的统治者起于并州,在反隋斗争中得到关陇集团的强力支持,为了表明"天子"的合法性,李渊追踪远祖,整理李氏谱系,视老子为祖先,大兴土木营建以老子说经台为中心的楼观台,在不大的岗梁上形成宏大的建筑群,成就唐代道教第一圣地。李唐王朝继承秦汉国家治理制度,基本采用秦汉郡县制和汉代礼仪,继续尊崇儒家文化经典;同时,顺应时世,将南北朝以来大量传入的佛教引入唐代的政治思想学术领域。这样一来,唐代形成了儒、释、道并存发展,相互促进,相互融合的新局面,显现出博大的文化胸襟,吸引了八方来客,长安很快成为当时世界政治、经济、文化中心,出现"四方儒士,云会京师"的局面。弘文馆聚集群书,多至二十余万卷,是全国藏书最富的中心图书馆。以经学为手段的明经科和史馆成为选拔人才的重要机构,国子监总设七学馆(国学、太学、广文、四门、律、书、算),各置博士,增收中外生员多至八千余人。这些文化措施,不仅促进了唐王朝文化的繁荣,而且极大促进了汉唐文化与世界各国文化的广泛交流,各种文化事业人才辈出,成就斐然。

有唐一代诗人云集,诗作鼎盛,唐诗成为中国优秀文学的杰出代表,也成为中国文化的特殊符号,产生了巨大的世界影响。初唐时期有陈子昂和"初唐四杰",盛唐时期有孟浩然、李白、杜甫、王维,中唐时期有韩愈、白居易、元稹等,晚唐时期的李商隐、杜牧等,以他们为代表的唐代诗人共同努力,掀起了中国诗歌创作的高峰,铸就了中国文化的历史丰碑。唐朝是中国古代绘画艺术大放光芒的时代,艺术巨匠们奋笔挥毫,或歌颂英雄人物,或反映宫廷生活,或表现佛教故事,或描绘壮丽山河,用他们的生花妙笔,为长安城增添了新的光彩。初唐的阎立德、阎立本兄弟合作《文成公主降番图》,形象地再现了汉、藏两兄弟民族间的亲密关系;盛唐时期的吴道子以善画佛像和山水著称,追求神似、飘逸、潇洒的画风,被后世誉为"画圣"。唐代书法家在真、草、篆、隶、行、飞白各体中,无不人才济济,名家辈出。李白称颂篆书大家李阳冰"落笔洒篆文,崩云使人惊",杜甫赞张旭"三杯草圣传,脱帽露顶王公前,挥毫落纸如云烟",被时人称为"草圣"。中国"楷书四大家"中的颜真卿、柳公权、欧阳询等三家在唐代,"颜筋柳骨"广为传颂。音乐歌舞在唐代极为发达,长安是乐舞的胜地。唐太宗时期,"破阵乐"成为昂扬向上时代精神的重要载体,《秦王破阵舞》声韵慷慨。武则天时期,泼寒胡戏、胡腾、胡旋、柘枝等西域舞曲在长安开始流行流行,"弦鼓一声双袖举,回雪飘飘转蓬舞。左旋右转不知疲,千匝万周无已时"①。为长安、洛阳带来一股异域之风。

　　唐代也是中国宗教事业发展的高峰期,长安成为东西方宗教文献翻译、传播、交流的汇集地。中国佛经翻译在唐代进入繁盛时期,唐的译场职司多至九职,一译主、二笔受、三度语(译语)、四证梵本、五润文、六证义、七梵呗(开译时宣呗)、八校勘、九监护大使(钦命大臣监阅),西域南海僧人陆续来长安求法,参与译事,共证梵言。玄奘等僧人西行求法,自天竺、于阗等处,带回大量的梵经原本(玄奘带回的多至六百五十七部),西域南海僧也往往搜罗梵典,携来长安。自玄奘经义净至金刚智、不空,主译的名僧前后数十人,或译出中国前此未有的新经典,或舍旧译本,重出新译文,使唐代译经事业达到超越前代的新境地,并通过来唐的日本僧人,大量的佛典从中国流入日本。在广州、扬州和长安等"大食商人"聚集地区,"中国皇帝派一个伊斯兰教人处理在这里经商的伊斯兰教人相互间的诉讼,在每一个节期,由他领导大家礼拜,宣读天启,并为伊斯兰底苏檀(国王)祈福"(苏莱曼《东游记》)。唐朝皇帝任命伊斯兰教官员,兼管政事与宗教,即所谓"蕃长",广州大食商人区(所谓蕃坊)或已有清真寺建立,唐王朝统治者甚至允许大食商人在长安建寺。另外,祆教、摩尼教等西亚宗教,在唐代长安得到一定传播和发展。

　　与三秦文化发展脉络大致相同,三晋文化在汉唐时期也进入了重要发展时期。汉代三晋作为大汉王朝的屏障,汉高祖刘邦为了抵御匈奴南下,将太原郡三十一县封给韩王信,没想到韩王信不仅没有阻止匈奴大军,反而投降了匈奴,转而进攻太原等地,高祖刘邦亲率大军讨伐,却被匈奴诱至平城(大同),只能采用陈平计策,通过贿赂冒顿单于妻,方得脱围,最后用和亲保持边境安宁。一直到汉武帝时代,大汉王朝才能用战争策略代替和亲政策,汉朝大军出代郡攻击匈奴,用河东、上党、太原的马匹组成骑兵队和运输队,建设雁门关等,实现边关平定,从此,雁门关成为中国边关文化的典型代表。东汉定都洛阳,三晋地区作为北方门户的地位更加重要,汉将马成在山西、河北一带修筑亭障烽燧,加强边关守护,成为护卫京师的第一道防线。隋、唐、北宋时期,三晋大地成为王朝防卫突厥、辽、金等少数民族政权或叛乱势力的主要区域。整体来说,自汉朝以后,三晋地区在中国历史上的地位基本稳定,主要是发挥护卫王朝政权的军事作用,其文化发展基本沿着边关文化、佛教文化、内陆文化的路径运行,其中在个别历史时段,如北魏,出现能

---

　　①　顾学颉校点:《白居易集》,中华书局1979年版,第60页。

够统一北方的政权。

二、文化中心南移与三地文化发展

宋元以后,随着经济、政治中心的向东南方向转移,沟通中西的交通要道也向东南沿海转移,三秦地区从京城文化中心的位置上跌落下来,成为新王朝的边关护卫区域。宋、元、明、清四代,陕西作为中央政权控卫西北、西南的重镇,推动着王朝更迭、民族盛衰的历史变化,为历代王朝的安定统一和民族文化融合做出了积极贡献。另一方面,正是由于文化中心转移,三秦文化的文化个性再一次成长起来,在边关文化、学术文化(关学)、道家文化、教育科技、商业文化(秦商)等方面均有所体现。

北宋时期,都城迁至汴梁,三秦大地作为西北地区政治军事中心,成为宋与西夏、金交战的主要区域,担负着守卫中央政权的巨大责任,在这片土地上发生的战事,关系到王朝兴衰存亡,而三秦健儿更为宋王朝的兴存殚精竭虑。赵匡胤建立大宋政权伊始,继续沿用唐、五代节度使制度,任用大将王彦超为凤翔节度使,不久"杯酒释兵权",解除了王彦超等人的节度使职务。华州人寇准刚直明敏,力排众议,劝服宋真宗御驾亲征,挫败萧太后亲领的 20 万辽军,并主持"澶渊之盟"。曹玮同知渭州,镇守西北边关 40 余载,曾于秦州三都谷一战击破吐蕃李立遵,使吐蕃军从此不敢犯境。韩琦、范仲淹担任陕西经略副使期间,加强边关军事据点建设,打通陕西各州交通,使边关各地首尾相连,支援便利,有效地遏制了西夏对宋王朝的侵扰。南宋时期,张浚担任陕西宣抚处置使,领导陕西人民抗金斗争,富平之战成功拖住金军主力,缓解了江淮战场压力。吴氏兄弟吴玠、吴璘相继镇守陕西,长期经营西北防务,经过和尚原之战、绕凤关之战,坚守汉中,延缓了金兵南下的进程。金朝末年,蒙古军大举入侵之时,陕西人民掀起了延安保卫战、凤翔保卫战等著名战役,在抗蒙斗争中书写了可歌可泣的英雄事迹。明代开国之后,朱元璋封次子朱樉为秦王,藩府建在西安,陕西成为大明王朝西北军事重要战略区域和战争物资的集散地,几乎一切农业生产、商业活动和文化教育等,都围绕着边关展开。明朝中央政府设立"边关九镇",包括辽东、宣府、蓟州、大同、太原、延绥、宁夏、固原、甘肃等,其中延绥、宁夏、固原、甘肃等四镇归属于陕西三边总督。三边总督权力很大,掌握着西北政治、军事、经济大权,杨一清三次总督陕西,在任期间加固长城,发展边关经济,实施军屯,多次击败蒙古队骚扰,先后平定安化王和甘清蒙古族酋长叛乱,用"以宦制宦"除刘瑾,充分显示了三边总督的实力。清代以陕西为中心设置陕甘总督、川陕总督等,总办西北军务,孟乔芳、年羹尧、陈宏谋等陕甘总督位高权重,势力雄大,每当清王朝处于历史选择的关键时期,陕甘总督的选择直接影响帝国的命运走向。

从西周到唐代,以长安为中心的关中地区一直是"天下枢纽","天子脚下"孕育三秦文化自豪感的同时,也逐渐产生了文化心理的自大、保守、安土重迁。在三秦文化的上升期,这种自大、保守的文化心理和帝国心态结合在一起;而随着文化中心迁移,"天子脚下"的文化心态遽然倒塌,三秦文化的保守、自大就转化为文化心理的惰性和自轻,常常沉浸于昔日辉煌中,不思进取,满足于"三十亩地一头牛,老婆娃娃热炕头"的封闭性日常生活。于是,三秦文化逐渐淡出中国文化"老大帝国"的主流。"三秦文化在经由唐宋时期由盛而衰的转折之后,于是在其文化之中便逐渐孕育出一种怀旧的历史惰性。这种历史惰性是三秦文化经过历史性转折之后,在小农经济的土壤里滋生成长的。封建小农经济的汪洋大海所养育出来的文化,使人多安于现状、重土乐天、知足常乐,即使对现实产生不满情绪,也不会去积极努力的开拓创新,改变改造现实,达到理想的目标;与此相反,更多的时候是自我在心理上消除不满,以回想过去的满足和盛况求得心灵上的满足和安慰,这有如鲁迅先生所概括的阿 Q 精神。"[①]

与三秦文化长期处于"天子脚下"不同,三晋文化很少进入中国文化的核心地位,基本上一直发挥着京都护卫的作用。因此,文化中心的转移对于三晋历史文化的影响有限,没有从根本上改变三晋文化的历史进程。

南北朝时期,山西是北朝统治的中心地带,而且北魏曾以平城(今大同市)为都,之后的东魏、北齐,也曾以晋阳(今太原)为"别都""陪都",这对促进山西的发展起了积极作用。到了唐代,由于山西是唐高祖李渊创建帝业的发祥地,所以李家父子不仅根据这一点立国号为"唐",而且还一直把山西作为唐朝的腹脏地区,封太原为唐王朝的"北都""北京"。有唐一代,山西一直以其特殊的地位和发达的经济、文化称著于世。到五代十国时期,山西仍然对中国北方的政治、军事形势起着决定性的作用。正因为这样,后唐、后晋、后汉、北汉的统治者,才都能凭借雄踞山西而登上皇位。

北宋定都于汴梁之后,山西太原、晋阳等地的战略地位更加突出,公元969、976、979 年,宋太祖赵匡胤三次征讨北汉政权,其中两次御驾亲征,目的就是拿下晋阳。鉴于晋阳数次成为割据政权的根据地,宋太宗赵光义干脆

---

① 毛曦:《自然环境与二秦文化的地域特征》,《唐都学刊》1997 年第 3 期,第 74 页。

下令毁灭晋阳城,以切断割据政权的"龙脉"。宋辽、宋金、宋元交战期间,山西大地又是主战场,雁门关、太原城是大宋王朝最重要的边关重镇。南宋以后,中国政治经济文化中心转移到南方,三晋文化的历史作用与三秦文化的历史作用基本相同。明代初期,山西仍然是中原文化与北方少数民族文化交融与碰撞的"前沿区域",以太原为中心,形成护卫王朝的山西防卫线。明成祖迁都北京以后,山西对京师的护卫线推到了大同一线,各种关、隘、口、堡遍布山西,形成山西边关文化一个主要特点。清代版图幅员辽阔,边界向西北推延许多,三晋地区作为京师护卫屏障的作用逐渐减弱,而晋商以随军经商的方式,继续担负着护卫王朝的工作。

如果说,随着文化中心的转移,三秦文化进入"斜阳"时期,三晋文化作为京师护卫性文化功能逐渐衰减的话,那么,文化中心的转移和明清两代社会主要矛盾的转移,使得以宁(波)绍(兴)台(州)为核心区域的浙东文化获得了新的发展机遇,从南宋开始,浙东文化进入了一个新的发展时期,浙东文化对中国历史发展的作用逐渐凸现出来。宋室南渡之后,北方人民流亡至江南者日众,两浙地区成了全国农业生产最为发达的地区,江南地区的棉花种植及棉纺织业也开始普及,制茶、造纸、印刷、制盐、矿冶业也很发达。

南宋定都临安,临时都城带来杭州前所未有的繁荣景象,浙东地区与王朝从来没有如此接近过,"近水楼台"也突然拉近了浙东文化与中原主流文化的距离,成为南宋王朝大后方的重要组成部分,浙东文化诸多文化事项,都或多或少地与南宋王朝发生了关系。从民俗文化视角来说,"十里红妆"的传说很具有代表性。相传宋高宗赵构在南逃路上,遇到一湖,眼看追兵将至,无路可逃,恰逢一浣纱女,以白纱遮挡藏于水中,得以逃脱。后来宋高宗传旨寻找救驾之女,经过多次寻找未能成功,遂降旨特许浙东女子出嫁时享受"半副銮驾、半副凤仪"待遇,成为浙东代表性婚俗文化。尽管故事的真实性不可考证,但从一个侧面反映了浙东民俗文化对南宋王朝的认同。自宋高宗定都临安以后,浙东知识分子纷纷走上中国政治舞台,鄞县史氏家族出现"一门三宰相,四世两封王"的壮观景象,满朝文武几乎一半出自史氏家族或师承子弟。史浩于宋孝宗时担任右丞相,封魏国公、会稽郡王;史弥远于宋宁宗时担任右丞相,封鲁国公、会稽郡王;史嵩之于宋理宗时任左丞相,封鲁国公、永国公。另外还有史宇之、史宅之、史弥坚等五人担任过兵部尚书、吏部尚书等尚书职务,至于大学士、光禄大夫等则更多。鄞县史氏望族在南宋朝廷中的地位,是浙东知识分子走上政治道路的一个缩影,这种情况在政治、经济、文化中心南移之前,是不可能出现的。

相对于南宋时期,浙东地区对中国历史的作用和影响力在明清时期更为突出和集中,只有到了明清时期,浙东海洋性文化特点才真正显现出历史作用。黄仁宇先生认为,明清时期,中国历史进入第三帝国,帝国的主要矛盾发生了变化。① 从先秦一直到宋代,中国历史的主要矛盾是汉民族和西北少数民族的矛盾冲突,"边关"成为帝国防御性建设的重点,而到了第三帝国时期,西北部边关矛盾逐渐减弱,而东南沿海一带"开禁"与"闭关"的矛盾日益突出,来自海上的威胁是第一帝国、第二帝国从来没有真正面对过的,因此大明王朝也没有经验,只能凭感觉、凭着眼前利益不断地在"禁"和"开"之间摇摆,海洋军事力量建设根本无从谈起。明代政府面对一队队小股"倭寇",居然束手无策,任其长期流窜江浙、福建一带;清朝政府面对台湾问题,陷入旷日持久的"战"与"和"的论争中;更不用说,早期西方殖民者开始窥望、渗透、试探,面对东洋、西洋各种海外势力的压力,明清帝国不得不把主要精力转向东南。浙东地区属于中国东南沿海的重要海岸线上,位于明清王朝与海外势力冲突的前沿阵地,特别是近代以来,宁波等地作为当时海外贸易往来的重要港口,既是中国人民抗击外来殖民者的主要战场,也是中国面向世界开放的重要城市,其历史作用不言而喻。从浙东历史和浙东文化的进程来看,明清时期是浙东对中国历史发展最有影响的时期,特别是商业文化、学术文化、海防文化等领域,长期处于领先地位。

三、浙东与浙西:浙东文化个性进一步凸显

浙江文化的内部结构是和浙江地理环境、历史发展等因素紧密联系在一起的,就浙江内在的文化结构而言,最重要也是最有影响的划分无疑是浙东与浙西的文化区分。"两浙"之分与古代的地方行政机构、历史文化发展联系在一起,更与地域文化的特征有着深刻的联系,"我把浙东,跟皖南、赣东、闽北连在一起,让浙西回到太湖流域那圈子中去,这不独是历史的看法,也是军事的看法"②。从历史的行政区划来看,唐代就以钱塘江为界限,设置了浙江西道和浙江东道,宋代改称浙江西路和浙江东路,清代乾隆年间的《浙江通志》说得更明白:"元至正二十六年,置浙江等处行中书省,而两浙始以省称,……国朝因之,省会曰杭州,次嘉兴,次湖州,凡三府,在大江之右,是为浙西。次宁波,次绍兴、台州、金华、衢州、严州、温州、处州,凡八府,皆

---

① 参见黄仁宇:《赫逊河畔谈中国历史》,九州出版社 2011 年版,第 201—208 页。

② 曹聚仁:《我与我的世界》,北岳文艺出版社 2001 年版,第 44 页。

大江之左,是为浙东。"①这种区分,不仅道出了古代行政机构设置的由来,更重要的是,"浙东浙西"之说,非常符合浙江社会生产方式和生活方式的特征,符合浙江民性和浙江学术文化发展的实际情况。因此,"两浙"之说影响深远,从古到今,有很多学者都从"浙东"和"浙西"的角度,来思考浙江社会和浙江文化的问题。清代著名学者章学诚的《文史通义》专有"浙东学术"一篇,从浙东浙西学术的比较中,研究浙东的学术特点和学术精神。近人梁启超探讨浙东学术精神,周作人《地方与文艺》比较浙东与浙西文化的异同,曹聚仁自认浙东人,"浙西的事情,跟我们浙东人毫不相干"②。

浙东文化和浙西文化的不同,从先秦时期就已经表现出来,尽管就整个中华文化而言,它们都属于吴越文化,但在吴越文化内部还是有着本质的不同。"余暨以南属越,钱塘以北属吴,钱塘之江,两国界也。"③浙西地区的杭州、嘉兴、湖州,在先秦时期,和太湖流域的苏州、无锡等地,同属于吴文化的领地。太湖是古代的长江和钱塘江的泥沙堰塞而成的大潟湖,位于长江流域的南岸,属于长江水系,这一带是中国古代有名的"鱼米之乡",这里河网密布,气候温和,雨量充足,物产丰富。优越的地理位置,富足的农业生产,柔缓的水域,培养了浪漫多姿、婉丽雅致的抒情文化。而越文化的领地特别是宁绍平原,虽然生态条件与杭嘉湖没有很大的区分,但是由于钱塘江的阻隔,经济、文化相对封闭,而且海潮、山洪时有发生,浙东的南部山区的自然生态条件更为恶劣。所以,与自然环境长期的斗争培养了既浪漫抒情,又刚硬直率,关注现实与注重个性相结合的越文化。这种文化特点也造成了浙东和浙西民间文化和文人文化的不同,越文化以蛇和鸟为图腾,崇祭活动颇多,民间的禁忌也相对严格,而越地崇牛,"这些习俗反映了越地自古崇尚立农为本,以民为本,越人执着、坚韧、卓苦勤劳且不无牛之倔强的性格,与牛这一象征物产生深刻的构合。……图腾崇拜,从根本上说,证明了人与动物同源,说明了人本有的自然生命活力。在一定意义上可以说,古越族文明辉煌的那个时代,正是人的自然生命活力得到最充分表现的时代"④。曹聚仁先生也谈到浙东大多是自耕农,而浙西富商大户较多,"在我的家乡,百里周围,最大的富户,不会拥有两百亩以上的田地;说是要靠收租过日子,做一个

① 陈方竞:《鲁迅与浙东文化》,吉林大学出版社 1999 年版,第 37 页。
② 曹聚仁:《我与我的世界》,北岳文艺出版社 2001 年版,第 44 页。
③ 黄晖:《论衡校释》,中华书局 1990 年版,第 183 页。
④ 陈方竞:《鲁迅与浙东文化》,吉林大学出版社 1999 年版,第 35 页。

不稼不穑的地主,我就没见过。大体说来,都是自耕农"①。而浙西的富商大户,拥有千亩以上土地者甚众,有的甚至拥有万亩良田。

从文人文化的角度来说,浙东和浙西也有着明显的不同。浙东和浙西的文人文化,都是浙东和浙西的文人对各自地域文化认同、汲取、深化、升华的必然结果,浙东和浙西的地域文化对于培养文人的人格、文化品格都具有至关重要的作用。章学诚在《文史通义》中比较浙东学术和浙西学术的特点时谈到:"世推顾亭林为开国儒宗,然自是浙西之学;不知同时有黄梨洲氏出于浙东,虽与顾氏并峙,而上宗王、刘,下开二万,较之顾氏,源远而流长矣。顾氏宗朱而黄氏宗陆,盖非将学专家各持门户之见者,故互相推服而不相非诋。学者不可无宗主,而必不可有门户,故浙东、浙西,道行不悖也。浙东贵专家,浙西尚博雅,各因其习而习也。"②明清之变,"外夷"入主中原,这不仅对中原晚明士人的人格提出严峻的考验,而且,对于整个中原儒学的命运也提出了挑战,能不能在此种情势下既坚持儒学的基本原则、又根据实际情况因时求变,对于今后儒学的发展和生存至关重要。当时的"两浙"成为经学和史学的中枢,以顾炎武为代表的浙西学派和以黄宗羲为代表的浙东学派领袖天下。章学诚从儒学发展的角度,概括了这两个学派的源流和基本特点:浙东学派继承了宋代陆九渊的学说,又受王阳明的重要影响,形成了"经世"为本,切合当时人事,强调实践性的文化品格,黄宗羲提出"六经"皆史的观点,正是在当时情况下对儒学基本精神的强调。浙东文人刚劲硬气,浙西文人委婉秀雅:"浙东多山,故刚劲而邻于亢;浙西近泽,故文秀而失之靡。""两浙人文区薮,浙以西之文,华而靡;浙以东之文,清以淑。"③曹聚仁回忆他的父亲时说:"表面看起来,先父是朱熹一派的信徒;朱子的《近思录》和《小学》,乃是教导我们立身处世的入门功夫。但在躬行实践上,却和北方学人颜元、李塨的路子相吻合。而他当年从杭州回家,带了一部《王阳明全集》回来,他的关心社会治安,培养民间新风尚,敢作敢为的立身之道,实在和王氏相符合。"④浙东文人普遍有这种"浙东气",强调躬亲实践,深受王阳明"心学"的影响。

---

① 曹聚仁:《我与我的世界》,北岳文艺出版社 2001 年版,第 43 页。
② 参见章学诚:《文史通义·浙东学术》,《章学诚遗书》,文物出版社 1985 年版,第 14—15 页。
③ 胡朴安:《中华全国风俗志》,上海书店 1986 年影印版,第 43 页。
④ 曹聚仁:《我与我的世界》,北岳文艺出版社 2001 年版,第 29 页。

　　周作人在谈到浙江文化时,以"深刻"与"飘逸"论之:"浙江的风土,与毗连省份不见得有什么大差,在学问艺术的成绩上也是仿佛,但是仔细看来却自有一种特性。近来三百年的文艺界里可以看出两种思潮,虽然别处也有,总是以浙江为最明显,我们姑且称作飘逸与深刻。第一种如名士清谈,庄谐杂出,或清丽,或幽玄,或奔放,不必定含妙理而自觉可喜。第二种如老吏断狱,下笔辛辣,其特色不在辞华,在其着眼的洞彻与措辞的犀利。在明末时这种情形很是显露,虽然据古文家看来这时候风气正是不振,但在我们觉得这在文学进化上却是很重要的一个时期,因为那些文人多无意的向现代语这方向行进,只是不幸被清代的古文潮流压到了。浙江的文人略早一点如徐文长,随后有王季重张宗子都是做那飘逸一派的诗文的人物,王张的短文承了语录的流,由学术转到文艺里去,要是不被间断,可以造成近体散文的开始了。毛西河的批评正是深刻一派的代表。清朝的西泠五布衣显然是飘逸一派,袁子才的声名则更是全国的了,同他正相反的有章实斋,我们读《妇学》很能明白他们两方面的特点,近代的李莼客与赵益甫的抗争也正是同一的关系。俞曲园与章太炎虽然是师弟,不是对立的时人,但也足以代表这两个不同的倾向。"①后来,在《鲁迅的青年时代》里,周启明(即周作人)进一步提出浙西文化偏于文、浙东文化偏于史的看法,并且认为可以把鲁迅的深刻犀利也纳入浙东文化和浙东文人系统:"因为在浙江省中间有一条钱塘江,把它分为东西两部分,这两边的风土民情稍有不同,这个分别也就在学风上表现了出来。大概说来,浙西学派偏于文,浙东则偏于史,就清朝后期来说,袁随园与章实斋,谭复堂与李越缦,都是很好的例子。再推上去,浙东还有毛西河,他几乎专门和'朱子'朱晦庵为难,攻击的绝不客气……拿鲁迅去和他们相比,的确有过之无不及,可以说是这一派的代表。"②周作人把章太炎视为"深刻"的代表,实际上,也就间接地承认了章太炎为浙东文化的近代代表人物之一,这一点和梁启超相同,梁任公在《近三百年来学术史》中,把章太炎视为浙东文化的代表人物。曹聚仁先生以为梁启超把章太炎的地域搞错了,如果我们不拘泥于具体人的地理地域,而用文化地域的眼光看问题的话,章太炎先生的文化品格,的确体现了浙东学术"言性命者必究于史""史学所以经世,故非空言著述也"的经世特点和实践精神。如果把章太炎先生和海宁王静安先生相比较的话,这一特点就更加明显,海宁王静安的确具有

---

　　①　周作人:《谈龙集·地方与文艺》,河北教育出版社 2002 年版,第 11 页。

　　②　周启明:《鲁迅的青年时代》,中国青年出版社 1957 年版,第 58—59 页。

浙西文化"偏于文"、"飘逸"、博雅等特点。深受章太炎先生影响的鲁迅先生,得到"深刻犀利"的真传,与其说是章太炎的文化品格深刻地影响了鲁迅先生,还不如说是章太炎的文化品格和鲁迅身上固有的浙东文化精神两相契合,完成了中国近代文化巨人与现代文化巨人之间的文化传接。

第三节　区域文化视域下的三地文化比较

"地域文化或称'区域文化',是一门研究人类文化空间组合的地理人文学科,在某种意义上大同于文化地理学。它们都是以广义的文化领域作为研究对象,探讨附加在自然景观之上的人类活动形态,文化区域的地理特征,环境与文化的关系,文化传播的路线和走向以及人类的行为系统,包括民俗传统、经济体系、宗教信仰、文学艺术、社会组织等等。但在某些方面,地域文化又与文化地理学有着明显的区别。一般说来,文化地理学是以'地理学'为中心展开文化探讨的,其中的'地区'概念具有极强的地理学意义,它疆域明确,系统稳定,与现实的'地区'是吻合的。而地域文化是以'历史地理学'为中心展开的文化探讨,其'地域'概念通常是古代沿袭或俗成的历史区域,它在产生之初当然是精确的,但是由于漫长的历史逐渐泯灭了它们的地理学意义,变得疆域模糊,景物易貌,人丁迁移,只剩下大致的所在地区了。……岁月的流逝虽然改变了古代区域的精确性,但这种模糊的'地域'观念已经转化为对文化界分的标志,深深地积淀在人们的头脑之中,并且产生着深远而广泛的影响。"①

一、西北与东南:中国文化类型的典型

在人类的童年时代,这三个区域都以一种童真形态,表现着对外部世界的欲望和争夺意志,如三秦的力主耕战、三晋的忧思深远和吴越的卧薪尝胆。虽然经历了秦王朝的政治经济统一和汉帝国的文化大融合,但由于各地域自然条件的不同、农耕技术发展的不平衡、地域物产状况极大差异而导致生活方式的变异,如三秦文化的秾艳、三晋文化的质朴、浙东文化的绮靡,就逐渐显示出彼此的区别。

从中国古代文化的发展背景观察秦晋文化与吴越文化,我们可以看出

---

①　冯宝志:《二晋文化》,辽宁教育出版社 1991 年版,"编者札记"第 2 页。

一个基本的趋势:中国古代社会前半期,秦晋文化处于核心地区,因为秦晋文化史伴随着国家的产生而发展,其底色是政治文化。夏商周为发轫期,汉代为定型期,唐代达到鼎盛期,秦晋一直是政治中心,亦成为经济、文化的中心。浙东在先秦两汉一直被视为蛮夷之地,处于政治的边缘,到了六朝才有了发展的关键时期,士族文化和精英文化的结合,才催生了一个诗意江南,这是一个很高的文化起点。永嘉之乱、安史之乱、靖康之难使秦晋等地遭到巨大劫难,却给了浙东重要的发展机遇,不论是宫室制度还是民间风俗都随之迁移到吴越,在浙东地区,与原住民的"土著文化"结合而焕发出新活力,包括浙东在内的江南一带逐渐成为中国的经济重心、文化重心。在中国古代社会,秦晋是先盛后衰,浙东则是先弱后强。中华民族的文明之源最早从秦晋两地开启,从夏商周三代、到秦始皇统一天下、再到汉唐鼎盛时期,秦晋代表了当时先进文化和正统文化,浙东则是偏于东南一隅,尚被视为蛮夷之地;南宋以后,秦晋两地日渐衰落,浙东成为经济、文化较为发达的地区,虽然中国的政治中心仍在北方,经济重心、文化重心却在吴越。

"中国古文化如果分为面向大陆和面向海洋的两大块,或西北与东南两大块的话,早在距今四五千年前的良渚文化时期这种格局就已形成","西北与东南地区的对立统一,也经常是影响中国历史大局的重要流向"。[①] 三秦和三晋文化可以作为西北一块的代表,浙东则为东南一块的代表。西北和东南是对立的,西北主要面向大陆,山岳耸峙,曾经是夏商周以及秦汉唐等天子脚下;而东南,则面向海洋,江流纵横,水网密布,曾被斥为"蛮夷之地"。

三秦大地地处内陆,交通阻塞,环境较为封闭。陕北黄土高原群山环绕,黄土高原地貌丘壑纵横,黄河隔断山西,交通极为不便,气候干燥少雨,不利于发展农业生产;陕南处秦岭和巴山之间,虽山清水秀,但交通封闭。关中多属于冲积平原,三面环山,东面临水,有潼关等关隘阻塞"河东"。这种较为封闭的地理环境对三秦文化的形成和发展产生了一定的制约,表现为开拓进取精神不够,更多倾向于封闭保守。

山西的西、南两边为黄河,东边是太行山,北边为长城、沙漠戈壁,凭山控水,据高负险,自古有"表里河山"之称,长期处在农耕生产和游牧生产的"接触区",汉族和少数民族的融合地带,山西长期作为首都长安、洛阳、北京、开封的邻居,这种首都附近的政治地理特点,形成了吸收、融合的文化特

---

① 苏秉琦:《良渚文化的历史地位》,《苏秉琦文集》(三),文物出版社 2009 年版,第257 页。

色,进而形成睿智、中庸、宽容、忍耐、节俭、善于经商理财、适应性强的特点。但是由于环境封闭,毁灭性的灾害少,人的流动性就小,社会交往不发达,故而形成封闭保守、安土重迁、土气、小气的特征。

浙东地区西、北两面以钱塘江与浙西等太湖流域相隔,东临大海,南以雁荡山与闽西分开,属于多山面海之地,在海洋交通不够发达的情况下,浙东地区与中原文化的交流是比较少的,随着海洋交通的逐渐发展,浙东地区通过海洋与东亚、东南亚诸国的交往日益频繁,孕育出明显区分于秦、晋内陆文化的海洋文化,并通过长期与中原文化的交流,形成浙东文化。因此,浙东文化兼具中原黄土文化与沿海海洋文化的性质,两种不同类型的文化在浙东大地上的交融碰撞,是江南文化"小传统"与中原文化"大传统"碰撞交融的典型表现,浙东文化的开放性、流动性和浪漫飘逸的气质,恰恰是对秦晋文化保守性、凝滞性和豪迈质朴的有效补充,为中国文化建设输入"异质"内容,丰富了中国文化的肌理和内涵。"这就是吴越之地的特征,它越来越以自身的优势超过西北,一批活泼泼的弄潮儿式的开拓者和创业者,加以水军立国远征四海的东吴大帝孙权、开辟南北海路打通陆路阻断的吴越国王钱镠和七下西洋征服海洋的大英雄郑和,纷纷崛起于东南,使西北坐龙廷者相形见绌。"①

二、兼容并蓄的文化胸怀

中央集权的政治统治、儒家伦理实践理性的深层结构和华夏民族大一统的文化向心力,决定了中国各区域文化既有"同中之异",更有"异中之同"。中国古代专制权力绝对地、无限度地支配着整个社会,任何区域都不可能成为脱离朝廷控制的独立王国,儒家忠孝节义的道德规范深入到中国文化的深层结构中,无论是宫廷文化、文人文化和民间文化,都认同儒家文化的基本价值,更有道家文化和佛教文化在中国大地上的广泛传播和久远影响力,使中国古代每一种区域文化都不可能"遗世独立",而是在不断与其他区域文化的交融与碰撞中形成,都或多或少地采纳了"外来"文化内容。因此,秦晋文化与吴越文化有个鲜明的共通处——兼容并蓄。

长安既是中华民族区域文化的交汇地,也是古代中外文化汇集中心,"丝绸之路"就是多种文化交流的典型代表。丝绸之路不仅是中华民族得以向全世界展示其伟大创造力和灿烂文明的门户,也是古代中国文化得以与

---

① 王遽今:《吴越文化史话》,浙江大学出版社 2005 年版,第 5 页。

西方文化交流,达到相互影响、融合,共同促进人类文明进程的渠道。通过丝绸之路,关中秦地可以与世界进行沟通,把本族的文明展示给世界,又包容着外来文明。① 正因为采取了宽容、吸收、改造的态度,才迎来了古代中外文化交流的第一个高潮。

兼容并蓄是三晋文化与生俱来的特点,三晋大地是不同民族相互碰撞、相互融合的地区,也是不同文化冲突、交汇的地区。三晋地区兼跨两个文化区域——中原农耕文化与北方游牧文化,西周初年,三晋地区就居住着许多戎狄部落,晋国开国君主唐叔虞采取了"启以夏政,疆以戎索"的治国方针,即兼用夏王朝治理华夏地区的制度和本地戎族的法度来治理晋国。晋文公长期被迫流浪,广泛接触到华夏和夷狄的文化,并加以融会贯通,形成了三晋文化的基础。春秋末期,晋悼公提出"魏绛和戎",也就是晋与戎狄通婚,"和戎政策,为晋国的经济开发、国势强盛带来很大好处。'和戎'还对民族融合起了积极的促进作用,在共同的生活中,落后学习先进,文化面貌渐趋一致,一些与晋国杂居和邻近的戎狄,逐渐融合于华夏文化"②。战国时期,三晋地区的民族融合是以战国为主体进行的,最重要的事件——赵武灵王"胡服骑射",开创了向少数民族学习的范例,产生了深远的历史影响。"秦汉以来,中原汉民族同北方各民族的文化交流更加广泛深入地展开,一直延续到封建社会末期,由此形成了统一的中华民族大家庭和辉煌灿烂的中华文化。在这漫长的历程中,无论北方民族的南下,或者中原王朝的北进,山西始终处于特殊地位。"③山西由于"表里山河"的地理形势,为历代乱世强藩的割据重镇和民族文化交融的枢纽地带,中原文化与诸多少数民族文化的交融,成就了三晋文化的多姿多彩,元曲的形成和兴盛就是中原文化和草原文化进一步融合,在三晋大地上开出了奇葩。

浙东文化是南北文化冲撞、融合后的结晶。由于中国古代政治文化经济中心在北方,各方势力为了争夺"天下之枢纽"而展开旷日持久的冲突和厮杀,每一次战乱,都有北方人民为逃避战乱而南下,其中不乏士族大户,特别是三次大规模的北人南迁,极大地促进了南北文化交流,也为浙东文化带来了中原文化的"火种"。两晋南北朝时期,北人大规模的向南迁移到吴越,带来了当时先进的中原文化,促进了具有新质的吴越文化迅速发展。唐灭

---

① 黄新亚:《三秦文化》,辽宁教育出版社 1995 年版,第 100 页。
② 冯宝志:《三晋文化》,辽宁教育出版社 1991 年版,第 108 页。
③ 李庆元:《源远流长的三晋文化》,《民主》1997 年第 9 期,第 31 页。

亡后出现五代十国的大分裂,南来避乱的北人趋之若鹜,促成了北人的第二次大规模南移。宋室南渡,即北人第三次大南迁,促进江南迅速成为中国文化重心。浙东地区也以宽大的胸怀,接纳了北方达人能士、先进文化技术、风俗习惯,博采众长,浙东文化迅速崛起。

三、江南"城市"经济与浙东发展

在整个中国历史上,宋代是中国封建社会发展的分水岭,费正清、埃德温·赖肖尔与阿尔伯特·克雷格合编的《东亚:转变与改造》和日本学者斯波义信的《宋代江南经济史》都认为:"在中华帝国二千年来的历史中,宋代成为把这中分为前、后两期的分水岭。在官僚制的帝国这一范畴内考察这种分界时,从农业、商业开始直到政治、社会、文化层面剥离,乃至产生重新组合,这一中国固有的历史体验有其重要的意义。"[①]宋代中国经济增长很快,商业发达,开始出现了中国近代意义上的城市,从而带来了社会和文化方面的重要变化。西方汉学家罗威廉用一句话概括宋代的文化特征:"与其说是'纯农业文明',不如说是'都市化文明'含有更多的固有特征。"[②]从政治上来说,宋代是文官当政、以文治天下的科举官僚社会的确立时期,从科技文化上说,宋代既是发明印刷术、火药、制铁技术和造船航海技术的时期,也是学术、工艺、美术、文学的黄金时代,宋代的科举制度和书院教育对学术文化、文学等都产生了直接的影响,造就了面积广大的知识层,而在文人学士聚集的地方,"都市化文明"的气息愈加浓厚,除当时的临安外,江南的许多城市都聚集着大量的文人学士,对当时的文化价值观念产生了直接影响。

从另一个方面来说,宋代手工业的发展、江南人口的增长也是促进江南"近代都市"化进程的重要因素。据统计,从公元 8 世纪中期到 11 世纪初期,全国人口增长了一倍,而长江下游地区的人口增长达到三四倍之多,到了南宋阶段,人口可能更多。由于人口的急剧增长,人均耕地面积大幅度下降,原有的耕作方式就必然要发生变化,为了提高单位耕地面积的产量,改"粗放农业"的生产模式为"精耕细作"的农业生产模式成为生存需要,进行农业基础设施改造和品种技术改良就成为必然选择。于是,为配合这一农业生产方式转型的制铁、制陶、造纸、纺织印染、交通等手工业技术也相应地

---

① [日]斯波义信:《宋代江南经济史研究·序章二》,方健、何忠礼译,江苏人民出版社2001 年版,第 65 页。

② 罗威廉:《汉口:一个中国城市的商业和社会,1796—1889》。转引自斯波义信:《宋代江南经济史研究》,第 65 66 页。

繁荣起来,手工业者不仅直接为农业生产的技术改造服务,而且分流了过剩的农村劳动力,缓解了人口增长的压力,在一定程度上保持了社会的稳定。从宋代开始,一直到明清阶段,江南的手工作坊快速发展,从业人员急剧增长,逐渐形成了近代"市民"阶层,而市民阶层的形成,必然要求与他们的生产方式、文化产品生活方式相适应,"市民"文化在包括浙东在内的江南开始形成。

但是,"在中国,商业和城市的发达,都未能直接培育出城市共同体和市民法、商法等近代合理的经营制度,那时,它们被寄生于随着时代进步而缓慢渐进式的社会发展"①。这种情况一直延续到明清时代中后期,直到鸦片战争时期,由于外国资本主义势力的侵入,当时的清政府被迫作出回应,中国的近代化进程明显提速。外国资本主义和殖民化的侵入,极大改变了中国原有的生产方式和生活方式,而对沿海地区的影响更大。浙东农村的生活方式和农民的文化心理也受到了极大冲击,开始加快了由传统社会文化心理向近代社会文化心理转化的进程。

传统的中国社会是一个典型的农业社会,千百年来,在这块大地上生活的中国农民创造了闻名于世的农业文明,尽管这种文明是中国古代社会发展的基础,其中也不缺乏优秀的文化品质,但当时间的车轮进入到近代,传统农业文明在经济上的自给自足,文化心理上的闭关自守和排外倾向,政治上的专制和广大老百姓对政治的冷漠麻木、交际范围的狭隘封闭,越来越成为中国社会进步和文化发展的阻碍。以血缘和血亲为中心的农村生活形态,极大地限制了中国人的生活方式,"从社会角度来看,村子里的中国人直到最近主要还是按家族制组织起来的,其次才组成同一地区的邻里社会。村子通常由一群家庭和家族单位(各个世系)组成,他们世代相传,永久居住在那里,靠耕种某些祖传土地为生"②。重视地缘和血缘的自给自足的农业文明生活方式,必然导致聚居群落内部的家族专制和外部的封闭性,并进而影响到整个国民的社会心态和文化心态,"国民性"始终和农民的心态联系在一起,农民性是"国民性"的基础和主要内容。

从近代开始,由于外国资本主义势力的强行进入,加速了中国文化超稳

---

① 参见罗威廉:《汉口:一个中国城市的商业与社会 1796—1889》"导论:欧洲及中国历史上的城市",转引自斯波义信:《宋代江南经济研究》,江苏人民出版社 2001 年版,第 1—4 页。

② 费正清:《美国与中国》,商务印书馆 1987 年版,第 20 页。转引自周晓虹:《传统与变迁》,生活·读书·新知三联书店 1998 年版,第 41 页。

定结构的解体,沿海地区的农民的血缘关系和地缘关系进一步弱化,传统的重农抑商、安土重迁的生活观念和文化观念开始被放弃。清代后期由于江南人口的急剧增长和土地兼并日益严重,更由于外国资本的侵入,农村生产力落后的弊端更加暴露,脆弱的小农经济由于技术手段极端落后,到了 19世纪中期面临解体的局面,农民的生活进一步贫困化,社会矛盾也更加尖锐。

　　从另一个方面来说,西方的坚船利炮敲开了中国的大门,也迫使中国开始了近代对外开放。浙江地处沿海地带,是对外开放的门户,"沿海地带尤其是长江沿岸城市也从传统经济中剥离出来,开始了自己的现代化发展,并形成了一系列与内地相对立的特色:在物质和文化上都置于西方的示范效应之下;经济以现代商业和现代工业为主轴;文化上向工商社会的价值观念转移;租界的存在使行政和司法具有中国和西方双重主权和标准;最后,社会具有了面向世界的全方位的开放的性质"①。在浙东地区,从 19 世纪中期到 20 世纪 20 年代,现代化的交通和邮电的出现,农村生产和农民生活方式在遭受巨大压力的同时,也出现了资本主义生产因素,农村小型发电设施和生产工具的改良,近代化的纺织技术和"洋货"的出现,扩展了浙东文化视野。现代传媒和现代教育也首先在浙东出现,报纸在浙东中小城市出现,国民小学堂在私塾和蒙学馆的夹缝中出现,并迅速地发展起来。19 世纪后期,洋务派为了振兴军事,发展海军,设立了各种各样的军事"学堂"和技术学校,浙东学人直接、间接地受到学堂和技术学校的影响,庚子赔款所办的大学和外国教会创办的大学,对浙东的文化产生了深刻的影响。近现代之交,浙东进步知识分子怀抱着救国救民、改造社会的热忱,在乡村开办过各式各样的成人和技术教育学习班和培训班,宣传新思想,普及科学知识,推行民众识字运动,直至走出国门,寻求救国救民真理,成就了一批引领中国进步的政治家、实业家、文学家和艺术家,对中国近现代历史产生了广泛影响。

---

　　① 柯文:《在中国发现历史:中国中心观在美国的兴起》,中华书局 1989 年版,第107 页。

第三章　关学与浙东学术

　　关学、河东学术和浙东学术是陕西、山西和浙东在区域性地理环境和历史背景下形成的学术文化,既有各自特点,也有中国文化整体性内涵。由于历史原因,关中自古是帝王之都,自周代直至唐代,关中学术文化产生、发展于国家集权中心,其文化理念和基本精神往往与帝国命运紧紧捆绑在一起,很难形成富有区域特色的学术文化。宋代以降,随着中国政治经济中心的东进南下,长安作为帝王之都的历史宣告结束,陕西开始出现以"关学"为标志的学术文化。张载"以气为本""以礼为教",经过弟子"蓝田三吕"、李复、苏昞等传播,形成了独具特色的关中学术文化——关学,后历经南宋、金、元、明、清近 800 余年,代有传人。明代三原学派、渭南南氏和冯从吾等,振起金元关学,实现关学第一次复兴;清代以李二曲为代表的"关中三李"、王弘撰、贺瑞麟等实现关学第二次复兴;晚清民初刘古愚、牛兆濂等,依然坚守关学阵地。浙东学术自汉唐准备期,经宋元繁荣发展期,至明清而成学术大派,永康学派、永嘉学派、甬上四先生、方孝孺、阳明心学、黄宗羲、全祖望、章学诚等,蔚然可观。浙东学术不仅思想丰富,学术影响广泛,而且提倡经世致用,开启中国学术近代化转型之路。河东学术由薛瑄创立,在明代关学复兴过程中,具有毋庸置疑的影响,是关学发展的重要思想资源。以薛瑄为代表的河东学术与关学渊源颇深,同质性极强,所以,本章在论述过程中,将河东学术也纳入关学之内,而不进行单列论述,以符合其学术志趣。

　　关学和浙东学术在历史发展过程中,都没有故步自封,而是相互学习、相互包容。张载创立关学之后,浙东学术家从"关中理学"的角度进行高度评价;关中学者南大吉、南逢吉于绍兴受王守仁亲传,在渭南大兴书院,传播阳明心学;明代关学大家冯从吾、清代关学领袖李二曲,都多次到江南游学,进行学术交流。浙东文化大师黄宗羲、章学诚编撰《宋元学案》《明儒学案》《文史通义》中,系统论述了"关学"及其代表思想家。学术交流促进学术进步,关学与浙东文化在历史上相互影响,相互借鉴,形成了诸多共同点:张载的"天地之性"与王阳明的"良知"有相同之处,关学"躬亲礼教"和浙东文化"经世致用"异曲同工,"蓝田三吕"的"吕氏乡约"与方孝孺的"乡族制度"有着必然联系。还有,勇于创新的精神,精研天道人心的学术志趣,士人品格与民族气节,都是三地学术文化的共同精神。

第一节　以气为本与以礼为教的关学

浙东文化大师黄宗羲和全祖望在其著述中多次提到"关学",黄宗羲在论述关中学者吕泾野时说:"关学,世所渊源,皆以躬行礼教为本"①,全祖望认为李二曲上接关学六百年之统。黄宗羲和全祖望不仅明确提出"关学",而且认为"关学"具有悠久的历史,"世所渊源""六百年之统",在这两位梳理过宋元明学术文化源流的大学者看来,关学是一个自成一格、传承久远的学术流派。

一、"关学"与"关中理学""关中之学"

学术界一般认为,关学有广义和狭义两种理解。

狭义的理解将关学视为"张载及其弟子的学说",侯外庐先生认为:"北宋亡后,关学渐归衰熄。"②狭义理解的依据是:张载去世以后,其弟子吕大临、吕大忠、吕大均等人转投二程门下,成为洛学弟子,尽管李复等人也坚持张载的学说,但影响不大。因此,也有学者认为,关学上无所师承,下无继传,到南宋初年就已经告终了。③ 狭义的理解更加看重师承门户,而忽视了吕大临等人尽管转投二程,仍然坚守张载之说,连程颐也说:"吕与叔守横渠学甚固,每横渠无说处皆相从,有说了便不肯回。"④张载所创立的关学,与濂

---

① 〔清〕黄宗羲:《明儒学案·吕泾野》,中华书局 1985 年版,第 11 页。

② 侯外庐、赵纪彬、杜国庠:《中国思想通史》(第四册上),人民出版社 1959 年版,第 545 页。

③ 龚杰:《张载评传》,南京大学出版社 2006 年版,第 206 页。

④ 冯从吾著,陈俊民点校:《关学编》,中华书局 1987 年版,第 12 页。

溪之学、洛学并驾而行,成为宋代最重要的学术思想,其影响不仅及于弟子,更加影响到从宋到晚清的关中诸多学者,并通过冯从吾、李二曲、南大吉、刘古愚等众多学者发扬光大,与河东学派、东林之学、江右学派、浙东学术等相互交融,形成一个自成体系、传承久远的学派。

广义的理解将关学看成"宋元明清时代关中的理学",也就是从张载创立,经过明清理学,至晚清刘古愚或牛兆濂而消散的学术流派,其历史跨度近 800 年。持广义理解的代表人物是中国哲学史学家陈俊民先生,他认为"关学是宋明理学思潮中由张载创立的一个重要独立学派,是宋元明清时代今陕西关中的理学"①,也是目前被广泛接受的观点。这种理解的历史依据是冯从吾的《关学编》。《关学编》专为理学家立传,编录以张载为首的宋金元明 33 位关中理学家,以理学为经纬建构了关学师承谱系,为"关学"被理解为"关中理学"奠定了基础。冯从吾同时代的张舜典在《关学编后序》云:"《关学编》不载独行,不载文词,不载气节,不载隐逸,而独载理学诸先生,炳炳尔尔也;不论升沉,不计崇卑,而学洙泗,祖羲文者,无不载焉。"②的确,关学与关中理学有着天然的联系,许多学者将张载与周敦颐、二程、朱熹并称为濂洛关闽四大理学学派的奠基者。但在关学发展历程中,关学与洛学、阳明心学、甘泉学派、东林党人、河东学派、江南顾炎武等多有交集,冯从吾本人与东林学派关系非同一般,南大吉、南逢吉兄弟在渭南创立瑞泉书院在关中传播心学,李二曲与顾炎武相互倾慕留下佳话。所以,关学也不能一概而论为"理学"。

以上两种理解被赵吉惠先生概括为广义的理解和狭义的理解③,实际上第三种理解比第二种理解更为广义,即将关学直接视为"关中之学"。"邵力子主持编纂的《关中丛书》就是以此为基点的,张骥所编《关学宗传》,其所用关学概念比较模糊,所选学人也比较庞杂,其所说关学,也有点像'关中之学'。"④著名哲学史学家张岱年先生提出:"谓关学,有两层意义,一指张载学说的继承和发展,二指关中地区的学术思想。"⑤对于"关学"的不同理解,关

① 陈俊民:《张载哲学思想及关学学派》,人民出版社 1986 年版,第 24 页。

② 冯从吾著,陈俊民点校:《关学编》,中华书局 1987 年版,第 62 页。

③ 赵吉惠:《关中三李与关学精神》,《西安交通大学学报》(社会科学版)2001 年第 3 期,第 77—80 页。

④ 刘学智:《张载及其关学研究的方法与研究走向探析》,《唐都学刊》2012 年第 5 期,第 1—5 页。

⑤ 张岱年:《张载哲学思想及关学学派》,人民出版社 1986 年版,"序"第 5 页。

涉对关学史、关学基本精神、关学历史地位等根本问题的不同理解。张载创立"关学"之后,关中学术思想无不受其深刻影响,后代学者从文化精神层面多继承张载,尽管区分宋代关学和明清关学有其无可辩驳的学术价值,但是,从基本精神和学术传承来看,张载学术思想对关中学者的深刻影响是整体性的,其学术精神"代有传承",所以,"关学"应该是从北宋开始,一直延续到了晚清。其次,"关学"在发展历程中,受到明清社会政治经济文化学术等多种因素的影响,既有低迷蛰伏期,也有振奋"复兴"期,而每一次复兴都是关中学者充分吸收"外来"文化资源,发扬光大关学,因此,"关学"不仅限于"理学",而是具有更为复杂的学术背景和思想内涵。我们认为,对"关学"这一传承近800年的学术流派,不宜在概念上进行"严苛"界定,视其为"关中学术思想"更为合理。

学术界普遍认为,从张载到晚清,关学经历了四个阶段:一是关学的创始奠基阶段,主要是由张载创立之后,其弟子吕大临、吕大均、吕大忠、李复、苏昞等传播继承;二是明代关学复兴,包括三原学派、南氏心学、冯从吾等;三是清代关学复兴,主要是李二曲为代表的"关中三李"等;四是晚清民初关学衰落阶段,学者多以刘古愚为终点。①

二、关学创立与早期传播

张载是关学的创始人和奠基者。张载(1020—1077),字子厚,宋仁宗嘉祐二年进士,祖籍河南汴梁,后居住在眉县横渠镇,后人称横渠先生。张载的祖父张复、父亲张迪都是宋代中下层官吏。父亲张迪客死涪州任上,15岁的张载协助母亲护送灵柩返回汴梁,至陕西眉县横渠,路遇战乱,资费不足,只好就地安葬父亲,此后全家定居于横渠。张载少年聪颖,血气方刚,曾设想组织民团夺回被西夏侵占的临洮之地,21岁时上书《边议九条》于陕西经略安抚副使、主持西北边关军事的范仲淹,深得范仲淹赏识,范仲淹劝他研读《中庸》,勿谈兵。张载接受范仲淹的建议,广泛涉猎儒家经典、道佛之书,终于悟出儒释道互补之理,收徒讲学,培养了"蓝田三吕"等大批学生,著书立说,创立了自己的思想体系,留下《正蒙》《西铭》《横渠易说》《经学理窟》等著作,后人辑为《张载集》。

张载的思想极为丰富。张岱年先生概括为"以气为本与以礼为教",的

---

① 赵吉惠:《关中三李与关学精神》,《西安交通大学学报》(社会科学版)2001年第3期,第77—80页。

确,张载就是以气为本,精研天理,以礼为教,躬亲践行。张载坚持"天人合一",提出了"太虚即气"的宇宙观,认为"气"是宇宙的本体,"气"的运行变化(聚与散)形成万事万物。万物"凡可状,皆有也;凡有,皆象也;凡象,皆气也"①。万物皆有"象""气",而"气"为之本,"太虚无形,气之本体,其聚其散,变化之客形尔。""太虚不能无气,气不能不聚而为万物,万物不能不散而为太虚。"②也就是说,气聚而变为万物,气散而为太虚,所谓"太虚"并不神秘,而是"气"的一种变化、一种形态。由于"气"是永恒的,"气无生灭",所以宇宙的本体也是永恒的,变化的只是万物,万物有生有灭,正是由于气的运动变化。张载的物质本体论对后代影响巨大,后代王夫之将其发扬光大。根据"太虚即气"的宇宙观,张载进一步提出"天人合一"的思想,这种"天人合一",不是"主客二分"之后"合一",而是基于"万物一体",人事本乎天道,不可逆天背离,分开而视,而要"一滚论之",人需要"平物我,合内外",方能达到"与天一体"的境界。基于宇宙物质本体论,张载在认识论上提出了"闻见之知"与"德性之知",强调人需要依靠思维,用心明理,而不能停留在感官感知层面;在人性论上提出"天地之性"与"气质之性",要求人们返回本源的"善"性,也就是回归自然;在发展论层面提出"一物两体"与"动非自外",达到中国古代辩证思维的高度。③ 牟宗三先生认为张载的"太虚即气"说,并不是说"太虚就是气","太虚"不是气,而是与天和道位于同一层级的概念,用来指代具有超越性、绝对性和独立性的最高本体即"道体",也就是天道本体。④ 但是,由于中国古代哲学(包括张载本人)的语言表达,造成了后世的"误解"。这种误解,从二程就开始了,朱熹继续误解,近人误解为唯气论。然细会其意,并衡诸儒家天道性命之至论。

张载不仅提出系统思想,而且坚守儒家礼教,身体力行,通过教育和乡村活动践行"礼教",为天地立心,为生民立命,为往圣继绝学,为万世开太平。致仕的张载回到家乡,立学授徒,带领学生一起恢复夏商周三代之礼,试行井田,并撰写《井田议》上奏朝廷,带动一方民众,移风易俗。张载去世

---

① 〔北宋〕张载:《正蒙·乾称篇》,章锡琛点校:《张载集》,中华书局 1978 年版,第 63 页。

② 〔北宋〕张载:《正蒙·太和篇》,章锡琛点校:《张载集》,中华书局 1978 年版,第 7 页。

③ 参见姜国柱:《张载思想的基本内容和主要特征》,《咸阳师范专科学校学报》1999 年第 4 期,第 3—9 页。

④ 参见牟宗三:《心体与性体》,上海古籍出版社 1999 年版,第 359 页。

后,弟子坚持张载躬亲礼教的精神,"蓝田三吕"严格按照儒家礼仪举办丧葬婚嫁仪式,制订乡规民约——"吕氏乡约",进一步将张载移风易俗的活动制度化,对朱熹的《增损吕氏乡约》、方孝孺的乡族制度、王阳明的"南赣乡约"等产生了久远而深刻的影响。这就是张岱年先生所说的"以礼为教"。

"张载去世以后,其门人的思想大致有两个发展方向。以李复为代表,坚持了其师的气本论思想,继承了张载对自然科学及各种实用技术研究的注重,被视为张载正传。"[①]蓝田吕大均、吕大忠、吕大临师从张载,对张载思想的形成和传播做出了积极贡献,张载去世以后,他们转投洛学二程门下,但仍然坚持张载的基本思想和学风。实际上,二程与张载既有亲戚关系,学术交往也频繁,张载对程颐十分看重,蓝田三吕转投二程并不是"背弃"张载,而是继续学习理学,进而将张载"知行合一,身体力行"的精神发扬光大。蓝田三吕谨守古礼,严格按照周礼举行父亲的丧葬仪式,积极推进关学的民间化、世俗化,在关中地区实践张载的"以礼为教",他们创立了中国历史上第一个乡规民约——吕氏乡约。"吕氏乡约"以德业相劝、过失相规、礼俗相交、患难相恤等为基本内容,具有明显的乡村自治和朴素民主的特征:乡民自愿加入,共同推举乡村管理者,通过一系列互助合作方式,培养乡民彼此亲近、相互友爱、帮贫扶困,推进乡村和谐,是中国古代乡村君子社会理想的集中体现,也是这种社会理想的第一次完整实践。[②]北宋南迁之后,朱熹对"吕氏乡约"进行修改增订为"增损吕氏乡约",并在讲学活动中大力传播和推广,从而使"吕氏乡约"名满天下,成为儒学"下基层""进民间"的主要方式。明代浙东方孝孺"远袭周礼,近承宋代乡约",提出了"以礼仪正风俗"的乡族制度。王阳明为官期间,深感"民风不善""教化不明",颁布了"南赣乡约",旨在移风易俗。此后,许多儒学家为官一方时,都颁行乡规民约,其中,"吕氏乡约"的基本内容均被保留下来。

作为跟随张载时间最长的弟子,武功苏昞在张载去世后也转投二程门下,官至太常博士,曾编次张载学术著作《正蒙》,整理张载与二程的学术讨论为《洛阳议论》,为张载思想和关学传播做出了独特的贡献。另一名弟子范育建言宋神宗,"请用《大学》诚意、正心以治天下国家,因荐载等数人",多处为官,始终坚持张载"躬行礼教"的精神。

---

① 武占江:《关学、实学与心学》,《西安电子科技大学学报》1999 年第 4 期,第 22 页。

② 参见张亲霞:《关学的历史地位与作用》,《长安大学学报》(社会科学版)2008 年第 2 期,第 106 109 页。

　　金元关学有杨奂、杨天德、杨恭懿、杨寅、肖维斗、同宽甫等人。杨奂深受关学风气熏染,自幼谨遵礼教,母亲病故后,他每日疏食淡饭,诵《孝经》为课。后来游学为官多处,曾入赵天锡门下,与元好问交好,历时四年完成《朝政近鉴》,被誉为"胡氏之春秋",元好问称其"关西夫子",是金元关学影响最大的人物。杨天德、杨恭懿、杨寅祖孙三代皆奉朱子学,杨恭懿精研《易》《礼》《春秋》,注重实学,严格按照古代礼制,为关学躬行礼教的实践者。

　　自张载创立"关学"之后,宋、金、元代有传承,关学的传承谱系和学派宗风基本形成,学术思想传播和躬亲实践的社会影响也不断扩大,对程朱理学、阳明心学都具有毋庸置疑的历史作用。但整体来说,南宋至金元时代缺少关学大家,关学真正的历史作用上有赖于明清关学复兴之路。

三、明代关学的复兴

　　明代关学的复兴之路,首先从河东学者薛瑄开始,"是时关中之学,皆自河东派来"①。《四库全书总目》也表明:"明世关西讲学,其初皆本于薛瑄。"②薛瑄(1389—1464),字德温,号敬轩,山西河津人,河东学派创始人。薛瑄的祖父薛仲义治经史之学,对薛瑄影响深刻。父亲薛贞历任河南、河北等地教谕多年,一直对薛瑄进行严格教育和学术训练,为薛瑄打下了深厚的学术根底。薛瑄一生为官二十四载,刚正耿直,官声颇佳,学术追奉程朱理学,注重"实学",躬亲实践,并且广收学生,多处讲学,弟子遍布山西、陕西、甘肃、河南、湖北等地,为理学传播贡献甚著,也为明代关学复兴提供了丰富的学术思想资源。

　　山西河津与陕西韩城隔河相望,地理靠近,交通便利,民众来往频繁。在明初讲学之风不太盛行的情况下,薛瑄数次在河津旧居开坛讲学,吸引了众多陕西学人,也培养了一批关学人才,凤翔张杰、咸宁张鼎、韩城王盛等为其陕西弟子之佼佼者,河东学术通过这些陕西弟子传入关中,成为关学的有力支柱。张杰(1421—1472),字立夫,号默斋,曾多次放弃做官机会,专注于收徒讲学,以五经教授学生,是关中学者中传播薛瑄思想影响最大者,人称"五经先生"。张鼎长期四处为官,对河东学术在关中传播的贡献没有张杰大,但与三原学派的创始人王恕交好,思想相互启发影响。王恕之子王承裕传承关学"躬亲礼教"之风,其弟子马理与吕泾野振兴关学,功不可没。③

---

①　〔清〕黄宗羲:《明儒学案》,中华书局 1985 年版,第 4 页。

②　〔清〕纪昀:《四库全书总目》卷六十三"关学编"条,中华书局 1965 版,第 569 页。

③　参见米文科:《薛瑄与明代关学的中兴》,《兰州学刊》2010 年第 12 期,第 9—12 页。

明代关学复兴不能不提到渭南南氏兄弟南大吉、南逢吉。南大吉,字元善,号瑞泉,正德六年进士;南逢吉,字元贞,别号姜泉,嘉靖十七年进士。1523 年,南大吉知绍兴府,适逢王阳明讲学,遂与弟弟南逢吉一同听讲,"初犹未信,久之乃深悟",于是在绍兴建稽山书院,创尊经阁,刻《传习录》,用王阳明学说进行教化,极大地推进了绍兴文化学术的发展,致仕后回到家乡创办"湭西草堂",南逢吉在渭南创建"姜泉书院",共同传播阳明心学,使心学走进关中,成为关学一支重要力量。

冯从吾(1556—1627),字仲好,号少墟,明代长安人,万历乙丑进士出身,为明代关学复兴做出了杰出贡献。冯从吾父亲冯友是阳明心学的信徒,外祖父是关学大家,从小受到外祖父的严格训练,又受到父亲影响,对关学和心学均有基础。长大后以弘扬"圣学"为己任,注重实学,反对空谈心性,与东林党人顾宪成、高攀龙遥相呼应,提倡经世之学,传承"知其不可为而为之"的精神,进则与朝贵、阉党坚决斗争,退则兴办书院,授徒传教,著书立说,开创一代风气,著关学第一次集大成之作《关学编》,有"关西夫子"之誉。

冯从吾的一生完全可以说是与魏忠贤等朝廷权贵坚决抗争的一生,他性情执拗,原则性强,敢于直面权贵,曾指斥万历皇帝"陛下郊庙不亲,朝讲不御,章奏留中不发",惹龙颜大怒,几被杖责致死。面对高层统治者迫害知识分子、禁毁书院的行径,冯从吾坚持斗争,在陕西创建关中书院,在京城创建"首善书院",告老还乡后被"削籍为民,追夺诰命",终至政治理想破灭,在关中书院被毁的第二年,气病交加而亡。

冯从吾对关学发展的重要贡献有三:其一是传承张载创立的关学精神,谨遵儒家道统,严守士人品格,刚正不阿,垂范后世;其二是创建关中书院和首善书院,坚持学术精神,培养了许多后继人才;三是著书立说,特别是《关学编》,是"关中理学"第一部学术史著作。在明代严酷的政治环境下,冯从吾"承继张载躬行礼教、崇尚气节的关学宗风,又顺应明末学术向实学转向的大趋势"①,将关学学术思想与乡土风俗美化结合起来,实现了宋代关学向明代关学的转变,振起张载之后的关学颓势,实现了关中理学第一次复兴。

四、清代关学的复兴与衰落

清代关学复兴的代表人物是享有"关中三李"之称的周至李二曲、眉县李柏和富平李因笃,"关中三李虽然学趣各异,但在他们的学行与诗文中都

---

①　刘学智:《冯从百与关学学风》,《中国哲学史》2002 年第 3 期,第 73 页。

体现出实践躬行、意气浩然、慷慨豪侠、重视道德气节的关学气质,他们是明末清初关中理学,即关学的重要代表人物"①。

李颙(1627—1705),字中孚,号二曲,人称二曲先生,曾讲学江南,主持关中书院,门徒甚众,影响广远,与孙奇峰、黄宗羲并称三大儒。李二曲的学问和为人都是"中正平实",与晚明大学者顾炎武畅谈学问,坚守民族气节,清廷多次以博学鸿词征召,坚辞不就,直至以绝食相抗争。李二曲善于博采众长,既传承关学精神,又兼取朱熹与陆九渊之所长,学术思想提倡"明体适用",讲究"格物致知",亦重礼乐兵刑与赋役农屯,乃至"泰西水法"等实用之学,是关学融合心学、理学而转向实学的代表人物。

李二曲的学术思想可以用"明体适用"和"改过自新"来概括。所谓"明体适用",就是"明明德"以治理教化:"明德是体,明明德是明体。亲民是用,明明德于天下,作新民是适用。"由此看来,"明体"相当于王阳明的"良知","适用"相当于"致用","明体适用"与浙东文化所提倡的"经世致用"大致相同。二曲先生继承关学躬亲礼教的传统,坚持将学术思考和社会实践结合起来,尤其在"用"的方面用力最勤,"明体适用"也正是李二曲的经世思想。他早期倾心于富国强兵之策的思考,涉猎政治、兵法、富民、理财等研究,后期以国家治理和社会教化作为思考的重点,主张"明学术""醒人心","夫天下之大根本,莫过于人心;天下之大肯綮,莫过于提醒天下之人心。然欲醒人心,惟在明学术,此在今日为匡时第一要务"。希望通过社会教化匡正时弊②,表达出强烈的济世情怀,尽管政治色彩较前期淡化许多,但社会作用更加久远。与阳明心学的"良知"更加重视个体内在修养不完全相同,李二曲突破心学空谈之气,将"明德"当作治理社会、个人修养和学术发展的关键因素,要求学者首先"明体",也就是标举价值理想,然后进行"适用",积极将这种价值理想推广开来,具体体现在社会政治、经济、乡村治理、技术进步、学术研究等各个方面,颇有"以德治国"的意味。在"明学术"以"醒人心"这一点上,与浙东学者万斯同"英雄所见略同",李二曲抓住社会发展的关键性问题"人心",治理社会应该首先治人心,通过学术唤醒人的道德,树立正确的价值观,从而正是非、厚人伦,美教化,比起"一是一时一事"的政治主张更有

① 赵吉惠:《关中三李与关学精神》,《西安交通大学学报》(社会科学版)2001年第3期,第78页。

② 参见林乐昌:《李二曲的经世思想与讲学实践》,《中国哲学史》2000年第1期,第115—122页。

深远意义。正是为了"明学术",李二曲不辞辛苦,远赴江南讲学,主持关中书院,使明代冯从吾之后有些衰落的讲学之风,在关中兴盛起来。

"悔过自新"是李二曲的另一个重要思想。李二曲的"过"颇有"原罪"的意味,他认为人禀天地之性而成身,天地之性乃是至善至纯之性,但人在成长过程中,受到各种因素影响,离开了天地之性,堕落到与禽兽不远的地步,这就是人的"过",虽为后天形成,确实人人所有。"本至善无恶,至粹无瑕;人多为气质所蔽,情欲所牵,习俗所囿,时势所移,知诱物化,旋失厥初。渐剥渐蚀,迁流弗觉,以致卑鄙乖谬,甘心坠落于小人之归,甚至虽具人形,而其所为有不远于禽兽者。此岂性之罪也哉?"①既然"过"是人人所有,那么,上至天子,下及平民,都需要"悔过自新",就像镜子蒙垢,需要常常洗涤,只有悔过,才能自新,所以"天子能悔过自新,则君极建而天下以之平;诸侯能悔过自新,则侯度贞而国以之治;大夫能悔过自新,则臣道立而家以之齐;士庶人能悔过自新,则德业日隆而身以之修,又何弗包举统摄焉!"②李二曲的"悔过自新说"与明体适用、安身立命等思想紧紧联系在一起,悔过自新就是要在内心回归本性,就是要克制欲望,达到"明体"的境界,也是自我建构过程中的"适用",是对天地之性的回归,从而达成"天人合一"。

李二曲的学术思想和讲学实践,都达到了清代关学的高峰,有清一代关学学者不少,如王弘撰、贺瑞麟等均有声望,但影响力与李二曲难以比肩。到了晚清民国时期,中国社会经济文化发生了巨大变化,在中国现代学术思想转型时期,关学也在不断适应改进,但作为一个地域性学术派别的生存环境已经不复存在,关学消散不可避免。学者们普遍认为咸阳刘古愚是关学的遗响,也有将牛兆濂作为关学收尾之学者。③

刘古愚(1843—1903),陕西咸阳人,晚清关学的重要代表。刘古愚继承张载、吕大临、冯从吾和李二曲的精神,弘扬躬亲礼教和书院讲学的关学传统,致力于经史之学,于乱世中特别强调士人精神操守,将经世与守身紧密结合。刘古愚一生未出仕,而是专心学术研究和教育事业,长期担任味经书院山长和崇实书院院长,为近现代中国培养了一批陕西籍现代知识分子,著名学者和社会活动家于右任、张季鸾、李岳瑞、陈涛、张鹏一等,都曾受教于

---

① 李颙著,陈俊民校点:《二曲集》,北京:中华书局1996年版,第3页。
② 李颙著,陈俊民校点:《二曲集》,北京:中华书局1996年版,第4页。
③ 刘学智:《张载及其关学研究的方法与研究走向探析》,《唐都学刊》2012年第5期,第4页。

其门下,吴宓的祖父、叔父也是刘古愚的弟子,而吴宓本人就是陈涛学生,可谓其再传弟子。在学术思想方面,刘古愚继承关学的实学传统,又能够"道源姚江,汇通洛闽",将关学的实践性和心学的实践性结合起来,以期"阜民富国"。从"实学"的角度出发,刘古愚反对心学余脉"空谈性命",认为陆王心学"直切人心隐微之弊,其功甚伟",但后来者不顾陆王心学产生环境变迁和自身功力之别,依然抱着陆王心学不放手,失去了陆王心学的原初精神,与中国社会实际脱节,因此"鲜不败矣"。他主张学术研究与民族国家命运紧密结合,积极推进教育救国,吸收西方自然科学,实现关学的现代转型。作为传统学者的刘古愚一点不保守,而是学习西方先进的科学技术,积极推进社会改革,直接发起和领导了陕西的维新运动,为晚清时期陕西一代学术泰斗、知名教育家,有"南康北刘"之称,为关学留下一个响亮的尾声。

牛兆濂(1867—1937),字梦周,号蓝川,陕西蓝田人,清末关中大儒,人称"牛才子",据说他出生时,父亲梦见濂溪先生来到家中,故取名"兆濂"。牛兆濂拜三原著名理学大师贺瑞麟门下,是关中书院嫡传弟子,著有《吕氏遗书辑略》《芸阁礼记传》《音学辨微》《芸阁礼节缘要》《秦观拾遗录》《蓝田新志》《蓝川文钞》《蓝川诗稿》等。在学术思想上,牛兆濂追承周敦颐,精研程朱理学,对《易》学用力最勤,善于逻辑推理和朴素辩证,同时又继承关学格物致知、经世致用精神,积极参与社会活动,实践关学的伦理实践精神。牛兆濂曾经写信给老师贺瑞麟,表示"学为好人"的人生宗旨,曾主持全县赈灾活动,大获成功,声名大振。辛亥革命后,陕甘总督升允进兵陕西,试图复辟,牛兆濂只身前往升允大营,晓以大义,陈以利害,力劝罢兵,使陕西得免生灵涂炭。当陕西西部种植、吸食鸦片成风,他以布衣身份秘密调查,充分发挥理学家的影响力,前后二十天,禁烟大见成效。中年以后厌恶官场,他专心教育事业,先后主持白水书院、蓝田芸阁书院、三原清麓书院,弟子满三秦。

从 11 世纪张载创立关学,历经金、元、明、清四朝,到 20 世纪初期落下大幕,关学一直与中国社会发展相伴相行,在学术文化、道德实践、乡村建设、人才培养等方面做出了独特贡献,形成了与濂、洛、闽、浙等学派并列的学术大派。时至今日,关学的学术理念、学术精神和诸多学术观点,依然不乏现实意义,其历史价值自不待言。

第二节　经世致用的浙东学术

浙东地处中国东南边陲,在相当长的一段历史时期内,经济状况远远落后于中原地区,文化更是相去甚远。西汉末年王莽篡政,农民起义不断,社会动荡不安,北方的一些士人因为避难而来到南方,其中不少定居在会稽一带,为浙东经济、文化的发展播下了星星之火。东汉以降,浙东学者代不乏人,经济、文化日益发展,至南宋而引领全国,虽经元代之衰败,于明代再度活跃,至清初而名家辈出,达到辉煌顶峰。约略而言,浙东文化的发展主要经历了四个时期:汉唐、宋元、明代、清代。

一、汉唐:浙东文化的创辟发展期

在浙东的民间传说中,有不少关于舜、禹、秦始皇的故事,在浙东的方志记载中,越国的大夫文种、汉代"商山四皓"之一的大里黄公都是乡邦先贤,但其或未见诸文字记录,或未得学界公认,加之时代悠远,故列而不论。

浙东文化的创辟,还是在东汉。因为中原避难者的到来与定居,东汉初年的浙东一带,尤其是会稽郡的山阴、上虞、余姚等地的文化教育事业得到了一定的发展,培养出了不少成果斐然的名士学者,如著名隐士严光、史学家周树与赵晔、哲学家王充就是代表人物。

严光,字子陵,一名遵,会稽余姚人,《后汉书》卷八三有传,年少时曾到长安城的太学中游历,与汉光武帝刘秀同学,刘秀登基后屡屡赐其高官美第,严光辞而不受,归隐于富春江畔,为后世传唱的佳话。[①]

周树,字长生,会稽上虞人,正史无传,事迹见于王充《论衡》卷一三《超奇》、卷二九《案书》。周树生活的时代应当晚于严光而早于王充,他是会稽文士的杰出代表,富有才华,曾代草书奏,使州郡长官任安、孟观得以保全,惜未遇伯乐,"身不尊显",所著有《洞历》十卷,"上自黄帝,下至汉朝,锋芒毛发之事,莫不记载,与太史公《表》、《纪》相似类也。上通下达,故曰《洞历》",惜早佚,对此王充评价说:"长生之《洞历》,刘子政、扬子云不能过也。"[②]

赵晔,字长君,会稽山阴人,《后汉书》卷一〇九有传,青年时期尝为县

---

① 〔刘宋〕范晔著,〔唐〕李贤注:《后汉书·逸民列传第七十三》,中华书局1962年版,第2763页。

② 黄晖:《论衡校释》,中华书局1990年版,第614、615、1173页。

吏,因耻于为此贱役,弃官而到犍为资中(今四川资阳),师从杜抚学习《韩诗》二十年,回乡后亦以收生授徒为业,著作有《吴越春秋》《诗细》《历神渊》等,唯《吴越春秋》今存。①

王充,字仲任,会稽上虞人,《后汉书》卷四九有传,祖籍魏郡元城(今河北大名),远祖曾因军功封会稽阳亭,至父辈因与豪强结怨,举家徙上虞。王充自幼好学,八岁入书馆,后赴洛阳入太学,师事扶风大儒班彪,归家后以教育生徒为业。在穷困潦倒之中,王充历三十余年,撰成了二十余成字的巨著《论衡》。② 在《论衡》中,王充指出,物质性的元气构成了天地万物,因而天地万物运动变化的动力来自于元气,天地万物本身是自然无为的,这就是他的元气自然论。在元气自然论的基础上,王充确立了唯物主义的无神论思想,激烈批判卜筮、祭祀等活动和人可成为仙、鬼等迷信思想,对谶纬之学所提倡的先验论、经验论思想,王充的批判更是毫不留情,他认真思考偶然与必然的关系,以时命论的观点否定了天人感应说。

东汉中叶,原居东郡(今河南濮阳)的虞氏因避乱而迁至会稽余姚。浙东的佳山秀水,使虞氏家族的优异文化潜质得到了极大的发展,家族人才辈出。三国时期的虞歆、虞翻父子,东晋的虞喜、虞预兄弟,南齐的虞愿、虞通之、虞玩之、虞炎,南梁的虞骞、虞羲,南陈的虞荔、虞寄,隋朝的虞绰、虞世基,至唐太宗时的虞世南,虞家的辉煌达到了顶峰。在数百年之间,虞氏家族在经济、政治、文化方面可称浙东诸家之冠。③ 除却虞氏家族,三国时期鄞县人任奕、山阴人阚泽,东晋时期山阴人谢沈,南梁时期山阴人孔子祛,也是较有名的学者。

佛教的传入,也是影响汉唐时期浙东文化的重要事件。西晋太康三年(282),僧人慧达在宁波鄮山结茅修行,至东晋义熙元年(405),安帝敕旨于此兴建阿育王寺;西晋永康元年(300),僧人义兴云游至宁波东山,在太白山兴建天童寺;陈太建七年(575),僧人智顗和弟子慧辩等二十余人入天台山,后经隋炀帝敕命,于开皇十八年(598)在八桂峰下兴建国清寺。众多的寺庙与僧众,使浙东的佛教文化极为发达。梁代高僧慧皎,会稽上虞人,出家后曾在会稽宏普寺博览藏书,于梁天监十八年(519)撰成《高僧传》十四卷。

---

① 〔刘宋〕范晔著,〔唐〕李贤注:《后汉书》,中华书局1962年版,第2575页。

② 〔刘宋〕范晔著,〔唐〕李贤注:《后汉书》,中华书局1962年版,第1629页。

③ 诸虞的著作及诗文活动,可参管敏义编:《浙东学术史》,华东师范大学出版社1993年版,第55—60页;张如安:《汉宋宁波文化史》,中国文联出版社2001年版,第7—22页。

《高僧传》是我国第一部系统的僧人传记,所开创的僧传体为后世僧人修书所师法。不但如此,《高僧传》在研究佛教史、中西交流史、文史哲方面都有重要的参考价值。唐初国清寺的僧人寒山、拾得更是佛法高妙、诗才横溢,有大量传说流传世间,而《寒山诗》保存至今,更是形成了世界范围内的"寒山诗热"。唐天宝二年(743),鉴真和尚第二次东渡日本,曾在阿育王寺居住;唐德宗贞元二十年(804),日本僧人最澄入国清寺求法,归国后开创天台宗;宋宁宗嘉定十六年(1223),日僧道元抵达明州,首登天童寺,归国后创立曹洞宗。浙东寺院对中外文化交流作出了重要贡献。

二、宋元:浙东文化的发展繁荣期

到了宋代,汉唐时以会稽的山阴、上虞、余姚为中心的浙东学术,开始向明州、永嘉、金华、永康等地区发展,渐次出现了在全国有重大影响的区域性学派。因而,宋元是浙东文化的发展繁荣时期,其具体又可分北宋、南宋、元三个阶段。

(一)北宋——浙东文化的沉潜孕育期

北宋王朝的建立,使唐末以来的割据分裂局面重归于大一统。积极的文教政策使浙东一带兴学之风大盛,范仲淹、王安石等名士先后任职浙东更是有力推动了浙东文化的发展。这是浙东文化经过乱离之后的沉潜孕育时期,其主要代表是宋仁宗时期的"庆历五先生"和神宗时期的"永嘉九先生"。

庆历五先生,指明州(今宁波)的五位学者:杨适、杜醇、王致、王说、楼郁。杨适,字安道,慈溪人,隐居于石台乡大隐山,世称"大隐先生"。杨适为人醇厚介特,议论辩博平正,喜称人善,毁誉荣辱不能动其心,始与钱塘林逋为友,后与王致、杜醇结交,其治学不守章句,黜浮屠、老子之说,为越州(今绍兴)知州范仲淹所称赏,其后更是名闻京师,宋仁宗尝赐以粟帛。杜醇,字仲醇,原隐于会稽,后迁居慈溪石台乡。杜醇为人澹泊内省,以孝友称于乡里,其治学重经术贵实践,学者以为楷模,庆历年间王安石于鄞县办县学,礼聘其任学师,后慈溪令林肇办学,又起杜醇为师,鄞县、慈溪文风兴盛,自杜醇始。王致,字君一,鄞县桃源乡人,与杨适、杜醇为友,俱以道义教化乡里,为诸生子弟所尊敬,王安石任鄞县县令时尝与共论政事,后宋仁宗以秘书省校书召之,辞而不就。王说,字应求,为王致之侄,是杨适门人,一生以教授为业,其教学之所在被宋神宗御赐"桃源书院"匾额。楼郁,字子文,奉化人,后卜居宁波城南,志操高厉,学以穷理为先,庆历中曾掌县学数年,后又教授郡学二十余年,成就人物甚众,丰稷、袁毂、罗适、舒亶、史诏均为其知名弟子。① 庆历五先生不欲仕进,潜心于乡里之教育事业,其既重经义又重实用的学风,对浙东文化"求实"的传统有承上启下的作用。

永嘉九先生,指永嘉(今温州)的九位学者:周行己、许景衡、沈躬行、刘安节、刘安上、戴述、赵霄、张辉、蒋元中。九先生在宋神宗元丰间曾同在太学游学,得吕大临、程颐之熏陶,故永嘉之学与洛学、关学有渊源关系。九人当中,周行己、许景衡、刘安节、刘安上有著作传世,并且许景衡在正史有传,四人可谓主要代表。周行己,字恭叔,瑞安人,有《浮沚集》传世,世称浮沚先生。周行己年十五随父宦游京师,后入太学从陆佃、龚原治"新学",后改从太学博士吕大临学"关学",又赴洛阳师从程颐受学,为程门知名弟子,罢官后在永嘉筑浮沚书院,授徒讲学。② 许景衡,字少伊,瑞安人,有《横塘集》传世,《宋史》卷三六三有传。许景衡少年曾入太学,亦为吕大临"关学"传人,亦得程颐洛学,为人廉洁刚直,学识渊博,为宋高宗所称赏。③ 刘安节,字元承,永嘉人,有《刘左史集》传世,曾任太常少卿,卒于知宣州任上。④ 刘安上,字元礼,永嘉人,有《刘给事集》传世,官终知舒州,靖康元年致仕,建炎二年卒于家。⑤ 永嘉九先生不持门户之见,将洛学与关学引入浙东,对浙东文化的发展有很大推动作用。

(二)南宋——浙东文化的蓬勃繁荣期

靖康之变后,宋室南渡,全国政治文化中心转到浙江,浙东一带衣冠云集,学术文化迎来了蓬勃繁荣时期,涌现出了以吕祖谦为代表的金华学派,以陈亮为代表的永康学派,以叶适为代表的永嘉学派,在明州传播陆九渊学说的"甬上四先生",在金华传播朱熹学说的"金华四先生",还有爱国诗人兼学者的陆游。

吕祖谦,字伯恭,婺州(今金华)人,学者尊称东莱先生,《宋史》卷四三四有传。吕祖谦家学渊源深厚,自小受"中原文献之传",其一生可分为两个阶段,27 岁之前主要从事寻师访友、切磋学问、参加科考等活动,及第后则主要是讲学、著述与参与政事,惜天不爱才,吕祖谦壮年早卒。吕祖谦的治学有

---

① 〔宋〕王应麟:《四明文献集(外二种)》,中华书局 2010 年版,第 275—278 页。
② 周梦江注:《周行己集》,上海社会科学出版社 2002 年版,第 3 页。
③ 〔元〕脱脱等:《宋史》,中华书局 1975 年版,第 11344—11346 页。
④ 〔清〕纪昀:《钦定四库全书总目》,中华书局 2000 年版,第 2086 页。
⑤ 〔清〕纪昀:《钦定四库全书总目》,中华书局 2000 年版,第 2085 页。

"博采""务实"两大特点 。博采,缘于吕氏"学无常师"的传统家风和"中原文献"的家学渊源,吕祖谦力图调和朱熹"理学"与陆九渊"心学"并兼取其长,同时他又注意吸取永嘉学派、永康学派经世致用的思想,他的治学真正做到了"兼取其长"、不倚一偏而主一说。务实,指吕祖谦治学求安、求是、求常、求达,不尚奇、不尚胜、不尚新、不尚异,他认为"致知力行本交相发工夫,切不可偏",二者是辩证统一的,"知犹识路,行犹进步"、"知而不至则行必不力"。在哲学思想上,吕祖谦提出"心即理"之说,视朱熹的"理"与陆九渊的"心"同为哲学最高范畴,又提出"天下事必有对"这一极富辩证法的观点,认为"日新"乃"天地常道"。在史学思想上,吕祖谦以史学为"经世致用"之学,提出"通变"的历史进化观,认为"天下事向前则有功",吕祖谦治史注重历史文献的搜集整理,遵循"得其真"的考史原则,强调"无所褒贬抑扬"的实录精神。吕祖谦在当时及后世都有相当大的影响力。①

　　陈亮,字同甫,婺州永康(今浙江永良)人,学者尊称龙川先生,《宋史》卷四三六有传。陈亮才气超迈,喜谈兵家之事,因屡试不中而归里著书讲学,学者多归之。宋孝宗淳熙十一年(1184)至淳熙十三年间,陈亮与朱熹书信往来频繁,此为著名的"王霸义利"之争。宋光宗绍熙四年(1193),陈亮状元及第,然抱负未得施展即于次年病逝,今有《陈亮集》三十卷传于世。陈亮治学无师承,就思想渊源而论,乃柳宗元、王安石等"经世致用"传统的继承者。在哲学思想上,陈亮持"道在事中"的唯物主义世界观,倡"实事实功"的唯物主义认识论,其思想虽未成体系但却深刻地丰富了古代唯物主义哲学。在政治思想上,陈亮坚持实功实事,反对空谈义理性命,主张"王霸并用",要求限制君权,扩大地方权力,对纠正当时高度中央集权之弊有积极意义。在人才思想上,陈亮希望能不拘一格"求贤发政",主张在选拔、使用人才时"策之以言""试之以事""疑则勿用,用则勿疑",在一定程度上总结出了人才选拔、使用、培养的共同规律。在史学思想上,陈亮主张经史结合,强调经世致用,坚持"道不舍人"、历史在不断进步的史观。在经济思想上,陈亮认为"农商一事""农商相藉",主张"官民一家""上下相恤",其见解走在时代前列。陈亮的思想在中国思想史和浙东学术史上均有重要地位,他以功利主义与理学相抗衡,对后世有深刻的影响。②

　　叶适,字正则,永嘉人,学者尊称水心先生,《宋史》卷四三四有传。叶适

---

①　管敏义:《浙东学术史》,华东师范大学出版社1993年版,第92—111页。

②　管敏义:《浙东学术史》,华东师范大学出版社1993年版,第111—125页。

幼而好学,师从永嘉地区著名学者陈傅良、薛季宣,及第后初任平江节度推官,仕至知建康府兼沿江制置使,曾成功组织抗金活动,罢官后归家著书讲述十六年而卒。在哲学思想上,叶适肯定物质第一性,认为"物之所在,道则在焉",有有形之物,才有无形之极,对程、朱的基本论点持批判态度。在政治思想上,叶适认为"为国之要,在于得民""人君必以其道服天下,而不以名位临天下",主张限制君权、重视国民、德重于法。在经济思想上,叶适指出"未有不善理财而为圣君贤臣者",主张土地私有,批判"重本抑末"的传统观念。在史学思想上,叶适亦主张六经皆史,强调经史统一,强调以史为鉴,注重近代、当代史的编写,能以疑古精神实事求是地看待经典与史籍。叶适的思想,渊源于功利之学,又对其进一步发挥,使其与朱、陆之学鼎足而立,在全面性、深刻性方面为诸家所不及。

甬上四先生,指淳熙年间四明(今宁波)地区杨简、袁燮、舒璘、沈焕四位学者。四明地区在南宋之初,因高闶、焦瑗、沈恒、程迥等的办学活动,学界以洛学为主。随着吕祖谦金华之学、叶适永嘉之学、张栻湖湘之学渐渐传入明州,在各学派频繁的互动交流过程中,陆九渊心学异军突起,占据四明学术的主流,其代表人物即为甬上四先生。对这一过程,王应麟有如下描述:"淳熙大儒疏涧瀍之源,而达之洙泗,是邦诸老之学,始得江西之传,而考德问业于朱、吕、张子之门,以尊德性、求放心为根本,以颜曾四勿三省为准的,阐绎经训,躬行践履,致严于进退行藏之际,致察于善利理欲之几,明诚笃素,俯仰无所愧怍,学者知操存持养以入圣贤之域,四先生之功也。"[①]对甬上四先生的学术思想,宁波大学张如安教授已有颇多论述,此不赘言。[②]

金华四先生,即何基、王柏、金履祥、许谦四位学者,彼此间为师徒关系。何基字子恭,学者尊称北山先生,《宋史》卷四三八有传,言其"淳固笃实,绝类汉儒,虽一本于熹,然就其言发明则精义新意愈不穷"[③]。何基著述不多,均为发挥朱学义理而为之,今有中华书局整理本《何北山先生遗集》。王柏字会之,学者尊称鲁斋先生,《宋史》卷四三八有传,曾主讲于丽泽书院、上蔡书院。王柏在政治思想上主张改革科举、恢复古代考选制度,也非常注重理财,在治学方面不盲从师说,敢于独立思考,勇于质疑问难,他是金华四先生中最有特色的一位。金履祥,字吉父,《元史》卷一八九有传,在宋时曾执教

---

① 〔宋〕王应麟:《四明文献集(外二种)》,中华书局 2010 年版,第 35—36 页。

② 张如安:《南宋宁波文化史》,浙江大学出版社 2013 年版,第 106—151 页。

③ 〔元〕脱脱等:《宋史》,中华书局 1975 年版,第 12980 页。

于钓台书院,入元后避居金华山中,亦曾在齐芳书院讲学,以著述终身。金履祥的治学思想接近于其师王柏,非常关注现实问题,在经学和史学方面的成就非常显著,其著述大多散佚,现存《仁山集》四卷,附录一卷。许谦,字益之,自号白云山人,《元史》卷一八九有传。许谦少年时正值宋亡,壮年就学于金履祥,独得器重,履祥卒后,屏迹于金华八华山中,四方学者翕然往从,四十年来收录几近千名弟子,著述今多散佚,有辑本《许白云先生文集》四卷。许谦博闻广识,在治学方面虽祖述王柏、金履祥观点,但没有发扬二人疑经精神,使金华朱学向保守方向发展,对此,四库馆臣评曰:"醇正则远过其师。"①金华四先生从理宗嘉定初年直至元代中期,始终在金华传承朱熹之学,而金履祥与许谦的讲学更是为朱学在全国的传播起了相当大的推动作用。

陆游,字务观,号放翁,越州山阴(今绍兴)人,《宋史》卷三九五有传。陆游生平众所周知,这里主要概括介绍他的诗论和史学成就。陆游在诗歌创作方面的见解主要有三方面:一是强调功夫在诗外,陆游作为江西诗派的第三代传人,非常熟悉江西诗派重视"诗内功夫"的家法,但针对其造句用字怪奇生涩的弊病,陆游主张要真实体验生活,身与境遇才能逸兴遄飞;二是强调诗歌的社会功能,陆游重视诗的社会作用,也强调诗人的社会责任,他衡量诗歌价值即从"经世致用"的标准出发;三是强调诗作的创新精神,倡导诗贵独创,虽以江西诗派为宗又能别寻养分。陆游的史学成就,主要表现在所著《南唐书》上,是书对南唐史实认真评审,作以增补;为李昪、李璟、李煜立本纪而肯定南唐正统,在体例上有独到之处;评价人物重以其成败为当今借鉴,这是该书的独特价值与成就,也代表着陆游的史学功力与地位。

(三)元——繁荣期的余音

宋元易代,中心地位的失去和元代歧视压迫的政策,使浙东文化备受摧残。这一时期,遗民学者们并未放弃学术,志在传续文脉,可谓浙东文化繁荣期的余音。这一时期的主要代表是王应麟及其深宁学派、黄震及其东发学派,以及上文所述的金履祥和许谦。

王应麟,字伯厚,号厚斋,入元改号深宁居士,《宋史》卷四三八有传。王应麟的一生中,考取博学宏词科和南宋灭亡是两大转折点,由此可以将他的人生分为读书沉潜期、仕宦通达期、遗民晦匿期三个阶段。王应麟学识渊

---

① 〔清〕纪昀:《钦定四库全书总目》,中华书局 2000 年版,第 199 页。

博,著述宏富,古今罕有其匹,其治学以经世致用为宗旨,先务宏博而后能返,兼取众长而不失己见,在经学、史学、文学、天文、地理、音韵、典章、制度、目录学、辑佚学、蒙学等方面都有精深造诣,其成就可谓浙东遗民之首。王应麟的著述在其子王昌世的努力保护和弟子袁桷的大力推动下,有《玉海》及附录十四种书和《困学纪闻》在元代得以刊刻,《玉海》被学人视为"古今奇书",《困学纪闻》被张之洞赞为"治学门径"。王应麟的门生弟子不多,但亦延续至明初,最著名者有胡三省、戴表元、袁桷、郑真。胡三省,字身之,宁海人,长于"通鉴学"研究,所著《通鉴音注》为后人研习《资治通鉴》提供了极大方便。戴表元,字帅初,奉化人,其成就主要在文学方面,行文清深雅洁,为元初之大家,其古文对清初浙东学派代表人物黄宗羲也有很大影响。袁桷,字伯长,号清容居士,袁桷成年后师事王应麟,在其门下十年之久,在文学、史学两方面得王应麟之传,其在元代又曾任翰林学士,是深宁学派门人在元代最为著名者。

黄震,字东发,慈溪人,学者尊称于越先生,《宋史》卷四三八有传。黄震师从朱熹三传门人王文贯,非圣贤之书不观,无益之诗文不作,于南宋曾辗转各地为官,入元后隐居于鄞县(今宁波鄞州区)宝幢山,越五年而卒。黄震治学不恃门户之见,以朱熹为宗师但对朱学也有所修正,对朱学末流空谈心性、不事躬行之弊更深恶痛绝,思想以纠时弊、重躬行为主要特色。黄震的史学成就亦很高,他强调治史当贯通古今,著书略古详今,重人轻事,其《黄氏日抄》中《读本朝诸儒书》诸卷更近于简明的宋代理学史,黄震史学思想对其弟子杨维桢、陈柽影响很大。黄震归隐之后始与诸弟子"唱叹",而其不数年即卒,故传人较少,至其再续弟子杨、陈二人时,始对黄震之学承中有变,在一定程度上光大了东发学派。

三、明代:浙东文化的再度活跃期

到了明代,浙东文化在全国地位相当重要。明初重臣刘基、宋濂、王祎、方孝孺等人都来自浙东,有明之典章制度多由他们制订完善;明中期浙东出现了王守仁,王学的崛起打破了程朱理学独尊学界的局面;明后期浙东的胡应麟、刘宗周等在全国也是极有影响力的学者。

刘基,字伯温,处州青田(今浙江文成县)人,《明史》卷一二八有传。刘基是明太祖朱元璋的重要谋臣,著述颇丰,后人合之为《诚意伯文集》,计二十卷。刘基主要是政治家,但也富于哲学思辨,总体而言其哲学思想不出程朱理学范畴,在方法论上则继承和发展了中国传统哲学的辩证法思想,颇有进步意义。宋濂,字景濂,金华潜溪人,《明史》卷一二八有传。宋濂曾游学柳贯、黄溍之门,知识渊博,文笔高妙,明太祖称之为"开国文臣之首",其治学博采众长而不主一说,有鲜明的金华学派特色,浙东学派"经世致用"之传统在他身上也有很好的继承。王祎,字子充,义乌人,《明史》卷二八九有传。王祎与宋濂为同道好友,二人又尝共同总裁纂修《元史》一事,其在文学、史学上均有较高成就。方孝孺,字希直,宁海人,宋濂弟子,《明史》卷一四一有传。方孝孺一生基本是在聚徒讲学和著书立说中度过,他对元末明初时"卑陋驳杂""空言以自诳"的理学流弊深以为病,对传统儒学日渐走向"三教合一"的方向也颇为着急,因而主张文以载道,学以用世,极力构建君敬臣贤、官廉民化的理想社会,被刘宗周、黄宗羲许为"明之学祖"。或历宋濂、王祎总责《元史》纂修之故,编修人员中近半为浙东人,章学诚因此说:"宋(元)明两朝,纪载皆稿荟于浙东,史馆取为衷据。"①

明武宗即位之前(1506),浙东学术以程朱理学为宗,陈选、章懋、杨守阯等学者,主张遵行程朱家法,无甚新见,唯黄润玉、杨范、杨守陈三位学者,宗朱而不习合于朱,颇受陆九渊心学之影响。打破程朱理学独尊局面的是王守仁。王守仁,字伯安,自号阳明子,学者尊称阳明先生,《明史》卷一九五有传。当是时,明代流民问题极其突出,农民起义连绵不断,而朝中宦官与朝官、中央与藩王斗争激化,社会矛盾非常严重。王阳明曾统兵处理农民起义、藩王叛乱,又饱受宦官猜忌中伤,对社会危机有深刻认识,因而主张"破心中贼",要求从内心自觉以伦理纲常来约束自己,重整社会规范。因此,王阳明提出"心外无理""知行合一""致良知"等观点,在继承陆九渊心学的基础上,又注意汲取朱熹之学注意界定范畴、严密论证等优长,形成了自己的理论体系,成为心学的集大成者,被称为"王学"。王阳明去世以后,阳明学派分化为两派,其一以王畿为代表,继续发展其师的主观唯心主义,其二以钱德洪和黄绾为代表,着重发展其师提倡力行和事上磨炼的思想。

晚明时期,浙东地区在文学上成就很大,这大约与王学之流行客观上冲击了儒家圣贤和经典的权威地位有关,也与浙东经济的发达密不可分。绍兴的徐渭、叶宪祖、王思任、祁彪佳、张岱,宁波的屠隆、周朝俊等都在文学史上都有相当地位。在史学方面,临海有金贲享著《台学源注》、王洙改《宋史》而成《宋史质》、王宗沐著《续资治通鉴》。在全国有影响力的,还属胡应麟与刘宗周。胡应麟,字元瑞,号少室山人,浙江兰溪人,其治学贵博尤贵精,又

① 〔清〕章学诚:《章学诚遗书》卷一八《邵与桐别传》,文物出版社1985年版,第177页。

嗜好考据,在文史领域都有突出成就。在文学方面,胡应麟一生创作诗歌很多,更突出的是撰成了《诗薮》这一评论上古至明代诗歌的理论专著,对后世影响很大。在史学方面,胡应麟虽无专著,但在史学评论方面有独到造诣,可参其《史书占毕》《少室山房类稿》中的史评部分。胡应麟在文献学方面也成就突出,其辨伪学成果集中体现于《四部正讹》一书,其对目录学也有精研,今尚有《经籍会通》四卷传世。应当说,胡应麟是明代浙东最为博洽的学者。刘宗周,字起东,山阴人,学者尊称蕺山先生,《明史》卷一五五有传。刘宗周深受阳明心学影响,为阳明之学的三传弟子,他清醒意识到"致良知"说过于唯心之弊,在继承其合理因素的同时又力图用唯物主义进行改造。在世界观上,刘宗周持"气一元论"的唯物思想,师承张载"虚空即气"之说。在人性论上,刘宗周认为人之性不能离开人的气质而存在,即"气质之性",与张载、朱熹"义理之性"的观点显然不同。基于此,刘宗周认为阳明之学的重大错误在于"现成良知",即认为良知本体现成地存在于人心,他认为人性只有经过后天艰苦努力才可获得,因而提出了"心以物为体"的重大命题。刘宗周还赋予了"慎独"新的含义,他认为"独者,物之本也",即"独"就是人的自我意识,为了使"独"不受外物诱惑,就必须"慎独",即加强道德修养。刘宗周的思想在一定程度上弥补了阳明心学唯心之缺弊,黄宗羲、陈确、张履祥都是刘宗周的弟子,在清初学术影响力很大。

四、清代:浙东文化的辉煌期

清代是浙东文化最辉煌的时期。由黄宗羲在顺治时期开创的浙东学派,经康熙、雍正而直至乾隆、嘉庆时期,先后持续四代,有黄宗羲、万斯大、万斯同、邵廷采、全祖望、邵晋涵、章学诚等一系列杰出代表人物,即便章学诚之后,浙东学术亦"不绝如线",仍有李慈铭、孙诒让、黄式三、黄以周等具有相当影响力的经史学者。

黄宗羲,字太冲,号南雷,学者尊称梨洲先生,浙江余姚人,一生极富传奇色彩,"初锢之为党人,继指之为游侠,终厕之于儒林"①,四十岁后毕力著述四十六年以卒。黄宗羲在自然科学与社会科学两方面都有显著成就,其著作今能考查者尚有110余种,1300万字以上。就黄宗羲史学成就而言,其始终以"经世致用"为标的,强调"学问所以经世",著史务要"纂要钩玄""弹驳参证",所著《明儒学案》不仅保存了有明之学术,且开创了"学案体"这一

---

① 〔清〕黄炳垕撰,王政尧点校:《黄宗羲年谱》卷首小像自题辞,中华书局1993年版。

新的史体范式,所辑《明文海》卷帙浩繁,几乎集中了明代数百年文章之精华。黄宗羲严谨的治学方法与态度,成了浙东后来学者的治史原则。在文学方面,黄宗羲青年即喜赋诗,至老不倦,诗作虽因政治原因删佚许多,今尚存 500 余首,是清代浙诗派的奠基者。

万斯大、万斯同兄弟是浙东学派的第二代传人,斯大传黄宗羲之经学,斯同传史学。万氏兄弟的父亲万泰,尝与黄宗羲同游于刘宗周门下,后延请黄宗羲教授八子,使其各有所成,以斯大、斯同最为著名。万斯大,字充宗,学者称褐夫先生,未尝科举,以教授为业,往来两浙之间。万斯大治经"尤邃《春秋》《三礼》",春秋学重在讨论《春秋》义例,三礼则对"郊社、禘祫、丧服、宗法、官制"有独到见解,其经学特点主要有会通、专精、义理与考据并重、疑古精神强四大方面。万斯同,字季野,一生以 42 岁为界分为两期,前期主要在宁波读书研学,后期则在北京参与《明史》纂修。万斯同在治史方面于中国古代史、宁波史乃至浙江地方史都有精研,尤其隐忍史局二十年笔削《明史》,可谓清初第一流的明史专家。

全祖望,字绍衣,号谢山,鄞县人,自署鲒埼亭长、双韭山民,学者尊称谢山先生,父为乡里塾师,自学成才,著述不辍,继承黄、万之学,乃其私淑弟子,可属浙东学派的第三代传人。全祖望治学范围极其广博,经学、史学、词章无不贯通,从这点来讲又得王应麟治学之旨。全祖望的学术成就,主要表现在整理历史文献和续补《宋元学案》两方面。搜集整理历史文献方面,全祖望主要致力于浙东区域,间亦及全国,编写《钱忠介公年谱》、笺注《困学纪闻》、辑《续甬上耆旧诗》、编《天一阁碑目》、搜集南明时期浙东耆老遗民事迹、七校《水经注》、撰《汉书地理志稽疑》。全祖望续补的《宋元学案》,使黄宗羲自《明儒学案》所成之体例更加趋于完善,拓宽了立案面,使弟子学侣等区分更细,代表着我国古典学案史著作的最高成就。在浙东学术史上,全祖望有承上之功,黄、万未竟之业在其手中完成,一定程度上中兴了清初浙东学派之雄风。

邵晋涵与章学诚可谓浙东学派的第四代。邵晋涵,字与桐,号二云,又号南江,余姚人。邵晋涵幼随祖父,有"神童"之誉,及第后不久即入翰林院,历任"四库馆""国史馆""续三通馆"等纂修官,以渊博著称一时。邵晋涵在经史之学上都有突出成就,经学主要是撰写《尔雅正义》,是书援引众家,审订精密,又创新地采用声韵训诂之法以证经,代表当时经学研究的最高水平;邵晋涵的史学更是独步学林,他利用编书之便 ,于《永乐大典》中将薛居正《旧五代史》辑出,又撰写《四库全书史部提要分纂稿》,在史才、史学、史识方面都富有创见。

章学诚,字实斋,号少岩,会稽道墟(今上虞道墟)人,章学诚在其《文史通义》中特设《浙东学术》一篇,乃浙东学术史研究之第一人。章学诚一生潦倒,但能坚持读书不辍,在当时清儒因文化专制压迫而专注考据不遑其他的环境中,毅然继承顾炎武、黄宗羲"经世致用"之论而成一家之言。章学诚的学术成就集中于"文史校雠之业",尤其是史学。在史学理论上,章学诚继承刘知几《史通》而著《文史通义》,改进其"史法"概念而提出"史意"概念,要求通过史学来努力提示人类社会发展的规律,二书被称为史学理论之"双璧"。章学诚还创立了古典方志学的理论体系,指出"志乘为一县之书,即古者一国之史也"①,主张将方志"仿纪传正史之体而作志,仿律令典例之体而作掌故,仿文选文苑之体而作文征"②,分为三书,强调统部之通志应当与府县之志体例不可简单整合,要求著方志当有常设机构,以便收集、累积资料。章学诚在目录学和文学批评上也有精到论述,整体而论,其当可称为清代浙东学术之殿军。

章学诚之后,平步青、李慈铭、孙诒让、黄式三、黄以周等浙东学者,继承浙东学术经世致用、重文献考证等传统,在经学、史学方面也卓有贡献,兹不一一论述。

第三节　浙东学术与关学的共通之处

浙东学术与关学都是中国古代学术文化的典型代表,既体现了各自区域的文化特色,也在中国文化精神层面相通相融。通过前两节对关学和浙东学术文化发展的基本梳理,我们可以看到,浙东学术文化与关学具有文化学派的共同特征:源远流长,代有传人;博采众长,有容乃大;书院传播,培养人才;文化精神层面,浙东学术文化与关学也有互通之处,如提倡道德良知、伦理实践精神、注重知识人格独立等。总结两地学术文化的共同之处和学术精神,对于进一步提炼中国传统学术文化精神,分析中国区域文化特色,具有重要的学术价值。

---

① 〔清〕章学诚著,罗炳良译注:《文史通义》,中华书局 2012 年版,第 924 页。
② 〔清〕章学诚著,罗炳良译注:《文史通义》,中华书局 2012 年版,第 898 页。

一、浙东文化与关学基本精神提炼

清代学者贺瑞麟："关中之地,土厚水深,其人厚重质直,而其士风亦多尚气节而励廉耻,故有志圣贤之学者,大率以是为根本。"①说明关学既有学术传承的自然地理基础,也有人文修养基础。的确,经过近 800 年传承的关学,形成了独具一格的学术精神。从明代冯从吾开始,经黄宗羲、章学诚,一直到贺瑞麟等,大方之家自觉关注关学的宗风、学风、学术精神。目前,学术界对关学学术精神的提炼见仁见智,但总体方向和基本内容相对集中,研究视角分为两种:一种是从关学的整体发展出发,概括关学的学术精神或基本特征;一种是以有影响的代表人物为例,说明关学的学风和精神。

第一种视角研究有:张亲霞认为关学的基本特征有"会通朱陆、敦本尚实、躬亲践履、教化为本"等四点。② 赵馥杰先生概括为"立身立命的使命意识、勇于创道的创新精神、崇礼贵德的学术宗旨、经世致用的求实作风、崇尚节操的人格追求和博取兼容的治学态度"③等六个方面。刘永清先生认为:"关学精神是指关学区别于洛学、闽学以及其他相关地方性文化的精神方向和精神追求。关学自宋代张载开启,一直延续到明清之际,经历了近千年的历史传承,表现出鲜明的精神特质,主要体现为以下几个方面:经世致用,笃行践履的务实精神;天人合一,民胞物与的和合精神;学古力行,笃志好礼的道德实践精神;关注生民,以天下为念的爱国精神;刚毅不屈,不畏艰苦的进取精神。"④

第二种视角研究有:赵吉惠从"关中三李"分析关学精神内涵为"刚毅厚朴、务实重礼、崇尚气节、躬体力行"等。⑤ 林乐昌从张载答范育书分析关学学风特质为"道学"与"政术"不应歧为"二事"的政治主张,"正心求益"的为学之方,"深沉方有造"的道学志趣。⑥ 刘学智认为冯从吾"既承继张载躬行

① 冯从吾:《关学编》(附续编),中华书局 1987 年版,第 125 页。

② 张亲霞:《论明代关学的基本特征》,《西北大学学报》(哲学社会科学版)2008 年第 4 期,第 39—43 页。

③ 赵馥杰:《论关学的基本精神》,《西北大学学报》(哲学社会科学版)2005 年第 6 期,第 5—12 页。

④ 刘永清:《论关学的精神特质》,《理论月刊》2008 年第 12 期,第 59—61 页。

⑤ 赵吉惠:《关中三李与关学精神》,《西安交通大学学报》(社会科学版)2001 年第 3 期,第 77—80 页。

⑥ 林乐昌:《张载答范育书三通与关学学风之特质》,《中国哲学史》2002 年第 1 期,第 71—76 页。

礼教、崇尚气节的关学宗风,又顺应明末学术向实学转向的大趋势。'敦本尚实'、'崇正辟邪',勇于'造道'、学贵'自得',是其学风的集中体现。将学风的转变与乡风、士风的改变相结合,'崇真尚简'、力变风气,是其学风的重要特征。"①

　　笔者参照学界已有的研究成果,理解关学的基本精神为五个要点:究天人之际的科学创新精神,躬亲实践的伦理实践精神,博采众长的学术包容精神,矢志不移的儒家士人精神,垂范后世的书院教育精神。

　　关于浙东文化精神的提炼,一直是浙东文化研究的核心内容,许多研究者都进行过深入研究,得出各具特色的概括。吴光从"浙学"视角研究浙东文化,认为浙东文化精神是浙学精神的重要内容,曾用"求实精神、批判精神、兼容精神、创新精神"概括浙学精神,后又从五个方面提炼"浙江的人文精神传统":"天人合一,万物一体"的整体和谐精神;"实事求是'破除迷信'"的批判求实精神;"经世致用"的实学精神;"工商为本"的人文精神;"教育优先、人才第一"。② 潘起造从浙东学术文化对于越文化传承,浙东学术文化与湖湘文化、岭南文化比较中,得出"经世务实""经济民生"和"追求思想自得"等特点。③ 心浩先生认为"'经世致用'是清代浙东学派几代宗匠从浙东文化、浙东学术的全部实践和理论中概括抽象出来的文化学术的最高宗旨"④。张如安认为浙东文化最优秀之处在于"原创性努力",形成了浙东学术的原创话语,具有"强烈地体现新时代精神"的创新特点和以河姆渡为代表的原创性文化形态。⑤ 通过这些概括,我们不难发现,"经世致用""开拓创新""博采众长"和注重教育等特点,是学者们共同认可的浙东学术文化精神。而这些文化精神,与关学或有共同之处,或有相通之点。

二、文化"学派"的共通之处

　　作为中国古代学术文化的地域性文化学派,浙东学术文化和关学表现

---

　　① 刘学智:《冯从吾与关学学风》,《中国哲学史》2002 年第 3 期,第 73—79 页。

　　② 吴光:《简论"浙学"的内涵及基本精神》,《浙江社会科学》2004 年第 6 期,第 147—150 页。

　　③ 潘起造:《浙东学术的地域文化渊源及其文化精神》,《浙江社会科学》2006 年第 4 期,第 105—110 页。

　　④ 心浩:《"经世致用"浙东文化的最高宗旨》,《宁波大学学报》(人文科学版)2000 年第 2 期,第 10—13 页。

　　⑤ 张如安:《开拓创新:浙东文化的本质内涵》,《宁波大学学报》(人文科学版)2000 年第 2 期,第 14—18 页。

出共同的"学派"特征,主要表现在三个方面:源远流长,代有传人;博采众长,有容乃大;书院体制,培养人才。正因为有这三个共同特征,浙东学术文化和关学才能够成为独立的区域性文化学派,才能够成为中国古代学术思想的代表性学派,并对中国思想史做出杰出贡献。

第一,源远流长,代有传人。由于历史的原因,周秦汉唐时代,陕西关中作为帝王之都,关中乃是天下学术思想汇聚之地,关中学者的学术思想区域文化的特征并不明显,直到宋代都城东移,关中学术思想的文化个性才逐渐彰显出来。但是,这并不意味着,周秦汉唐时代关中学者没有突出的学术贡献,恰恰相反,陕西关中学者的学术思想活动不仅一刻也没有停止,甚至为中国古代学术思想做出了巨大的贡献。被称为"文史祖宗"的司马迁冒着巨大风险完成世界史学巨著《史记》,"究天人之际,通过古今之变,成一家之言"为关中学术文化精神奠定了基调,对陕西知识分子人格精神和学术思想活动产生了深远的影响。

在司马迁学术精神影响下,关中学者勇于创新,学术大家代有其人。特别是到了宋代,张载本着"为天地立心,为生民立命,为往圣继绝学,为万世开太平"的宏大理想,创立"关中理学",从此"关学"作为独立的区域性文化学派正式登上中国思想史。张载去世以后,其弟子李复、吕大钧、吕大忠、吕大临、苏昞等大力传播张载学说,丰富和发展了"关中理学"。著名学者扬奂、杨天德、杨恭懿、杨寅、肖维斗、同宽甫等人继承张载"太虚即气"和"躬亲礼教"的关学精神,在金元纷乱的社会环境下,依然坚持"关学"精神,传承张载学术思想和"蓝田三吕"的伦理实践精神,践行"为往圣继绝学"的使命。明代河东学者薛瑄起关学于衰落时期,凤翔张杰,咸宁张鼎,韩城王盛,三原王恕、王承裕等承继张载、薛瑄的理学精神,将宋代关学传播广大,为冯从吾复兴关学准备了有力资源。渭南学者南大吉、南逢吉在关中传播阳明心学,冯从吾《关学编》为关学建立谱系,创办书院,用一生复兴关学思想和学术精神。明末清初"关中三李"等众多学者坚持知识分子独立人格,传播和弘扬关学思想,李二曲被称为与孙奇峰、黄宗羲齐名的"三大儒"。晚清时期,陕西关中还有大批学者坚持关学传统,在新的时代背景下发扬关学精神,刘古愚、牛兆濂等奏响关学的绝唱。

而浙东学术文化从一开始就表现出鲜明的区域文化特色,汉代严子陵、王充等导于前,余姚虞氏家族继于后。王充的《论衡》以"元气论"反对虚妄迷信之学,奠定了浙东学术的务实精神;虞氏家族从虞歆、虞翻父子,历经魏晋南北朝,直到隋唐,数百年绵延不绝,人才辈出。宋代,"庆历五先生"传承浙东学术务实精神,"永嘉九先生""金华学派""永嘉学派""永康学派"引理学、关学、陆九渊等学说于浙东,吕祖谦、陈亮、叶适等学术名家誉满天下。王应麟、黄震等学者更加强调经世致用、躬亲践行。明代王阳明集心学之大成,倡导"知行合一""致良知",一举打破程朱理学独占天下的局面,将学术与事功发挥到淋漓尽致。明末清初黄宗羲开创浙东学派,万斯大、万斯同、邵廷采、全祖望、邵晋涵、章学诚大家辈出,名满天下。

无论是浙东学术文化,还是关学,作为一个区域性文化学术流派,不仅有理论创新的大家,也有躬亲礼教的践行者,更有众多文化传播者,保障了学术思想和学术精神一脉相承,代代相继。

第二,博采众长,有容乃大。作为一个传承久远的区域性学术流派,一定会有学派创立者和重要的建构者,在学术思想和学术精神一脉相承的同时,决不能有"宗主"意识而故步自封,一定要充分吸收不同学派、不同地域的学术文化思想资源,扩大学术视野,不断寻找学术增长点,以完善本学派的学术思想。浙东学术文化和关学正是这样,它们在漫长历史发展过程中,善于博采众长,终于形成内涵丰富、胸襟广博的学术大派。

张载创立"关学"之后,关学弟子没有故步自封,而是主动走出师门,学习最先进的学术文化思想,张载去世不久,弟子吕大临等就出关跟随二程,成为程门弟子,博得程颐赏识,并整理《洛阳议论》。在金元关学衰落的情况下,关中学者又从河东薛瑄那里汲取营养,三原学派、张杰、张鼎等将程朱理学与张载学说相结合,为关学复兴进行了诸多准备。在明清关学复兴过程中,关学学者充分吸收濂溪之学、陆九渊学说、阳明心学、顾炎武学术、浙东史学等,促进关学不断获得新的生命力。特别是明代冯从吾,与江南学术名流顾宪成、高攀龙等深入交流,明末清初李颙与顾炎武、黄宗羲等广泛交流,盛赞"经世实务",实现了关学向实学的成功转型。

浙东学术亦是如此,王充广泛吸收前人学术思想而成己说。宋元明清的浙东学者,更是充分汲取周敦颐濂溪之学、程朱理学、陆九渊心学、江右学派、闽学、关学、河东学派等学术思想资源,丰富和发展了浙东学术文化。瑞安浮沚先生"转益多师是我师",先后师从"心学""关学""理学",终有大成。浙东学术名家吕祖谦兼容并蓄,调和程朱理学和陆九渊心学,同时吸纳浙东学术内部永嘉学派、永康学派"经世致用"之学。明代方孝孺在关学"吕氏乡约"、朱子"南赣乡约"等基础上,提出"乡族制度",彪炳史册。黄宗羲、章学诚等"浙东史学"派,通过编撰《宋元学案》《明儒学案》《文史通义》等书,梳理宋元明清学术思想,点评天下道德文章,广采博收,成为清代最有代表性的学术流派。

第三，书院体制，培养人才。浙东学术和关学还有一个共同特点就是热衷于创办书院，以书院为"基地"组织学术团队、传播学术思想、传承学术精神、培养学术人才。书院体制和书院精神，是区域性学术流派传承的重要载体，也是人才培养的重要机构。

关学在发展过程中，先后创办了横渠书院（陕西书院）、关中书院、三原书院、白水书院、沈西草堂（瑞泉书院）、姜泉书院、礼泉烟霞书院、朝邑华原书院、养正书院、少墟书院、鲁斋书院、正学书院、渭北书院、居善书院、白鹿书院、明道书院、二曲书院、玉山书院、芸阁书院、集贤书院、崇正书院、首善书院等众多书院。横渠书院本为张载讲学处，后世为纪念张载扩建讲学场所而成，并在关中多处建有横渠书院。关中书院自冯从吾创办开始，一直延续到晚清，其中数次被官府查封，关学学者不屈不挠，很快就恢复关中书院，绵延数百年，培养了大批关学人才，冯从吾、李二曲、刘古愚都在不同时代主持过关中书院。

浙江古代书院不仅数量众多，而且质量极高，唐代就有象山蓬莱书院、诸暨溪山书院、绍兴丽正书院。宋代浙东学术文化大发展，浙东书院建设也进入高峰期，学术思想家也创建了诸多书院：桃源书院、浮沚书院、南山书院、长春书院、甬东书院、城南书院、丹山书院、慈湖书院、岱山书院、永嘉书院、泰顺中村书院、乐清梅溪书院、宗晦书院、瑞安心极书院、金华丽泽书院、崇正书院、永康五峰书院、龙川书院、浦江月泉书院、兰溪华石书院、东阳石洞书院、屏山书院、义乌东岩书舍、临海上蔡书院、观澜书院、黄岩南峰书院、攀川书院、柔川书院。

三、文化精神的相通之点

究天人之际的科学创新精神。浙东学术和关学之所以能够成为区域文化大派，且流传久远，一个重要的原因，就是都具有科学创新精神。在两地学者中，一些大家能够取法天地之正气，充分汲取旧说精华，因地制宜、因势而变，创立新说，成门立派，传之久远。

作为关学的奠基人，张载定下了极高的学术目标："为天地立心，为生民立命，为往圣继绝学，为万世开太平"，表现出勇于创新的学术精神。张载接受范仲淹的建议，认真研读《中庸》等儒家经典，又广泛涉猎道家、佛家等多家之学二十余年，再返回来研读儒学经典，终于"苦心得之"（朱熹语），独创性地提出了一系列哲学思想，为中国哲学史首次建构起一元论唯物哲学体系。张载治学主张独创,"学贵心悟,守旧无功",一生探究宇宙人生真理,其《正蒙》《横渠易说》《经学理窟》等著作,追宇宙本体,建构认识论,"有六经之所未载,圣人之所不言"(范育《正蒙序》)。明代学者冯从吾著作甚丰,其《关学编》为"关中理学"建构了传承谱系,独创性地将"关学"完整地呈现于中国学术史。张载"以气为本",精研天道人心,既穷究物理,又洞察世道人心,辩证"天地之性"与"气质之性",提出"天人合一"思想。张载的"太虚即气"、气之聚散而成万物的思想,是对宇宙本源的基本解释,奠定了关学本体论的基本格调,也成为中国古代唯物论哲学思想的重要成就。冯从吾细细品味程朱之"理",阳明之"良知",认为"心性"以善为本,要求"以心性为本体,以学问为功夫"。李二曲提出"明体适用""悔过自新说",也是究"天道""人心","明明德"然后才能"适用",人受后天欲望左右,失去本性之善,故要悔过,经"悔过"而回归"天地之性"。关学学者尽管有来自二程理学、朱熹理学、河东理学、阳明心学等多家学派思想资源,但都程度不同地受到张载"太虚即气"的思想影响,对宇宙本体进行深入思考,又面对现实,探究世道人心,将本体论、认识论和经世教化结合起来,"明学术、醒人心"。

在浙东学术文化的长河中,具有创新精神和创新成果的大家亦不胜枚举。吕祖谦调和朱熹"理学"与陆九渊"心学",提出"心即理"之说,治史强调"无所褒贬抑扬"的实录精神。著名诗人陆游本为江西诗派传人,深谙江西诗派"诗内功夫",进而提出"功夫在诗外",强调作家的现实体验和历史意识,对中国诗学贡献甚大。王应麟学识渊博,著述甚丰,在经学、史学、文学、天文、地理、音韵、典章、制度、目录学、辑佚学、蒙学等方面都有创见。作为心学集大成者,王阳明"十年格物,一朝物格","良知"与张载提出的"天地之性""德性之知",李二曲所谓"明体适用"的"体",有极大的相通之处,表现出两地学者对"天道人心"的共同关注。黄宗羲创浙东史学,《宋元学案》《明儒学案》为中国历史首创,没有博大的学术胸襟和创新性学术史观,是不可能完成的。章学诚在前人对经学与史学关系认识的基础上,创造性地提出了"六经皆史""六经皆器"之说。

躬亲礼教的伦理实践精神。浙东学术和关学不仅在宇宙本体论、知识论、发展论和社会伦理方面具有重要的理论贡献,而且都具有实践精神,身体力行,经世致用,为后人留下了宝贵的遗产。这种实践精神表现在四个方面:一是讲究涵养功夫,注重知识分子的个人修养,也就是先秦儒家的"修身";二是"躬亲礼教",积极从事恢复礼教的活动;三是通过修史修志,传承文化,奖掩褒贬,垂范后世;四是重视教育,培育英才。所以,浙东学术和关学的重要思想家,均在中国教育史上留下了浓墨重彩的一笔。

从张载开始,关学学者"躬亲礼教",无论条件如何艰苦复杂,关学家无不致力于伦理实践,他们不仅自己恪守礼仪道德,而且致力于乡村伦理建构,表现出传承儒学精神的理想主义情怀。张载担任县令时,就严格按照古礼治理乡村,率领县民尊周礼而行事,致仕后更是带领弟子施行"井田制"。吕大临等吕氏兄弟继承张载"躬亲礼教"传统,严格按照古代丧葬之礼安葬父亲,示范乡里,更制定"吕氏乡约",并积极推行,影响深远。

浙东学术一贯注重"经世致用"。庆历五先生坚持以道义教化乡民,移风易俗。陈亮主张经史结合,强调学术的社会功用,提倡"道在事中""农商相藉""官民一家",反对空谈心性的末世理学。刘伯温、宋濂等更是将经世之学与政治实践紧密结合,建功立业。方孝孺以宣明仁义治天下之道、达到时世太平为己任,用身家性命践行儒家精神。王阳明强调"知行合一",不仅学术思想集心学之大成,"事功"成就亦登峰造极,罕有匹敌。

刚正不屈的士人品格与爱国精神。浙东学者和关学的代表人物,均秉承儒家"知其不可为而为之"的精神,注重自身"浩然之气"修养,坚守知识分子独立人格,从不阿谀权贵,不屈不挠,敢于斗争,尤其注重民族气节,在民族命运危亡关头表现出强烈的爱国主义情操。明代关学大师冯从吾与浙东大儒方孝孺就是典型,冯从吾刚正不阿,作为西北东林党领袖,协同东林党顾宪成、高攀龙与魏忠贤坚决斗争,不论是为官一方,还是书院讲学,誓不与阉党人物妥协,书院被毁、官职被解,直至削籍为民、追夺诰命,无怨无悔。浙东大儒方孝孺事建文帝甚殷,建文帝征讨燕王朱棣的檄文皆出自方孝孺之手,当建文帝兵败,朱棣进京篡位,命方孝孺起草改朝诏书,方孝孺义正辞严,誓不相从,不仅自身被车裂而死,而且被诛灭十族,从此"天下读书种子绝矣"。

明末清初余姚黄梨洲和关中李二曲,面对清廷多次征召,坚辞不就,表现出"遗老遗少"的民族气节,传为佳话。黄宗羲父亲本为东林党人,刚正不阿,与朝廷阉党势不两立而被冤杀。青年黄宗羲上书请除阉党余孽,有当庭锥刺许显纯之壮举。清军南下之时,梨洲先生尽散家资招募青壮年,组成"世忠营"以抗清军;又入鲁王行朝,秘密联络金华等地义军,也曾出使日本借兵。康熙年间屡次征召,黄宗羲坚辞不就,专心著述讲学,弟子万斯同"以布衣参史局"。关中李二曲名满天下,陕甘总督鄂善举荐朝廷,皇帝多次征召进京为官,李颙崇尚民族气节,坚决不为清廷效力,以体弱多病为由坚辞不就,直至以绝食相抗争,方才得免,康熙巡视陕西诏见,二曲先生绝不拜见,将士人品格和民族气节坚持到底。

第四章   秦商、晋商与宁波帮

　　一条亘古恢弘的黄河,将自古就有"秦晋之好"的山西和陕西隔开了,在这片土地上,人杰地灵,代不乏人,中国历史上的诸多封建王朝在这片土地上定都,对中国的政治、经济、文化制度等进行了最早的演绎。厚重的历史氛围、成熟的制度体系,在明清时代孕育出了曾经叱咤风云的两大商帮——陕西商帮和山西商帮,又称秦商与晋商,它们的名字往往连在一起,统称山陕商人或西商。

　　时间的脚步不会因谁而停留,随着时代车轮的前进,中国的商帮几经沉浮,有晋商、徽商 500 余年的辉煌,各地商帮的称雄与崛起,也有大小商帮的沉寂与匿迹,纵观中国各大小商帮的盛衰史,却迥然有别。中国十大商帮,只有宁波帮实现了中国商业文化的现代转型,从中国传统商业大帮走向现代商业大帮,并进一步发展为海外宁波帮。

第一节   秦商的历史发展和文化精神

　　陕西商帮传承古代秦地商业文化精神,以勤俭经商、诚信买卖、刚毅正气和敢为天下先的勇气,充分利用明清两代的政治政策和"边关"优势,足迹遍布江南、两湖两广、云贵四川、青藏高原、蒙古、新疆,陕商驼队马队远达中亚、俄罗斯等地,四方牟利。陕西商人在外地积累财富,不仅荣耀乡里,带来家乡文化、教育、经济、乡村建设、文学艺术、饮食习惯、家庭结构的变化,而且深刻地影响了中国社会的近代化转型,陕西会馆、山陕会馆遍布东西南北,都见证了陕西商帮对中国历史发展的贡献。陕西商帮以陕西关中为中心,汇集陕北商团、山南商团的力量,纵横西部 500 余年,成为中国最早的商帮之一,陕西商帮的兴起衰落,不仅在一定程度上催生了晋商、徽商等商帮的产生,也为其他商帮的健康成长提供了有益经验和深刻教训。

一、陕西商帮的历史发展

陕西是中华民族文明的发祥地,蓝田猿人遗址和半坡文化遗址等多处文化遗迹,已经证明早期原始人在陕西的活动,进入农业社会,陕西又是中国最早进行农业生产的地域。以种植业为先导,陕西的手工业也逐渐发展起来,成为中华大地手工业的中心区域,为商业贸易和商业文化的产生提供了丰富的物质资源。周秦汉唐时期,长安附近作为"都城",成为政治文化教育商业中心,大小官员、文人骚客、商贾货郎等,聚集长安,形成中国规模最大的"都市",也成为天下商贸的中心,在陕西经商人员的数量和质量,都相当可观,为陕西商帮的形成提供了深厚的历史资源。陕西商人,代有大才,他们不仅善于经商,而且目光独到,仗义助国,因而赢得后世美名。

秦代是陕西商业发展的奠基时期,陕西商人以"雍州""临潼"为核心,走出潼关,与关外诸国进行物品交换,出现了大商贾乌氏倮、巴寡妇清等。乌氏县(地在今甘肃省平凉市西北)倮是活跃于秦始皇时期的秦地富商,姓氏无记载。清是巴人,祖上冶矿获利,家富而寡,故称"巴寡妇清",也称为"巴清"。司马迁在《史记·货殖列传》中记载二人事迹:"乌氏倮畜牧,及众,斥卖,求奇缯物,间献遗戎王。戎王什倍其偿,与之畜,畜至用谷量马牛。秦始皇帝令倮比封君,以时与列臣朝请。而巴寡妇清,其先得丹穴,而擅其利数世,家亦不訾。清,寡妇也,能守其业,用财自卫,不见侵犯。秦皇帝以为贞妇而客之,为筑女怀清台。夫倮鄙人牧长,清穷乡寡妇,礼抗万乘,名显天下,岂非以富邪?"[1]这二人是早期陕西商人的代表人物,一个靠畜牧发家,一个靠冶矿巨富,都是就地取材,反映了早期陕西商业活动的基本特点。

汉代有一个长期稳定的时期,都城长安商贾云集、贵胄层出。先是汉高祖刘邦将六国贵族迁到新丰等地,继而汉武帝"徙郡国豪杰及訾訾富人三百万以上于茂陵",人口丰盈带来商业活动频繁,长安城特开"九市",市场交换成为京城人们日常生活的一部分。受到京城人口增长和商业活动的直接影响,陕西关中商人异军突起,巨富商贾逐渐形成陕西关中商人集团,并对汉代政治经济发展产生巨大影响。宣曲人任氏眼光独到,善于经营,书写了汉代陕西商人的华彩乐章。任氏本为督道仓吏,秦汉之变社会动乱,诸富商豪

---

① 〔西汉〕司马迁:《史记·货殖列传》,中华书局 1959 年版,第 3260 页。

杰纷纷争夺珠玉珍宝,而任氏却更看重粮食的重要性,大量收藏粟米。后楚汉相争,粮食极度短缺,粟价过万,任氏趁机大赚,富商豪杰所藏之珠宝多归于任氏,富甲天下。更为难得的是,任氏富而不骄,亲力田畜,勤俭持家,并以此传诸后世。长安人无盐氏因借钱给政府平叛而成巨富,吴楚七国之乱,京师为平叛乱军,向巨贾富商借钱,而有钱人家多因为"关东成败未决",不肯借钱,唯无盐氏出千金借贷,利息十倍,后吴楚之乱平息,无盐氏成为关中巨富。长安人翁少翁、王孙大卿"均以卖豉"致富,家财数万。王孙大卿又喜好结交豪杰,善养士人门客,王莽新政时担任司市师,总管京城市场。

隋唐一统天下,结束了长达数百年的动乱局面,京城长安逐渐恢复了"天下枢纽"的地位,在唐朝,长安成为当时世界最大的商业都市,城中设东西两市,市内有街,每街长数十里,"城中东西市,闻客次第迎。迎客多说客,多财为事倾"(元稹《估客乐》)。东西两市百货酒肆星罗棋布,更有夜市繁华,彻夜灯火不灭,宾客盈门,西市不仅商贾云集,而且形成胡商聚居商业街区,"胡姬酒肆"在李白等唐人诗歌中出现频率极高。京城的商业繁华,为陕西商人提供了"近水楼台"的绝好机会,陕西商人抓住机遇,在商业活动中一展身手,出现了邹风帜、王元宝为代表的一代富商巨贾。长安药材商人宋清在长安城开设大药铺"居善药",不仅药材质量高,治疗疾病见效快,而且富而不骄、乐善好施,对于没钱看病之人采取"以券贷药""积券如山",年终焚之,获得社会赞誉。① 柳宗元赞扬宋清"诚以是得大利,又不为妄,执其道不废",而"今"人之交往,趋炎附势,贫贱则弃,"鲜有类清之为者"。唐代"扶风小儿"窦乂从小具有商业头脑,善于发现商机、制造商机,在别人不经意的地方开展商业活动,成就奇异的商业之路,富甲一方。窦乂13岁时就具有商业眼光,当时亲戚从任上带回当地的"丝鞋",分送给家族小孩,他用这双丝鞋换取了500钱,又用500钱买回两把小铲子,扫聚满城飞落的榆钱十余斗,播种于庙院之内,整天用小铲子挖沟、培土、浇水。在他的精心照料下,榆树不断成长,3年收获榆柴200多捆,获利数倍,5年收获椽材1000多根,造车之材1000多根,获利百十倍。一个13岁的小孩,居然能够想到这种无

① 柳宗元《宋清传》云:宋清,长安西部药市人也,居善药。有自山泽来者,必归宋清氏,清优主之。长安医工得清药辅其方,辄易雠,咸誉清。疾病疕疡者,亦毕乐就清求药,冀速已。清皆乐然响应,虽不持钱者,皆与善药,积券如山,未尝诣取直。或不识遥与券,清不为辞。岁终,度不能报,辄焚券,终不复言。市人以其异,皆笑之曰:"清,蚩妄人也。"或曰:"清其有道者欤?"清闻之曰:"清逐利以活妻子耳,非有道也。然谓我蚩妄者也亦谬。"〔清〕董浩编《全唐文》卷五九二,中华书局1985年版,第5982页。

本生意,不仅有创意,更有坚持的恒心。赚到了人生第一桶金之后,窦乂将"无本买卖"坚持到底。当时,长安城中有一块低洼池地,主人不管不顾,众人亦不爱惜,遂成垃圾场所。窦乂用很低价钱买下这块地,经过简单的"土地整理",竖旗立标,盖了几间小房子"招商",引进了几个做煎饼、团子的小餐饮户。为了扩大影响,他还策划商业宣传,招孩童以石块、瓦片投掷旗杆,中的者奖励煎饼团子,城中少年纷纷前来投掷游戏,低洼池地迅速被填平。窦乂在填平的池地筑房建屋,进一步"招商引资",硬是将京城一个垃圾场建设成了繁华都市区——窦家店,成就一个商业历史传奇。这两位唐代秦商的传奇人物,一个是以诚致富,一个是创意致胜,但两人共有的"恒心"是共同的,也是陕西商人的基本精神。

陕西商帮真正兴起是在明代初期。自先秦以来,秦人的商业活动奠定了陕西的商业文化理念、经营策略和基本的人文精神,一旦具有历史机遇,就会发扬光大,形成规模效应,孕育陕西商帮诞生。这一机遇在明代初期到来了:食盐开中和茶叶开中。

朱明代元而立,疆域版图遽然缩小,西北部蒙古高原的游牧民族频频南下抢劫,屡犯兰州,甚至兵临通州,直逼北京;同时,西北诸少数民族部落对新政府心存疑虑,离心倾向不断增长。为了加强边关防卫,保卫京城,安定西北,明代政府在边关建立九座重镇,其中固原、宁夏、延绥、甘肃四镇在陕西,嗣后又把陕西边区防卫扩展到"三边",即东起延绥皇甫川,西至甘肃嘉峪关,西南到临洮,接四川松茂地区,绵延数千里,驻兵20余万人,马匹10余万匹,并设立"三边总督"于固原,总领陕西边关事宜。常言道:"兵马未动,粮草先行。"如此大规模的驻军,加上当地居民,生活必需品和战争物资运输、储备成为头等重要之事,朱明政府每年从江南转运折银10余万两,从河南转运大布10余万匹,耗费巨资投入边关。这样一来,江南、河南等地因横征暴敛而民怨沸腾;而路途遥远,转运困难,民夫逃离,盗匪抢劫等因素,也造成转运物资不能及时到达边关重镇,戍边将士多有怨怼,人心思归,边关不稳。面对这种局面,洪武三年,明太祖朱元璋采纳御史郁新建议,通过招商输粮换取盐引之法,动员、利用民间力量解决边关驻兵物资需求。开中之法的关键是两个字:粮、盐。政府需要粮食以供给边关之用,商人需要盐以赚取利润,实际上是政府以出让盐业专营之权利,换取民间资本;而商人则是以粮换取盐业经营权,利用盐业的丰厚利润发家致富。这里还有一个关键环节,就是商人必须将粮食运送到边关,才能拿到对应的"盐引",然后拿着盐引到产盐区域换取食盐,再将食盐拿到食盐消费区换取粮食,最后又将这些粮食送到边关换取新的盐引。如此周而反复,明代政府解决了边关物资及其运输问题,民间解决了资金来源问题。明代"食盐开中"改变了中国历代食盐政府专卖政策,带动了诸多产业的蓬勃发展,特别是粮食生产、食盐开采、交通运输业、饮食住宿、工具制造业等,同时也带动了处于边关重镇区域的经济发展,陕西处于"边关"之地,近水楼台,商业活动日益繁盛,商队商帮迅速形成。有学者认为,开中法运行之后,打破了政府盐业机构的垄断地位,带来"盐政资金流转过程大大改变":"盐商筹集来的购盐资金,不再直接购买官盐,而是用于购买粮草,运往边关上纳。这使得资金流转环节被大大地减省,由盐商直接送达资金使用部门——边关。"其次是官商交易过程延长,"原本一次进行的官商交易,则被分为两次进行"①,而在这两次进行中,商人和政府各得其利。

"茶叶开中"实际是"食盐开中"政策的延续。从饮食结构上讲,西北少数民族多食用牛羊肉,喝奶酪,绿色食品摄取量甚少,身体中积聚过多油脂,导致对茶叶和蔬菜有大量需求,而蔬菜不宜长期储藏和运输,因而茶叶的需求量十分巨大,甚至形成了"宁肯一日无肉,不可一日无茶"的局面。因此,西北少数民族诸部落强烈要求明政府扩大茶叶交易,并发出威胁:如果得不到满足,则南下抢劫。在这种情况下,明政府为了满足少数民族的需要,稳定边关,同时扩大内需,储备资金,在边关设立"马市",进行"茶马交换"。

许多学者认为,明代政府采取的"食盐开中"和"茶叶开中",都是针对陕西"量身定做"的特殊政策。② 是不是"量身定做",尚难断定,但这两项政策的最早得益者确实就是陕西人,他们不仅处于边关地区,近水楼台先得月,而且比起山西而言,有着巨大的优势。结果是,在这两项"开中"政策影响下,陕西许多农民踏上了经商的道路,陕西商帮蓬蓬勃勃地发展起来。"食盐开中"时,他们把陕西关中地区的粮食集中起来,运到边关换取盐引,拿着盐引到扬州为中心的两淮区域换取"淮盐",南下两淮的道路上顺便带上边地的土特产、皮货、药材等,返回之时,除了携带大量食盐,还会将江南的丝绸制品、布匹、手工艺品等,一部分送给家人亲戚,剩下的大部分用于市场交易,赚取更多的利润。"茶叶开中"时,他们不仅把陕南茶叶带往少数民族地区,而且不断扩大市场,将江南、云贵地区的茶叶收集起来,经过独具特色的制作工艺,长途贩运到少数民族地区。这一往一返,路途遥远,携带物品丰富,均非一家一户可以独立经营,需要诸多商队结伴而行,陕西商帮因此形成了。

---

①　孙晋浩:《开中法与明代盐制的演变》,《盐业史研究》2006 年第 4 期,第 8—13 页。
②　参见李刚:《李刚话陕商》,三秦出版社 2010 年版,第 62—75 页。

秦商在历史发展中,经历了三次高潮。第一次就是受益于"开中"之法而兴起的"边关贸易",许多陕西农民转而为商,浩浩荡荡的运粮车队将粮食运往边关,再从边关到扬州为中心的淮盐产地贩盐,成为天下闻名的粮商盐商,仅富平储粮大户李月峰一家输粮,就能供应延绥七八千士兵的军粮所需。而在贩盐归程中,许多盐商也带回大量江南布匹,盐商和布商融为一体,开展多种经营。边关始终是秦商的主战场,扬州是秦商最早的"根据地"。通过南来北往的经商活动,不仅促进了陕西的粮食生产和社会发展,给关中的家庭结构、社会结构带来深刻的变化,而且有力促进了扬州等地的生产和社会发展,甚至带来"第三产业"的繁荣,扬州许多风景区都曾经是秦商的产业,秦淮两岸青楼业的兴起与发展,陕西商人功不可没。

明清秦商第二次高潮,是入清以后开始的。如果说明代的扬州是陕西商人联合山西商人的"根据地",那么,入清以后,扬州迅速被徽商所占领。正是徽商的突然崛起,从扬州赶走了陕西商帮,但也成就了陕西商帮"弃淮入蜀"之成功。徽商与清王朝高层建立了"深厚"的关系,改变了明代"食盐开中"用粮食换取盐引的方式,直接变成了"输银换引",商业成本大大降低,转运时间大大减少,从而在扬州迅速崛起。而晋商从一开始就和"官府"有着密切的联系,这时又贴近清王朝而备受照顾,很快在势力上压倒秦商。而陕西商人,大多以汉族正统自居,性格刚硬雄健,这样导致其在扬州立足困难,于是纷纷从扬州撤资,转向四川大地经商,开拓了徽商晋商无法开辟的商业战场。

陕西商人进入四川后,更加看重"金融"业,在四川各地办钱庄、典当、商号,很快积累了大量资本,以致形成"川省正经字号均属陕西"的局面。四川自贡盐业就是陕西商帮一手发展起来的,自流井的磨子井、耳勺井、源发等高气田盐井都是陕西人的"技术创新",他们发明了利用竹筒输盐水的技术,刘绍棠开办的"协兴"盐号,达到七十二家分号,规模巨大,带动一方经济发展。

明清陕西商帮第三次发展高潮是清朝后期。陕西商人随着左宗棠大军进入新疆,深入新疆腹地,在所有边疆经商人群中,陕西商人占一半以上。这些陕西商人,将新疆的羊毛、羊皮、牛皮等运回陕西,在泾阳城关、大荔羌白、礼泉百屯等地加工,销往各地。陕西商帮进入新疆腹地的同时,也进一步带动了陕西商帮在青海、甘肃、宁夏、内蒙古一带的商业活动,让陕西商帮发出了历史最后一片光芒。

作为最早兴起的商帮,陕西商帮的从业人员组成比较单一,许多商人都是在"开中"政策的鼓舞下,放下农具,拉起架子车,赶着牛车,走进商人的行列,是由农民转型的商人。这些由农民转型的商人,大多满足于"三十亩地一头牛,老婆娃娃热炕头"的小农理想,在经商活动中,他们心中始终牵挂着家里的父母婆姨,思乡之情和回乡之念,决定了陕西商人大多选择赚钱回家的念头。"小富即安"是陕西商人的普遍心理,他们很少有人决意在外地世代经营,更没有流落他乡扎根的念头。他们无法真正融入经商之地的社会与文化,始终在城市的边缘游走。一旦遇到较为沉重的打击,或经商条件发生较大变化,陕西商人往往选择退回老家"过安生日子",而且,许多"老陕"饱尝商路漫漫的艰辛,一旦小有收获,衣食无忧,他们一般不会让儿子、孙子再走自己的路。因此,到了清末民初,陕甘回民暴动的打击和清朝政府的搜刮掠夺,加之沿海一带殖民经济和近代民族工业兴起,陕西商帮失去了存在的历史条件和内在动力,在中国社会近代化的门口,很快解体了。至此,这个纵横500多年的地域性商帮完成了自己的历史命运。

　　陕西商帮借助于"开中"政策迅速兴起,随后兴起的商帮就是隔壁的山西商帮,晋商像陕西商帮一样,得益于"开中",同样纵横500余年。但是,陕西商帮比晋商兴起更快,商业活动范围更广,陕西商帮比晋商多出三个纵深优势。

　　一是历史纵深。陕西自古作为帝王都,特别是汉唐时代,创造了中国古代社会的繁荣盛世,京城作为全国政治经济文化教育中心,也是全国商贸中心,各路商人荟萃,各种物资云集,为陕西商人成长奠定了丰厚基础,陕西商人眼界广阔,善于造就"大场面",立足长安、环望天下从事商业活动,广泛汲取各地客商的经验教训,形成源远流长且内涵丰富的商业文化。同时,长安经过长期"京城"洗礼,形成其他地域无法比拟的市场规模,消费群体和消费理念也远非其他区域可比。秦商继承发扬古代陕西商业文化,将历史积淀和时代机遇相结合,创造了中国商帮的最早奇迹。

　　二是商品资源纵深。陕西人口数量、可耕用土地、粮食产量、种植业等,远非山西可比。"食盐开中"的核心是用粮食换取盐引,而陕西自古就是产粮基地,有天下粮仓之称,汉唐盛世时期,陕西经济发展长期居于全国领先行列,即使走出汉唐时代,陕西农业经济发展也属于中上游水平。明代隆庆年间,陕西官仓储粮达到一千多万石,处于渭河平原的同州、孝义就是著名的粮食生产区,清代慈禧太后曾题写"天下第一仓"的匾额,直到20世纪,这里也还是具有影响的农场。"开中"之法颁布之后,陕西农民很快将粮食转化为商品,运送边关换取盐引。山西可耕种土地面积少,粮食生产自给尚且不足,晋商需要先到河南、山东征集粮草,运送到边关换取盐引,比陕西商人更为辛苦,经商成本更大。

　　三是市场腹地纵深。秦商与晋商同处边关重镇,均是由"开中"而兴起的著名商帮,甘肃、宁夏、蒙古、河北、河南、扬州等地,都留下了山陕商人共同走过的痕迹。但是,由于地理原因和历史原因,陕西商人比山西商人具有更加广阔的市场腹地,也就是"后花园",这个后花园就是四川,并由四川进入贵州、云南,这一点从清初陕西商人"弃淮入蜀"就不难看出。比起山西商人,陕西商帮更方便将触角伸向四川、云贵、西藏,到达甘肃、青海、新疆。所以,陕西商帮成为中国最早崛起的商帮是符合历史规律的。

鼎盛过后衰弱,秦商也逃不过历史命运。鸦片战争爆发后国门洞开,西方资本主义势力向全国迅速波及,但陕商依然沿着旧有轨迹有所发展,并在"川盐济楚"时达到井盐业的巅峰时期。可是随着国外资本主义势力的逐渐深入,国内阶级矛盾的日趋尖锐,以及陕商自身的封建性因素,陕商在清末走向了衰败的境地。

曾经叱咤商海的陕西商帮走向衰弱,是内外因交互影响的结果。

首先,陕西商帮本身的封建性和落后性是其最主要的原因。陕西盐商在面对新形势的大分化、大改组中失败,盐商从此一蹶不振,在两淮盐场,由于不能和徽商竞争而陆续退出,陕西本土市场则被晋商占领,四川的盐井业也由于战乱导致资本不够,市场迅速萎缩。陕甘总督左宗棠推行西北茶制改革,扶持以湘军为基础的官僚资本,陕西茶叶大不如前。

其次是国外资本主义势力的摧残。陕西布商在外国洋布洋纱的打击下被排挤出市场,迅速死亡,到了清末,陕西土布行,家家倒闭,每岁百万之利益为外人夺去。而经营兰州水烟的陕西烟商也在外国机制卷烟的打击下纷纷破产,只有在市场投机中惨淡经营,从原先最盛时的大小烟庄 130 余家,锐减到只剩 10 余家的悲惨境地,兴旺发达了百年以上的陕西兰州水烟从此飘零散落。

清末的社会动荡给陕商造成了毁灭性的打击。"陕回变起,萧墙仇怨既深,荼毒最惨。如著名之泾阳、三原等县,向号商薮,今则厘金未复,民力未纾。以前各处财富之户,多贸易于东南。自东南用兵,陕省物力既已潜消默耗,又加本籍被灾,资产悉付兵燹。"[①]"在云南回民起义、陕西回民起义、清军镇剿等兵祸战事的破坏下,陕西盐商在家乡'家产荡然,不能重整口岸',在川省实力剧降,从此在川盐运销中一蹶不振,位列川黔各帮之末。"[②]清军入陕作战后,征粮派饷,渭北各县陕商财富几乎被掠夺一空,陕商积累百年的

---

① 彭泽益:《中国近代手工业史资料》第 1 册,生活·读书·新知三联书店 1958 年版,第 600—601 页。

② 王琛:《明清时期陕商与粤商的比较及其现代启示》,2008 年西北大学硕士学位论文。

财富被搜罗殆尽。"据统计,关中三府二州的 39 个州县几乎都卷入起义烽火之中,同州、西安、凤翔三府是回民围攻的重点,受其围攻的县城有 23 座"①,土焦瓦砾上的陕商荣耀从此淹埋,开始逐渐退出历史舞台。另外,近代以来封建剥削的加剧、陕西生态环境的破坏,尤其是秦巴山区植被资源的枯竭,大大削弱了陕商的经济实力。

二、陕西商帮的行商足迹

明清秦商纵横天下,足迹遍布全国各个主要省区,东北到达吉林、内蒙古,西北到新疆、西藏,西南到云贵高原,东南到达山东、江苏、浙江、福建沿海,并沿着中原河南到达两湖两广。秦商最早输粮到边关,最初的足迹是奔往边关四镇(明政府建边关九镇,其他五镇或位于山西境内,晋商一开始走边关,就是这五镇),足迹到达现在的甘肃、宁夏。而输粮换取盐引之后,又要远走扬州为中心的淮盐产区(山西运城有盐场,晋商最初是就地取盐,后因两淮之盐价高,也到扬州等地取盐),以扬州为中心的江淮之地,留下了秦商早期辉煌。扬州现在主要的风景区,都曾经是陕西商帮的产业:扬州大明寺的主体建筑大雄宝殿,是陕西泾阳商人赵运捐资修建;扬州著名的康山别墅,最初是陕西武功商人康海家的产业;扬州名园蜀冈是陕西临潼商人张氏的私人花园;张园是陕西富平商人张臻家别业;扬州新城是在陕西富商何诚的倡议下开始修造的;"溉园"是陕西三原富商孙豹"闭门读书"的地方。②

入清以后,由于受到徽商、晋商排挤,秦商"弃淮入蜀",开辟西南商场,经四川到达云贵高原。陕西商帮吸取在扬州的教训,进入四川后大多经营钱庄、字号和典当业,用于积累资本,由此引发四川典当业的繁荣。到了康熙、雍正年间,已经完成资本积累的陕西商人,开始大肆进军盐业市场,在雍正时期"计口授食"新政的影响下,陕西的富商巨贾开始从事川盐运销。自贡作为四川盐矿资源最丰富的地区,受到陕西商帮的格外青睐,来自自贡八店街的八家陕西盐商,掌握着自贡盐场 80% 以上的流通资本。陕西商人的到来,搞活了自贡的市场,带来了自贡经济社会进步,自贡著名的旅游景区——西秦会馆,昭示着陕西商帮在自贡的成功。

在左宗棠率领湘军西征之前,西北边陲难觅江南商人的影子,这时期,甘肃、宁夏、青海等地的商贸活动主要是秦商支撑的。秦商由兰州向西,穿过茫茫戈壁,深入嘉峪关,又沿着康藏线路翻山越岭,将茶叶、布匹、粮食带

---

① 邵宏漠、韩敏:《陕西回民起义史》,陕西人民出版社 1992 年版,第 170 页。

② 参见李刚:《李刚话陕商》,三秦出版社 2010 年版,第 77 页。

到这些区域,又收集药材、皮货等运回陕西进行加工。乾隆年间,陕西三原
商人就在茫茫戈壁的"一道泉"开设客店;清代末年姚莹奉命前往人迹罕至
的松潘考察,在草原深处西果洛发现一家客店,是陕西一家姓刘商人开设
的,行走一天之后住店,又遇到陕西商人开设的客栈,引发诸多感慨。随着
左宗棠大军征西,陕西商帮在西北边陲的商贸活动更为活跃,不仅经营范围
扩大到新疆、青海、西藏的许多偏远之地,而且经营物品也日益丰富。

京师是秦商重点经营之地,"渭南会馆""泾阳会馆""三原会馆""大荔会
馆""关中会馆"等众多的秦商会馆,记录着秦商昔日在北京的辉煌。入清以
后,出于贩运布匹的需要,陕西商帮大举进军河南、湖北、安徽、广东等地,足
迹踏进棉布产区。出于贩运茶叶的需要,陕西商帮进军四川、云南、贵州、福
建、安徽、杭州等地的茶叶产区,演出了陕西商帮的"康定情歌"。同时,陕西
商帮在山东、江苏、上海、浙江、安徽等华东地区的商业活动也可歌可泣。

秦商在远走他乡从事商业活动的同时,在陕西境内也同样进行着商业
活动,陕西是他们的"大本营"。一方面,陕西商人将在外地贩运的皮货、茶
叶等货物,运回家乡进行加工,再分发到全国各地;另一方面,他们将在外地
经商所赚取的金银,运回家乡,孝敬父母,养活妻儿,赞助教育和社会公益事
业。陕北商人、陕南商人、关中商人不约而同地以西安为中心,建立自己的
"商业圈"——会馆。也有以行业为纽带建立的会馆,陕南的船帮会馆,南下
到湖北、重庆等地,在关中东、西部建立"加工基地""会馆",在陕北建立转运
式"会馆",实为通往内蒙古、宁夏、甘肃、北京等地的通道。

"从明代中叶起,山陕商人就开始在他们经商驻地集资修建会馆,使山
陕会馆随着山陕商人的足迹遍布全国各地。从西北新疆的边塞小城玛纳斯
到南疆贵阳,从东北的吉林到江南的嘉定,到处都有山陕会馆的历史遗存。
一部山陕会馆建设的历史就是山陕商人在全国经营奋斗的创业史和真实记
录。据我们调查的资料显示,他们在全国各地共建了山陕会馆计274所",
有"会馆最多数陕西"之称。① 我们参照李刚的《李刚话陕商》、葛贤慧的《商
路漫漫五百年——晋商与传统文化》、尹俊玲的《晋商与晋中社会》、郑孝时
的《明清晋商老宅院》等专著,曹钢的《秦商振兴之路》、侯文正的《晋中商帮
兴衰史略》、宋伦的《明清陕西山陕会馆的特点及市场化因素》、拓玲的《透过
陕西会馆回望陕商辉煌》等数十篇论文,整理出陕西商人出资修建或与其他
商帮共建的"陕西会馆""山陕会馆"一览表。从这个表格中,我们较为清晰

①　参见李刚:《李刚话陕商》,三秦出版社2010年版,第313页。

地看到陕西商人的经商足迹。毫无疑问,"会馆"所在地都是陕西商人较为集中的地方,在一些没有建立会馆的地方,也记录着陕西商人的足迹,但相对来说,明清陕西商帮集中地区域在北京、甘肃、河南、四川等地。

表 1　全国各地的陕西会馆

序号	名称	区域	省区
1	关中会馆	北京	宣武门外
2	渭南会馆		北京
3	延安会馆		北京
4	泾阳会馆		北京
5	三原会馆		北京
6	大荔会馆		北京
7	汉中会馆		北京
8	关中会馆		北京
9	韩城会馆		北京
10	凤翔会馆		北京
11	关中会馆		北京保安寺
12	山陕会馆	甘肃	甘肃张掖
13	陕西会馆		甘肃天水
14	陕西会馆		甘肃武山汲滩镇
15	山陕会馆		甘肃康县
16	骊山会馆		甘肃兰州
17	山陕会馆		甘肃河州
18	山陕会馆		青海湟源
19	榆中西山会馆		甘肃榆中
20	山陕会馆		甘肃甘谷
21	景泰山陕会馆		甘肃景泰
22	酒泉五省会馆		甘肃酒泉
23	陕西会馆		甘肃古浪土门镇
24	山陕会馆		甘肃古浪大靖镇

续　表

序号	名称	区域	省区
25	陕西会馆	新疆	乌鲁木齐
26	陕西会馆		玛纳斯
27	山西会馆		巴里坤
28	陕甘会所	青藏	西康结石
29	山陕会馆		青海川口
30	山陕会馆		青海西宁
31	山陕会馆	河南	河南社旗
32	山陕会馆		开封
33	山陕会馆		河南舞阳
34	山陕会馆		河南泌阳
35	山陕会馆		河南阜阳
36	山陕会馆		河南正阳
37	山陕会馆		河南上蔡
38	山陕会馆		河南洛阳
39	山陕会馆		河南伊川
40	山陕会馆		河南郏县
41	山陕会馆		河南周口
42	山陕会馆		河南社旗
43	山陕甘会馆		河南开封
44	山陕会馆		河南上蔡
45	山陕会馆		河南周口
46	陕西会馆		河南唐河县

续　表

序号	名称	区域	省区
47	山陕会馆	两湖两广	湖北随州厉山镇
48	山陕会馆		湖北襄樊
49	陕西会馆		湖北老河口
50	五省会馆		湖南湘潭
51	秦晋会馆		广东佛山
52	山陕会馆		汉口
53	山陕会馆		湖北郧西
54	山陕会馆	华东	山东聊城
55	山陕会馆		安徽亳州
56	秦晋会馆		安徽芜湖
57	陕西会馆		苏州
58	秦晋会馆		浙江杭州
59	山陕会馆		山东菏泽
60	山陕会馆		安徽泗县
61	山西会馆		安徽六合
62	钱业会馆		上海闸北
63	西秦会馆	四川	自贡
64	山陕会馆		会理
65	秦晋会馆		康定
66	陕西会馆		成都
67	山陕会馆		金堂县
68	山陕会馆		双流
69	山陕会馆		绵竹

序号	名称	区域	省区
70	西安金龙庙（布帮会馆）		西安金龙庙
71	西安药材会馆		西安长乐坊
72	西安大荔会		西安化觉巷
73	凤翔山陕会馆（敬诚会馆）		县城东关
74	周至会馆（关帝庙）		县东门北
75	礼泉会馆		西安
76	山陕会馆（财神庙）		永寿县监军镇
77	山陕会馆（关帝庙）		洛川隆坊镇
78	渭南会馆	陕西境内	西安北院门
79	山陕会馆		石泉县城
80	山陕会馆		汉阴
81	山陕会馆		紫阳
82	船帮会馆（花戏楼）		丹凤
83	船帮会馆（扬泗庙）		旬阳
84	马帮会馆（马王庙）		丹凤
85	丹凤盐帮会馆（紫云宫）		丹凤
86	青器会馆（大王庙）		丹凤
87	礼泉会馆（关帝庙）		礼泉
88	鞋帮会馆		西安

三、陕西商帮的经营品类

明清陕西商帮兴起于"食盐开中"政策，首先得益于粮食和食盐，他们最早大规模地把粮食"商品化"，用粮食换取"盐引"，用"盐引"牟利，又收集粮食，再换取"盐引"，雪球越滚越大，迅速完成了资本的原始积累，进军其他物资品类。陕西商帮将茶叶、皮货、药材、棉布、烟草、果木园艺、衣物鞋帽等进行"商品化"，经过长途贩运，带动船运、车运、驮运（马、骆驼、毛驴等）等交通运输业和农业生产、矿产资源开发、青楼服务业、酒店旅游业、建筑业、车船修理和手工艺品制造业等相关产业，形成声势浩大的"产业集群"，有力地推动了明清两代社会经济文化教育的长足进步。

陕西商帮起于边关,边关军民所需物资就是陕西商人经营的商品,陕西商人最早运送边关的物资就是粮食。陕西自古就有较为发达的农业文明,半坡母系氏族遗址发现谷物种子,说明陕西先祖已经开始自觉的农业种植活动,杨凌教稼台是神农氏带领人民"稼穑"之所,横穿陕西的渭河冲积平原适合种植,作为产粮区域受到历代统治者的重视。长安长期作为"天下枢纽",陕西关中一带战事频仍,而陕西北部、西部又是边关重镇,战事不断,对陕西的农业生产和社会经济发展带来不可估量的损失。但是,正因为有了这适合种植的黄土地,陕西人民往往在战争的间歇期,很快恢复农业生产。陕西人民依靠黄土高原土层丰厚、结构松散、便于耕作等特点,积累了丰富的农业生产经验和农作物储存办法,保证了陕西农业文明发展的高度。明朝政府在陕西实行招抚流亡、奖励垦殖、劝课农桑和减免赋税等多种措施,"每年筹措官银,惜民开垦",推行"三年起科""五年起科",陕西的土地耕种面积和人口数量大大提高。元代末年陕西可统计人口44万人,明洪武二十六年(1393)达180.6万人,万历六年(1578)更达到350.6万人;人口增长带来生产力发展,陕西土地耕种面积迅速提升,为了进一步促进粮食生产,明代政府在陕西实行"军屯",规定屯军种田500亩者,岁仅纳粮50石①,一时间延安、绥德等各卫所,陕南山地,关陇交界之地,掀起军屯热潮,对促进陕西粮食生产起到了一定作用。

在明代政府的政策刺激下,陕西粮食生产不仅很快从元末战乱中走出来,而且达到了新的高度:西安府的粮食生产位列全国第4位,渭南七天完成征粮10万石的任务,政府粮仓屯满,许多地方老百姓自建粮仓——"丰盈仓"。这种粮食丰产的状况一直延续到清代,虽然中间受到明清之际战乱和旱涝天灾的影响,但整体趋势是粮食丰产。明清两代陕西的粮食生产有力地支撑了边关需求,决定了陕西商帮"以粮为主,全面发展"的特征。

陕西商人充分利用陕西粮食的生产优势,一方面大力开展农业生产,增加粮食储备,一方面发展运输力量,加快输粮边关的速度。在"食盐开中"政策的刺激下,陕西商人所从事的农业已经不是原来意义上的粮食生产,而是把"粮食"作为一种商品,进行大面积垦殖种粮,具有自觉商品生产的意识。明代商人李月峰就是陕西粮商的代表,从嘉靖、隆庆年间开始,李家通过土地垦殖、土地买卖收集了大片可耕田,雇佣农民"种粟塞下",两百年间负责运粮到延安柳树涧,供应安边、定边、安塞等数万军民所需,成为陕西粮商领袖。为了更为快捷方便地运送粮食,李家用自己的财力修桥铺路,建造"输

---

① 参见李刚:《李刚话陕商》,三秦出版社2010年版,第8、40页。

粮大道"，相当于现在的"粮食高速公路"，其财力可见一斑。不仅如此，李家"乐善好施"，积极捐款资助国家和地方政府，热心慈善事业，曾捐 2 万金于诸司库以助边关，也有捐献义仓救济穷人，捐资千金修造文庙的善行。

　　盐是明清陕西商人经营的第二种"商品"。"食盐开中"的要点是以粮换引，但陕西没有相应盐场，换引需要到两淮之地，更不用说淮盐价格高、利润大。陕西商人在经商过程中，自觉不自觉地形成了相应分工：边商和内商。边商主要经营粮食等边关需求物资，内商主要经营食盐。盐商常驻扬州等两淮产盐之地，用淮盐的巨额利润开启了陕西商人的扬州辉煌。陕西三原商人师庄南，大儿子负责输粮边关换取盐引，二儿子负责转运食盐，师庄南坐镇扬州指挥，成为扬州著名商人。明代弘治年间，明政府采用安徽人叶琪的建议，停止输粮边关，采用"输银运司"之法，种粟塞上和输粮边关失去了商品经营的价值，陕西商人大多从边关撤回内地聚集扬州，一时间江淮一带有 500 多家陕西商人，三原梁家、泾阳张家、郭家，西安申家、临潼张家，都是名扬广陵的盐商。陕西商人居住在扬州靠近运河钞关和盐运机构附近，为了协调行动，增进团结，联合起来与徽商、晋商竞争，开始建造陕西会馆，带来扬州下关一带的经济繁荣。当时扬州人称陕西商帮为"西商"，《扬州竹枝词》描述陕西商人的盛况："商人河下最繁华，窗子都糊细广纱。急限饷银三十万，西商犹自少离家。"形成了"淮盐西商为大宗"的格局。

　　叶琪变法以后，徽商和晋商取得扬州市场的主导权，陕西商帮另觅他路，继续从事食盐买卖，一手缔造了矿盐之都——自贡。雍正年间采用"计口授食"政策，激发了陕西商人入川从事盐业运销，他们纷纷在自贡等地设立盐号，到矿区购买食盐，水陆两道长途贩运，带动商号、典当、旅店业发展，几乎垄断了川盐运销行业，自贡八店街就是以 8 家陕西商人开设盐号而得名，8 家盐号掌握着自贡盐业流动资本的 80％以上。川盐运销积累起足够的资本以后，陕西商人不再满足于盐业运输贩卖，而是大举进入盐业生产，通过购买、入股、管理等方式投资矿井，带动了自贡盐业生产多项技术创新，形成井、灶、枧、号一体化，集矿盐生产、加工、运输、销售于一体的完整产业链，磨子井、大生枧、祥兴泰等长期流传，西秦会馆记录着陕西盐商在自贡的辉煌业绩。

　　茶叶为陕西商帮第三宗重要的经营品类。陕西商人最早的商业活动勃兴于西北边关，西北饮食多以肉类为主，饮食结构决定了对茶叶的市场需求，陕西商人抓住这一商机，在输粮边关和经营盐业的同时，大规模经营茶叶，在茶叶进入世界市场之前，陕西商人演绎了一出茶商传奇。

　　陕西种植茶树的历史可以追溯到战国时期，秦惠王灭巴国之后，迁徙万户秦人入巴,巴地山水适宜种植茶树,成为陕西茶叶最重要的产地。魏晋南北朝以后,汉水流域的茶叶生产得到进一步发展。到了唐代,以金州为中心的陕西南部成为主要产茶区,其出产的"茶芽"作为重要贡品供奉朝廷。所以,陆羽的《茶经》说茶叶"生于西城、安康二县山谷间"。宋代实行"以茶博马"之策,陕西商人开始用陕南茶叶,到西北少数民族地区换取马匹,更促进了陕南茶叶种植业的发展。当时陕南有茶场 332 地,年产茶叶 2102 万斤,占全国茶叶产量的60％。明代在陕西、四川实施"中茶易马","川陕之茶""秦蜀之茶"声名鹊起,产业生产发展迅猛,仅紫阳茶区年产官茶 5 万余斤、商茶 8 万余斤。有了丰足的茶叶资源,陕西商人群体中就产生了专业经营茶叶进行长途贩运、买卖的"茶商",将陕西、四川等地的茶叶运送到甘肃、新疆、内蒙古、青海、西藏等地。在各地的茶马古道上,陕西商人的身影最多,势力最大。

康定是西南重镇,也是西南茶叶经销中心,商人们把川北雅安、灌县、名山、邛崃、射洪等五地的茶叶产品运送到康定,经过重新分装"编组",然后长途贩运到松潘、西藏,换取藏区的马匹和其他物资,这就是历史上的"五属边茶"。当时在康定经营五属边茶的主要是陕西商人,他们大多聚集在一起开设茶叶商号,形成了康定著名的"陕西街",仅这条街上陕西茶商所开商号就达到 80 多家。这些陕西茶商分为两部分:一部分是"河北帮",主要是来自陕西泾阳、户县;一部分是"河南帮",主要是来自渭南、蓝田、临潼、长安,当地人把这些茶商称为"老陕"。陕西商人在康定开设的茶叶商号都是"大茶号",基本上垄断了茶叶市场,其中吴家的"裕兴重"、刘家的"恒盛合"、宋家的"德泰合"等大商号,都是在康定设总号,在松潘、玉树、甘孜、拉萨等地设分号,形成茶叶收购、运输、生产和销售于一体的完整产业链。"德泰合"茶号是由户县商人宋家、张家各出资 9000 两银子经营,分号遍布川北各地,雇佣伙计数百人,甚至买骏马、雇佣专人收集信息、传递消息,及时掌握茶业行情作出调整,所以"德泰合"生意兴隆,持续 600 余年。"裕兴重"的老板是泾阳县的吴姓寡妇,每年贩运茶叶达到全县一半以上,生意越做越大,居然震动了朝廷,慈禧太后认她做了干女儿,召入宫中"唠嗑"。陕西泾阳形成了茶叶转运、加工、销售中心,一个小小县城经营茶叶的商号达到七八十家,这些商号不仅转运陕西紫阳绿茶,而且收集湖南安化红茶,制成茶砖运送到西部,有效地破解了茶叶运送难题,使"湖茶"名噪一时,后来所称的"黑茶"也是陕西商人为主的"技术创新"。

棉布是陕西商帮经营的第四宗商品。天寒地冻的西北边陲,守关将士需要大量的棉布御寒,棉布就成为陕西商人经营的主要商品种类。陕西商人或领取官银,或集资合股,千里迢迢到江南产棉区贩运棉布,河南、山东、江苏、安徽、湖北、浙江,甚至福建、广东,都留下了陕西棉布商人的足迹。棉布经营的开始阶段,陕西商人携带银两到江南购买棉布,然后输送边关,往往通过当地人代收棉布,后来因为许多当地人看到陕西商人利润丰厚,出现虚报敲诈等现象,陕西商人改变策略,由游走收布改为坐庄收布,开设棉布商号,压制布匹。一时间,嘉兴的"七宝尖"、湖北的"府布"、河南的"颍布",纷纷通过陕西商人转运边关,陕西商人每年从江南贩运棉布 2700 多万匹,占到江南棉布总产量的 80% 左右,可见其规模之大。在坐庄收布、压布过程中,陕西商人在江南建立了许多商号、陕西会馆,河南几乎每个县都有陕西会馆或山陕会馆,河南、湖北掀起织布高潮。河南棉布制造商采用地窖织布,解决了断头太多的难题,引发河南棉布制造业大发展。在河南、山东、湖北等地,许多棉布制造者将织好的棉布码放整齐,等待"陕西掌柜"前来收布,由于河南棉布产量剧增,质量又好,陕西商人开始就近取布,不再跨越长江之南,也导致江南棉布生产量下降。

陕西商人一般将江南、河南、湖北的棉布运到三原进行加工、分装,然后送往西北边陲,渭北"财东"多在三原开设总店,对江南棉布进行改卷、整染,所以三原的棉布加工业非常繁荣,出现了许多杰出布商。三原王一鹤、王一鸿、王一鸣三兄弟贩盐起家,也从事棉布贩运,王一鸿坐镇苏州、杭州,专门进行棉布转运生意。师庄南贩盐与布,"往来于姑苏于越诸处,贸迁有无",曾一次携带千百万两白银,到苏州、松江府收购棉布,引起极大轰动。可以说,陕西三原是天下棉布转运甘肃、宁夏、新疆、西藏等中转站,陕西商人往来调度,长途贩运,将江南、中原与西北边陲紧密地联系起来。

皮货是明清陕西商帮经营的第五种大宗商品。陕西商人在转运食盐、茶叶、棉布的返程,也将西北特有的皮货、药材、水烟等转运到江南、西南、中原一带,互通有无,促进了西北特产皮革、羊毛、中药材的商品化。

西北地区长期处于游牧养畜的生产方式,有丰富的皮毛资源,陕西商人大量收购新疆腹地、青海、宁夏、西藏、内蒙古的羊皮、牛皮、羊毛等物资,运回陕西进行加工——硝制,陕西话叫着"熟皮子"或"硝皮子",在关中形成了三大皮货加工运销中心:泾阳、大荔羌白和礼泉百屯。所谓"熟皮子"就是将收购来的原皮,经过加入硝石,进行柔化,去除腥味,剔除内皮油腻等,使原来干硬、粗厚、味重的羊皮、牛皮变得柔软、洁白、富有弹性和美观,陕西关中地区为当时天下皮毛加工中心,实属当之无愧,即使准格尔的熟皮工艺,也是陕西商人带去推广的。至今,在陕西方言中留下了许多与"熟皮子"有关的语词,如果一个人(无论大人小孩)行事高调,说话张扬,陕西话形容他就是"涨皮""涨毛毛",也就是没有经过"加工"的皮毛;如果有人教训这样的人,让他懂得"人上有人,天外有天",使其行事说话收敛一些,陕西方言名之曰"熟皮""熟你的皮""顺你的毛"等,这也算是陕西皮毛商人对汉语方言的贡献吧。在准格尔经营皮毛的陕西商人多达五六百人,以湟源西街的陕西会馆为中心,形成陕西商帮街区,至今湟源有一半人会说陕西话,他们大多是陕西商人的后裔。关中商人将原皮经过硝制后,加工成皮革服装:皮袄、皮甬、皮摔等,又运送到江南商号出售,江南富贵人家一半都收藏皮货,生意兴隆。陕西商人伍少西在南京、扬州开设的"伍少西家"皮货店和扬州的"戴和美店",曾经作为贡品供奉朝廷,标志着陕西皮货商人在江南的辉煌。

陕北皮货商人深入蒙古伊克昭盟草原,开办商号,广泛收购皮毛,加工皮货,当时人称"跑边子"或"出拔子"。他们先是小本经营,在王爷庙前摆摊设点,通过借钱给王爷赢得信任,然后设店经商,坐收皮货。陕西商人黄台子开设皮货店的地方就被当地人称为"黄台子",由人名变成地名,神木的呼掌柜、靖边的王铁闩都曾经借钱给王爷,受到当地人尊敬,成为当地颇有影响的皮毛商人。

水烟是边关特产,陕西商人抓住守边军士靠烟草祛除瘴疠、消除疲劳的商机,最早将水烟带到西部,在兰州市五泉山下种植优质水烟,创造出水烟名牌"五泉水烟",至今仍然是上等水烟。陕西商人将兰州等地的水烟烟叶运回泾阳,由富平师傅加工,行销全国各地。陕西渭南孝义赵家在泾阳开设水烟商号"一林丰",几乎垄断了陕西水烟的一半产量,他们在上海建水烟仓库,开设五个分号,专门做南洋生意,把西北边陲的特产——水烟,销售到东南亚各国,连慈禧太后在逃亡西安的路上也吸食陕西泾阳产的水烟——泾烟。

西北边地山高林密,人烟罕至,有许多奇花异草,可以入药,或治疗疾病,或滋补身体。陕西商人在西北各省经商的过程中,广泛搜集西北奇异药材,把西藏、青海的虫草,宁夏甘肃的枸杞,秦巴山区的党参、黄芪、柴胡,兴平的红花,华县的山药等各地中药材收集起来,集中到陕西三原等地,进行深加工之后,借着经商的机会行销各地,后来形成专门经营药材的"药商"。三原东关经营药材的商家多达300多家,韩城党家村就因经营药材而名闻天下,至今保留着完整的明清四合院家居,华县赤水镇党家开设的"聚德堂"在乌鲁木齐也有分号,专门做药材生意。

陕西商帮所经营的品类主要有这样几个特点。第一,它最早是在"食盐开中"政策的影响下,就地取材,以粮食和食盐为主。而在经商的路途上,他们善于发现商机,利用已经建立起来的交通运输网络,将经商之地的物产集中起来,按照商品市场的需求进行配置,长途贩运到所需要的地方赚取商业利益。第二,由于陕西商帮足迹遍布全国,他们能够把东南之物顺利地运送到西北,也能够把西北的物资调运到江南各地,实现全国物资大配置,这种区域大跨度的商业活动,没有相当规模是不可想象的。第三,陕西商帮有一个显著特点,不论他们走到哪里,也不论经营什么品类物资,都把家乡当成"枢纽",在陕西关中建立加工基地,组织老家群众进行生产,他们可以把江南、中原、四川的食盐、棉布、茶叶等运回关中进行加工,也能够把西北边陲的皮货、药材、水烟等物资运回陕西加工,可以想象关中当年成为全国最大"加工厂"的繁荣景象,促进了陕西经济社会文化教育的大发展。第四,明清陕西商帮经营物资原产地非常分散,往往天南地北,陕西商人不仅能够"坐商",而且不畏艰难,克服重重困难,南下江淮,西走新疆、西藏,用手推车、马队、驼队创造了商业奇迹,没有艰苦奋斗、团结协作、豪迈坚韧的精神,不可能创造如此宏大的商业奇迹。第五,作为最早形成的大商帮,陕西商帮在经营模式和商业管理方面也有特殊贡献,建立起独具陕西特征的商业文化:在商业精神层面以诚信为基准,在财务管理层面创造了"万金账";在做人层面,韩城家村商人以家训形式告诫后人"傲不可长,欲不可从,志不可满,乐不可极";许多陕西商人走到哪里,将秦腔唱到哪里,将陕西的饮食文化、手艺技艺、建筑文化等带到全国各地,为陕西文化与江南文化的融合做出了特殊贡献。第六,许多陕西商人在取得商业成功,发家致富之后,仍然谆谆教诲后代子孙:经商不是根本,读书才是正途。他们希望后代不仅能够赚钱,更希望他们通过读书封妻荫子、振兴家门,他们骨子里并不认可商业行为是"万世之本",这正是因为陕西商人大多由农民直接转为商人之故,也是陕西商帮在近代化进程的门槛上衰落的主要原因之一。

四、秦商的商业文化精神

陕西商帮能在国内商界纵横数百年、取得辉煌成就,与陕西商人内在的精神密切相关。他们在艰难创业的同时,在特定历史条件下,形成了厚重质直、诚信为本、义中求利、灵活经营、敢于创新等商业文化精神。

1. 厚重质直、百年传承。陕西关中八百里秦川,连绵黄壤的内陆自然环境,以及几千年的《周礼》熏陶、儒家文化的化育,使秦商始终保持着"厚重质直"的美好品质。"雍州土厚水深,其民厚重质直,无郑卫骄惰浮靡之习,以善导之,则易于兴起而笃于仁义,以勇驱之,则强毅果敢之资,亦足以强兵力农,而成富强之业,非山东诸国所及也。"①

秦商们忠厚为本,求真务实,常常有着鲜明的国家民族意识,有着以天下为己任的胸怀。从明初的输粟边关千里运粮,驮茶换马,拱守边疆;到清初的弃淮入川,反清匡汉;再到清末八国联军侵华,清室西狩,秦人素秉忠义,闻风俱起,富室商贾莫不慷慨解囊,以国事为重。清末庚子国变,清室西狩,陕西商人纷纷捐资国难,如渭南焦家捐银 5 万两,常家捐银 10 万两,捐粮 5 千石,曹家捐银 3 万两,西塬贺家捐银 10 万两,泾阳吴家捐银 5 万两,马合盛捐银 10 万两,一时"资政大夫"牌匾挂遍渭北各县,表达了朝廷对陕西商人以商事国、厚重质直精神的肯定。

2. 诚信为本、信誉第一。传承了几千年的儒家文化,在陕商们看来,诚信比金钱更加宝贵。他们通过诚信树立形象,建立良好的商业信誉。陕商在徐州开办的广济堂规定该店的经营宗旨是"对人要诚,才能取信于人;制药要精,才能做开生意"②。陕西户县商人郭仰山,秦渡镇人,设药市镇上,而拣材精审,身亲刨炙,虽极贵品,不敢以假乱真。由于他做生意货真价实,市价不二,在远近名闻遐迩,被大家称为"不二郭家",他开设药市,盈阙不计,虽屡有亏损,致变产偿息,无少悔意,这就是陕西商人的诚信精神。陕西千里黄壤、土脉纵横的自然环境以及几千年的《周礼》化育、儒家文化,使陕西商人从持业自重的操守出发,在商业活动中自觉遵循"诚信为本、信誉第一"的道德理念,忠厚不欺,言不二价,树立了良好的市场形象,从而使其在商界中长久不衰。

3. 义中求利、以义制利。"君子爱财,取之有道",他们做生意多讲义理,讲求仁中取利、义先利后。如高陵刘邦祯,"少尝学问,通经史大义","出贾荆湖,豁达谦谨,人皆敬慕。且见义顾利,归时取货,每镒让银色五两,众咸诮之,翁笑而不言"③。说的即是陕西富平著名商人刘邦祯,在湖北荆州做生意,豁达谦让,人皆敬慕,且仗义顾利,归时取赍,每贷钱总让银五两,不为多取,众人皆惑而不解,他常笑而不答。又常常贷粟散财,多不取利,焚券舍负,亦屡千计,受到世人称颂,被誉为"邑中第一家"。

秦商义中求利还表现在敢于仗义执言,忠厚其主,不取身外之财。清代《新齐谐》中记载,陕西长安县商人孙某在苏州人张元公开的布行中为伙计,性诚谨而勤,凡他经手的生意莫不发三倍之利,故张元公以宾客相待,三五

---

① 胡朴安:《中华全国风俗志》卷七《陕西》,上海书店 1986 年版,第 2 页。
② 安冠英等编:《中华百年老药铺》,中国文史出版社 1993 年版,第 197 页。
③ 吴钢:《高陵碑石》,三秦出版社 1993 年版,第 157—158 页。

年中为张元公致家资十万。有一年,孙某病重,张至前问身后事,孙曰:"我家在陕西长安县钟楼之旁,有两个儿子在家。"张亲送棺至长安,到家后孙掀盖而起,原来孙某装死以避主恩。

4. 灵活经营、准确定位。以陕商为代表的一批国内商人,开始突破"主仆制"的旧框架,因时、因地制宜地创造出了一些更适应商业经营流动性、分散性特点的经营管理体制。如合伙股份制资本运作模式:即投资人按股份多少投资,并将各人应享有的各种权利以契约的形式予以确认,当时多称之为"万金账"。陕商在四川井盐生产领域中创造了"契约股份制","契约股份制"的成功,陕商在四川井盐开发中,取得了压倒性的优势地位,据《四川盐法志》载:"川省各厂灶,秦人十居七八,蜀人十居二三"①,成为自流井的开拓者。

陕西商人遵循"不惟任时,且惟择地"的原则,对市场定位有着明确认识。河南开封府,是"水陆都会之地",乃连接西北与东南地区的交通要道,故陕西商人聚集此地者甚多,明末仅开封城中陕西人便"不啻数千万"②,光绪年间陕西商人与山西、甘肃两省商人在此共建会馆。山东临清是京杭大运河的一个重要商业城市,全国各地名货皆集中于此,陕商亦多来此经商。成化年间,大荔商人睦敖携子睦祥,贩货南北,往返于临清与杭州之间③。嘉靖时,陕西甄义士"商于临清,日坐市门"④,以此起家。物产丰富、交通便利、居民集中之处,均有陕商的驻足之地。明清陕商虽足迹遍宇内,但其经营重心始终在中国西部一带,其经营的商品也有着合理的定位。为了适应西部地区购买力低下的情况,陕商多从外地贩回布匹、茶叶、盐等民众养生奉死必需之品至西部各地销售,很少有珍珠奢华类的商品。这些灵活的经营理念、准确的商业定位,是陕商在中国商界长久保持前茅地位的一个重要因素。

5. 敢于创新、善抓商机。"往时各省布商,先发银于庄而待收其布"⑤,即明代陕西布商最初携资到江南贩布时,只能采取假手牙人或牙行代购布匹的方式,这样就导致牙人或牙行把持垄断,主大欺客或者脚行私分地界,把持勒索的弊端。因此,陕商就创新经营方式创新,他们变行商为坐商,创

---

① 丁宝桢:《四川盐法志·圣谕》,《续修四库全书》第 842 册,上海古籍出版社 2002 年版,第 29 页。

② 吴竹屿纂修:《同州府志》卷三十一,清乾隆四十六年刊本。

③ 韩邦奇:《苑洛集》卷四《大明冯翊睦公墓志铭》,《原国立北平图书馆甲库善本丛书》第 44 册,国家图书馆出版社 2014 年版,第 70 页。

④ 张海鹏、张海瀛:《中国十大商帮》,黄山书社 1993 年版,第 90 页。

⑤ 李刚:《陕西商帮史》,西北大学出版社 1997 年版,第 198 页。

造出在江南当地"设庄购布"的新型经营方式,为自身的发展开辟出新的道路,从而打破了牙行脚行的垄断地位,维护了布匹市场的稳定,拉拢了布客,为今后的商业地位奠定了基础。

陕商不拘传统、敢于创新的商业文化精神还反映在销售方面。"他们春天贩运藤凉帽到江南苏州、松江等地店铺,往往不要现钱,赊给店铺。到了秋天,他们又贩运皮货来到这里,收取春天运来的藤帽的货款,又将皮货赊给当地店铺,再到次年春天贩运藤帽南来,又才收取上年秋天运来的皮货价银。"①这样的办法看起来似乎有些迂腐,却取得了当地商铺的好感和信任,陕西商人借此逐渐垄断了国内的毛皮贸易。

崛起于明初、鼎盛于清代、衰落于近代的陕西商帮,深受中国传统文化的熏陶,他们在几百年商界沉浮所留下的厚重质直、诚信为本、义中求利、灵活经营、敢于创新等商业文化精神,浸润着浓郁的伦理道德文化精髓,折射出丰厚的人生哲理意味,是中华民族优秀文化的重要组成部分,其经过历史沉淀的价值观、商业理念,对当今社会仍有较强的启迪意义,是不可多得的宝贵精神遗产。

第二节　晋商的历史发展与文化精神

"晋商,一般特指明清时期(14 世纪中叶到 20 世纪初)的山西商人。晋商兴盛于明代前期,明中叶以后迅速发展,鼎盛于清中叶,清末又迅速衰落,其纵横捭阖,雄踞明清商界达五个多世纪。"②

一、晋商的崛起与发展

山西处于黄土高原腹地,境内山关重重,人均耕地稀少,土地贫瘠,交通不便,水资源稀少,在农业文明时代处于相对落后状态,老百姓生活艰难。一直到明清两代,"土瘠民贫"的现象也没有改变,清代政府实行"摊丁入亩"政策,结果发现山西"迄今地狭土燥,民无可耕,俯仰无所资",丁多地少,土地不能按丁给予,因而推迟在山西实行。到了乾隆二十三年(1758),后来成为晋商重镇的祁县、寿阳两地各有无地穷丁 3700 人。恶劣的生态环境迫使

---

① 张建强:《明清陕商经营艺术研究》,2001 年西北大学硕士学位论文,第 28 页。

② 赵海涛、胡海桃:《近十年来晋商研究综述》,《山西社会主义学院学报》2014 年第 1 期,第 76 页。

山西人离开土地另谋生计,他们不像陕西关中地区的农民,满足于"三十亩地一头牛,老婆娃娃热炕头",而是成群结队经商贩运,从事商业活动,具有悠久的商业文化传统。

与人多地少、山穷水尽相对应的是,山西的地下资源丰富,煤炭、铁矿石、食盐等,驰名天下,至今不绝。山西人很早就从事矿业开发,每一个矿业都带动周边农民"舍本逐末",许多老百姓用肩挑、背负、驮运等方式加入到矿业资源开发的大潮中,以艰苦的体力劳动换取基本的生存保障。

"河东之盐"是山西丰富矿产资源的集中体现,也是"食盐开中"政策之后山西人首先利用的资源。山西运城一带,自古以来就有天然的盐池,这些盐池与当地人民生活密切相关,也催生了山西最早的商业活动。相传帝舜曾面对盐池而歌《南风》:"南风之薰兮,可解吾民之愠兮;南风之时兮,可阜吾民之财兮。"[1]以盐等本地物品为本,通过商业活动换取所需之物(楚材晋用就是典型例证),不仅是山西商人的最早选择,也得到政府部门的鼓励和保证。到了唐代,山西盐业雄霸天下,全国盐池近三分之一在"河东",长安、洛阳两都的食盐都来自河东,如果河东盐池遇到大雨冲击,京师的盐价立刻就会上涨。[2]宋代以后,随着手工业的发展,山西盐业得到了更加迅速的发展,盐业生产和盐业商贸进一步繁荣,并带动相关产业的发展,逐渐形成了具有近代意义的"城市"。在食盐政府专卖政策实施后,"盐引"和"盐课"急剧增长,成为山西商人的主要商业"收入",并以此换得更多的利益。到清顺治元年,河东盐引达到40余万引,盐课13万两,乾隆五十七年更是达到盐引66万引,盐课51万两。

煤炭是山西最大的资源,小煤窑几乎遍布各州县,成为山西支柱产业,阳曲、太原、榆次、临汾、阳城等五州县"有煤洞凡数百处"。乾隆五年,清政府允许直隶、山东、山西等省招商采煤,山西煤矿事业迅猛发展,山西煤炭运销市场扩大。矿区老百姓自觉地组成运输大队,将煤炭驮运到境内各乡镇销售,较大的运输商则组织驼队,将山西煤炭运送到陕西、河南、内蒙古等地。"到光绪时,农工稍有闲暇,皆以驼炭为业。五台县的炭窑发展至百十余处,但山路崎岖盘折,商贾来买者要走数十里山路。当地乡民便驴驼背负,夜半住,傍午归,一路鱼贯而行,望之如蚁。"[3]在耕地严重不足的情况下,

---

① 〔清〕陈士珂辑:《孔子家语》,中华书局1985年版,第206页。

② 〔宋〕欧阳修、宋祁:《新唐书·食货四》:"唐有盐池十八,井六百四十,皆隶度支。蒲州安邑、解县有池五,总曰'两池',岁得盐万斛,以供京师。"中华书局1975年版,第1377页。

③ 葛贤慧:《商路漫漫五百年》,山西经济出版社2009年版,第17页。

山西的煤炭资源是普通老百姓走上富裕道路的"捷径",也是山西商帮——晋商形成的物质基础之一。

山西是全国冶铁生产的发达地区之一,明代探明的铁矿产地就分布在全省 25 个县,占全国铁矿储量的 10%,雄踞北方第一。明洪武七年(1395)政府设立 13 个铁冶所,山西就有 5 所:平阳府丰国冶、平阳府富国冶、泽州益国冶、太原府大同冶、潞州润国冶,这五个"国字号"冶铁所,带动了整个山西冶铁技术的进步和冶铁产业的发展,民间小型冶铁产业及其配套产业迅速发展起来。洪武二十八年,鉴于官办冶铁所劳役制种种弊端,明朝政府开始招商采炼,民间商人可以投资国家大型采矿产业,这是明朝政府开放盐业官办之后的又一项重大举措,山西商人近水楼台,许多商人结成商业联盟,采取多种渠道融资、入股,掀起了山西民间冶铁产业的大发展,生铁产量大幅上升,到了天顺、成化年间,仅阳城一地的冶铁税收就达到五六十万斤,全省冶铁产量增长了七到八倍。冶铁产量增加,带动铁器加工业大发展,山西匠人将生铁加工成各种生产、生活用具,行销大江南北、关塞内外。清代仅陵山县一带就有专门生产铁钉的商铺 12 家,荫城一带成为国内铁器的集散地,铁货交易额达到 1000 万两白银,几乎垄断了江南造船所需的铁钉市场,而且成为河南、山西、山东、内蒙古一带铁器的主要供货商。

总体来说,山西贫瘠的土地、丰富的矿产资源和崇商的文化理念,为晋商迅速崛起准备了必然条件。贫瘠的土地让山西人"穷则思变",想方设法谋取新的生存之道,丰富的矿产资源促使山西人从事矿业开发,而崇商的文化理念则为山西商人的成长奠定了社会文化基础。这三者结合在一起,一旦遇到历史机遇,山西商业活动和商业文化就会应运而生,迅速发扬光大,并成为天下第一大商帮。这种历史机遇就是明清两代各项"开中"政策。

晋商的兴起,与两个关键词密不可分,一是盐业,一是边贸。无论是古代山西商贸活动,还是明清晋商纵横天下 500 多年,与盐为代表的自然资源和边关贸易息息相关。明政府为了鼓励民间运输边关所需物资,改纳粮取引为纳银取引,减轻了商人运输粮食的负担,使运输食盐的利润倍增,山西盐商数量剧增,弘治年间,专业运送盐池食盐的山西商人就达到 500 家左右。在"食盐开中"政策的鼓励下,山西商人和陕西商人一样,在边关九镇附近,自出财力,自招游民,自垦边地,自艺菽粟,自筑墩台,形成半军事化商屯,从事粮食生产和粮食交易,到运城一带换取盐引。后来,因为运城地区食盐产量有限,加之淮盐价格更有优势,山西商人纷纷涌入两淮地区和四川等地,经营河东盐、淮盐、芦盐、川盐等,很快形成豪商望族。明代中叶,政府采纳叶琪的建议,实行"输银换引"政策,允许盐引转卖,山西商人再也不用到河南、山东等地筹集粮草,而是直接通过输入银两换取盐引,引发大量晋商进入扬州等江淮地区,与徽商一起取代了陕西商人在扬州的中心地位。晋商也开始转变身份,分化为内商和外商两部分,内商主要负责输粮边关,成为专门转运粮食的粮商,外商主要从事盐业活动,成为专业盐商,到指定盐场经销食盐、运送食盐。与陕西商人所走路线不同,山西盐商的经商路线是河东(运城为中心)—沧州(长芦产盐区)—淮扬(以扬州为中心)—四川(以自贡为中心)—福建等主要盐场。万历四十五年(1617)明政府采纳山东清吏司郎中袁世振的建议,推行"纲册法",承认盐商为世袭的盐业经销商,一些富商大贾担任总商,代替政府督征课盐,晋商在扬州的地位进一步巩固。至此,山西商人作为中国最大的商帮正式登上历史舞台,并产生了久远的影响。

明清晋商兴起过程中经历了三次高潮,第一次高潮是输粮边关与贩盐扬州,第二次高潮是旅蒙商团的勃兴,第三次高潮是票号走天下。

第一次高潮是晋商正式形成时期。从明代初年到明代中期,有赖于明朝政府实行的"食盐开中"和"开中折色"两项政策,山西商人和陕西商人一样,依赖"近水楼台"组织商队输粮边关,主要经商活动区域是边关九镇中属于山西管辖的五镇,以边关市镇将士和边民生活需求物品为主要经营商品,积累资金。另一方面,晋商大规模南下到扬州等地,依托与官府的良好关系和雄厚的资金实力,在扬州苦心经营,至清代初期终于挤走陕西商帮,与徽商一起成为天下最大的盐商。

南倭北虏一直是明王朝的心腹大患,针对北方少数民族经常性的侵袭骚扰,明政府设置边关九镇,构筑完整防御体系,有效地防止了蒙古封建领主的侵扰,使得边关地区出现了较长时间的稳定局面。晋商充分利用明朝政府的边关政策,借助近水楼台的区位优势迅速占领边关市场,在输粮边关的同时,也不失时机地涉足边关黑市交易,用粮食、茶叶、食盐、棉布等"军需物资"换取蒙古贵族的马匹、皮货等。守边军队也进行走私活动,大同、宣化等边关之地的"私市"完全公开化,朝廷屡禁不止,仅墩哨军每月与牧民的交易额就达到3000两白银以上。到了隆庆年间,王崇古担任宣大总督,墩哨军的走私活动合法化,大同、宣化出现了以晋商为主的专业从事贩运马鬃、马尾的团伙。隆庆五年,蒙古与明政府达成协议,在宣化、大同等四处开设"马市",除了"官市"之外,也鼓励"民市",自隆庆封贡至明末60余年间,在蒙古马市成交的马匹约有300万匹左右,价值3000万两白银之多。官市结束后,才允许牧民与商人、百姓和士兵等互相贸易,是谓民市。后来又出现了月市和小市。民市的设立是马市的一个重要发展,它为山西商人的活动提供了必要的条件。① 晋商是马市上最活跃的人物,通过南北大运河转运到张家口、杀虎口等地的商品运销多由他们承担,从而将中国江南的贸易与边关贸易连接起来,形成一个商业贸易的整体,为晋商的进一步繁荣发展提供了广阔的市场空间。

晋商最早的豪商大贾就是从边关贸易和换取盐引中发展起来的。王崇古家族亦官亦商,官商结合,身兼粮商和盐商。其祖父王馨曾任河南邓州学正,父亲王瑶开始以杂货生意起家,完成资本积累之后,贩盐于江淮,兄长王崇义,伯父王文显都经营长芦盐。王崇古作为商人之后,长期镇守边关要塞,先后担任陕西按察使、河南布政使,1564 年升任右金都御史,巡抚宁夏,隆庆初年受任总督陕西、延安、宁夏、甘肃军务。隆庆四年(1570),改总督山西、宣大军务,与大同巡抚方逢时一起,推动与俺答议和互市,"广招商贩,听令贸易",不仅为众多晋商开拓了商业市场,也极大带动其家族生意。

第二次高潮是清军入关以后。清代边关范围扩大,东北、蒙古与清政府的商业往来频繁(尽管历史上有过几次停歇,但整体商业活动不断扩大),清政府颁布了一系列恢复农业生产,鼓励商人与蒙古进行商业贸易的政策,伴随着清政府在新疆、蒙古草原等一系列军事胜利,山西商人开始突破明代边关五镇范围,经过古北口、独石口、喜峰口、杀虎口、张家口等主要商业口岸,带着粮、盐、茶、布等蒙古需要的"养命之源",深入到东北地区、蒙古腹地进行商业活动和农业生产活动,发展起来一支其他商帮无可替代商业队伍——旅蒙客商。

山西旅蒙商团兴起,既有其地理交通贸易往来的优势,也有"天时"的巨大作用。这种"天时"一方面来自于清政府对内地与蒙古的贸易不断放松,一方面则来自于大清国几次西征战事的胜利。清代初期对内地与蒙古商业交流严格限制,规定商人入蒙的线路、贸易地点、商队规模、往返日期等,每个过往商人都要领取"部票",而"部票"的颁发大权则掌握在张家口的察哈尔都统、归化城将军、多伦诺尔同知衙门和西宁办事大臣手里。直到乾隆时期,清政府对旅蒙商团的政策才有所放松,山西商人可以更大规模地深入到蒙古腹地。在清政府统一新疆、蒙古的行动中,山西商人担任主要运输任务,保障军需物品供给,特别是晋中介休、祁县,晋南蒲州,晋东南泽、潞州等地的商人不辞辛苦,"轻生重利",冒着生命危险赚取了第一桶金,为以后从

---

① 参见邵继勇:《明清时代边地贸易与对外贸易中的晋商》,《南开大学学报》1999 年第 3 期,第 58—65 页。

事更大的商业活动打下了基础。太谷县人王相卿、祁县人张杰和史大学,出身穷苦人家,为生计所迫在军中担任厨夫、杂役等,经常与蒙古人打交道,学会了一些简单的蒙古语,初步掌握了一些经商的技能。康熙亲征噶尔丹时,王相卿等三人随军行进,部队驻扎时做点生意,当大军回撤时,他们便留在蒙古进行商业活动,三人模仿刘关张结为异姓兄弟,开创"吉盛堂",贸易扩大后成立"大盛魁"堂号,历经雍正、乾隆、嘉庆、道光、咸丰、同治、光绪等 240 余年,成为垄断漠南到漠北的最大商号。

山西旅蒙商团阵容庞大,在漠南形成了以张家口、归化、包头、多伦诺尔等城镇为中心的漠南城镇商团,将生意做到京、津、直隶、山东等地;在乌里雅苏台、科布多、库伦、恰克图也有大盛魁、大义德等著名商号,把生意做到俄罗斯等地。1689 年(康熙二十八年)中俄《尼布楚条约》规定:"凡两国人民持有护照者,俱得过界来往,并许其贸易互市"。1727 年(雍正五年)中俄《恰克图条约》和 1792 年(乾隆五十七年)《恰克图市约》签订后,恰克图便成为中俄贸易中心,双边交易额迅速增长。山西商人把茶叶、棉布、丝绸、烟叶及家居日用品等,运送到俄罗斯,其中尤以茶叶出口为主,其最盛时有 100 多家专营商号,并分为"榆次帮""太谷帮"和"祁县帮"等,太谷的大盛魁是经销茶叶最大的商号,太谷曹氏家族的彩霞蔚、锦泰亨等商号主要经营丝织品贸易,将中国丝绸运往库伦、恰克图、伊尔库次克、莫斯科等地。[1] 由此可见,晋商旅蒙商团的经济实力。

第三次高潮是山西票号行天下。随着晋商在全国范围内经商活动的扩大,为了进行远距离结算,加强总号与分号的关系,统一管理分布在全国各地的商号,晋商创造性地推行了"票号"。"一号汇出,百号响应",山西票号几乎垄断了全国的金融市场,促进了晋商的发展。日升昌、蔚泰厚、蔚盛长、蔚丰厚、新泰厚、天成享、蔚长厚、乾盛享、谦吉升、协同庆、百川通等 11 家票号,在全国 23 个省市设立分号,总部集中于山西平遥、祁县、太古,山西成为名副其实的"金融中心",加快了商品经济的发展,促进了贸易,推动了中国经济的繁荣发展。[2]

山西地处黄土高原,自古以来交通闭塞,关隘重重,但随着明清两代水

① 参见邵继勇:《明清时代边地贸易与对外贸易中的晋商》,《南开大学学报》1999 年第 3 期,第 58—65 页。

② 参见黄鉴晖等:《山西票号史料》,山西经济出版社 2002 年版;殷俊玲:《晋商与晋中社会》,人民出版社 2006 年版。

陆驿站干道建设和诸多山西商人的商路开发,山西的交通运输业得到空前发展,与河南、山西、河北、山东、内蒙古等邻近省份的交通线遍布山西各地,许多重要的交通"枢纽"建设完成,水陆运输纵横交错,驿站四通八达,构成以煤炭、食盐、铁器、棉布、颜料、潞州绸等为主要商品的经济区域,涵盖矿业开发、交通运输、手工加工业、酒店餐饮业为主体的完整产业链,商人、雇工、村妇等几乎全员参与,大有全民皆商的趋势。对外商业活动急剧增加,也推动了山西境内的商业活动,山西的酿醋业、酿酒业空前发达,山西老陈醋、汾酒等也跟随晋商行销全国,成为山西的标志性产品。

正所谓物极必反,鼎盛过后的晋商开始走向了衰亡之路。"清朝后期晋商逐渐走向了衰败,清朝统治却越来越腐败无能,鸦片战争以后,帝国主义对华侵略加剧,致使中国社会局势动荡,战事频繁。帝国主义与中华民族之间的矛盾,太平天国运动、捻军起义、陕甘回民起义、义和团运动足以说明封建主义与人民大众之间的矛盾日益尖锐。"①如果说帝国主义的经济侵略加剧,是晋商衰落的主要社会原因,那么晋商本身的封建性,生活日趋腐化,思想保守落后,则是晋商衰败的内在原因。"在此时期,凡人之社会观念,皆羡于富者之晏安,无论致富已成未成,皆急于享受而不求再进,将嘉道以前之朴素观念即摧无余,鸦片、金丹、白料乘机而入。财东只顾纸醉金迷,不问号事,伙计自然管理松懈。在来势凶猛的外国资本打击下,病入膏肓的晋商资本只能步步退守,由于无法盈利,以致最后被迫关门。"②随着社会外部与内部环境日趋恶劣,以及自身天生带有的封建性,晋商逐渐走向了衰败,慢慢淡出了历史的舞台。

二、票号:晋商成功的标志

票号,是山西商人的商业传奇,也是晋商对中国商业文化最杰出的贡献。票号意味着诚信经商,意味着创新经商,意味着协同经商。

山西票号创始于雷履泰。雷履泰本是平遥西裕成颜料铺的小伙计,后被西裕成财东李大全、李大元两兄弟相中,委托为总经理,全权负责西裕成的经营实务。西裕成从一个乡村颜料作坊打入了北京市场,在北京崇文门外开设了分号,市场日益壮大。作为经营颜料的商号,西裕成需要从重庆采购红铜作原料,转往汉口,运送到平遥制作,产品既供应市场,也运往北京。

①　管小丽:《晋商伦理及其现代价值初探》,2008 年南京师范大学硕士学位论文。
②　陈杨、管守新:《晋商兴衰原因探究》,《沧桑》2006 年第 6 期,第 22 页。

这样一来,在重庆与汉口,汉口与平遥、平遥与北京之间,如何更为快捷地进行结算,就成为一个重要问题。为解决自家商号实际问题,雷履泰在各商号"会票"的基础上,创立了能够在总号与分号之间,商号与商号之间,区域与区域之间进行存储、汇兑、放款、积资、互通的新兴事物——票号。

实际上,在票号产生之前,山陕商号大多已经使用了"会票"。晋商从明代初年开始兴起,经过数百年发展,到了乾隆、嘉庆、道光年间,已经蔚为大观,商业经营规模和范围远非明代可比,长距离调运的现银日益增多,依赖镖局押运或将白银制作成巨大的"没奈何",远远不能满足快速多变、体量大增的市场需求。于是,各家商号纷纷进行管理制度和管理技术创新,逐渐形成了一种内部通行的"会票"制,相当于一种号内银行的"银联卡":即在总号与分号之间内部使用会票,各地有账局专门经理存储与放款业务,但不负责远距离银两汇兑。"会票"切实解决了同一商号内部总号与分号之间财务往来和物资转运过程中的难题,但是不能进行远距离汇兑,又在一定程度上影响了资金周转的速度。

雷履泰首先采用"会票"的办法,将当地存放款业务与远距离汇兑结合起来,用会票调拨支付方法,打通本家票号原料商、加工商和销售商之间的财务隔阂,加快了本家票号的资金周转,降低了运送成本,保障了远距离调拨银两的安全性。其他商号看到远距离调拨汇兑的好处,纷纷要求西裕成代办拨付业务。雷履泰凭借着西裕成良好的信誉和资本实力,建立起完整的会票业务部门,不仅能够胜任本家商号的拨付汇兑业务,而且可以从容不迫地代办其他商号的拨付业务,赢得了良好的市场信誉,从而收取一定比例的代办业务费。在代办其他商号业务的过程中,雷履泰意识到,如果建立一个专营拨付汇兑的商号,同时经营当地商人的存款、放款业务,商业利润将十分可观。他说服财东李氏兄弟投资白银 30 万两,将专营颜料生意的西裕成改造成为经营会票的商号——日升昌票号,总号设在平遥县城,在北京、重庆、汉口开设分号。日升昌取得了巨大成功,几乎见证了中国古代商业向近代金融转型的全过程,直到 1914 年才倒闭关门。雷履泰创立的日升昌票号,结束了商界镖银押运的历史,翻开了中国金融业的崭新一页,创造了中国商业的奇迹。在明清晋商的豪宅大院布局中,乔家大院、王家大院、孔府宅院、常家庄园等均为大财东所建,只有雷履泰所建的晋元楼是唯一职业经理人的宅院,晋元楼的规模尽管不能与诸位大财东的豪门大宅相比,依然占地 3888 平方米,其典雅的雕梁画栋,"三层两院过道厅"的建筑格局,毫不逊色了其他晋商豪宅。晋元楼凝聚着雷履泰"创金融之始,凝晋商之魂"的精神,昭示着雷履泰无可超越的成功。

日升昌票号的巨大成功,刺激了其他商号,晋商经营的票号如雨后春笋般纷纷登场,中国商人发展到金融资本的时代。继日升昌之后,介休侯氏的蔚字五联号——蔚泰厚、天成享、蔚盛长、新泰厚、蔚丰厚登上历史舞台。侯氏经商的第一代侯万瞻是一个从陕西迁到北贾村的农民,他不满足于耕种生活现状,把自己丰收的粮食拿到市场上卖,得到经商第一笔资本,便带着两个儿子到太谷、介休、祁县一带做生意,渐渐积累了足够的资本。侯万瞻为后代留下的经商经验:行情暴涨,大批倾销;行情小涨,流水慢销;行情看跌,压货不销;等待时机,掌握行情;灵活行事,左右市场。孙子侯兴域牢记爷爷的经验,特别注重市场行情变化,全面进行市场信息收集,因势而变,改变侯氏长途贩运的行商策略,进入"坐商"行列,主营杂货、绸缎庄、茶庄、钱铺等,在晋中一带开设了几十家商号,包括平遥的协泰蔚、厚长来、新泰永、新泰义、蔚盛长,介休的义顺恒、中义永,运城的义来信等,资本达到 800 万两白银,人称"侯百万",成为一代晋商代表。侯氏第四代掌门人侯庆来主政家业之后,将平遥老字号统一改为"蔚"字号,借以缅怀父辈创业之艰难,教育后代子孙。道光年间,侯庆来邀请日升昌副总经理毛鸿翙主持产业转型,将平遥五大老字号改为票号,在平遥票号帮中称为"侯氏五联号"或"蔚字五联号",其中蔚泰厚财力最盛。在侯庆来的运筹帷幄之下,"蔚"字号饮誉大江南北,分号遍布全国各地,北有北京、天津、哈尔滨、奉天,南有上海、苏州、杭州、广州、桂林,西到西安、兰州、迪化,有问鼎商海的实力。①

平遥票号继日升昌、侯氏五联号之后,相继进行产业转型而开办的票号有日新中、协和信等。祁县、太谷商人也不甘落后,祁县相继有合盛元、大德兴等票号,太谷有志成信等,形成了山西票号的平遥帮、祁县帮和太谷帮,他们是中国最早最具实力的票号,分号遍布全国各地,对晋商经营盐业、茶叶、丝绸业、百货业、皮货业、烟草业等,起到了金融支撑作用,晋中也成为当时中国的金融集中地"陆家嘴"。祁县大盛川票号前身是大盛魁的钱铺裕盛魁,本为蒙古、东北一带最具实力的山西商号,产业转型后首先在祁县设立总票号,很快在张家口、归绥等大盛魁经商优势地域设置分号,后在北京、天津、上海、汉口、沈阳、齐齐哈尔、安东、营口、锦州、多伦、归化、包头等地设立庄口,专门进行汇兑业务,形成了以蒙古、东北为基地,遍及全国主要商业区域的票号布局。汉口是南北货物转运的枢纽,山西、陕西商人在汉口开设的

---

① 参见郑孝时:《明清晋商老宅院》,山西经济出版社 2006 年版,第 226—238 页。

商号多达 1000 家,几乎经营着所有能够成为商品的物资,巨大的商业规模导致对汇兑业务的需求量同样巨大,汉口汇集了 70 余家票号,成为支撑中国经济社会发展的中坚力量。

整体来说,清代山西票号具有以下三个特点。

其一,山西商人"足不出户",掌控天下。清代山西票号开创了中国古代金融业先河,领导风气之先,但山西商人喜欢扎堆,更加重视与本省商人之间的竞争,"荣归故里"的思想观念形成内部攀比的现象。在票号业发展过程中,凡山西商人所开设的票号,总部都建在自己家乡,平遥、祁县、介休等县城成为票号扎堆之地,晋商通过总号指挥各地的分号,没有将总号建立在中国商业市场最为发达、交通最为便利的地方,希望"足不出户"而掌控天下。据统计,清代晋商在全国开设了 618 个分号(见清代山西票号地域分布表),但总号却集中于晋中,平遥、祁县、介休成为富商扎堆地方,山西商人利用票号所赚取的巨额利润,开始了"显贵"竞争,富商大贾纷纷在家乡修建豪门大宅,乔家大院、王家大院、孔府宅院、三多堂、渠家大院、晋元楼、常家庄园等竞相问世,一方面向世人展示自身的实力,一方面与其他晋商巨头攀比。这种"足不出户"的经营理念,也在一定程度上影响了晋商的近代化进程。

其二,山西票号造就商业帝国,帝国"总署"就是平遥、祁县、介休(参见清代山西票号地域分布表)。票号是山西商人对中国商业发展最重要的贡献,也为山西商人带来了丰厚的商业利润。成立票号之后,晋商的经济实力不再是逐渐积累,而是成几何式增长。乔致庸于光绪十年创立大德通、大德恒两家票号之后,资本由原来的 6 万两白银猛增到 35 万两,继而在西至兰州、西安,东到南京、上海、苏州、杭州,南达广州,北进张家口、包头等广大区域建立分号,盈利更丰,成为全国票号业佼佼者,有"在中堂财通天下,声威南北"之誉。王家大院主人王实以卖豆腐起家,传至三代开始经营"分支铺号",经营豆腐坊、醋坊、油铺、粮店、杂货铺、典当铺、钱铺等,后来在介休创立票号,吸纳全国各地商号的存款,进行放款业务,资本呈几何数字增长,成为晋商代表之一。

第三,山西票号专用本地人。从创立票号之初,雷履泰就明白,票号是一种金融产业,直接与真金白银打交道,远非一般商业行为可比。所以,晋商在票号用人方面,基本都用知根知底的本地人,很少用外地人,有些票号,从财东、总经理到一般员工,集中在一个县,甚至一个村。平遥主要票号 11 家,日升昌财东李箴视、总经理雷履泰、副总经理毛鸿翙、经理梁怀文等全部是平遥人,连一个外县人也没有。侯氏五联号的蔚泰厚、蔚盛长、蔚丰厚三家票号,财东均为介休侯荫昌(蔚盛长王培兰为二财东,新泰丰赵一第为二财东,天成亨马铸为二财东),经理层面管理人员共 20 人中,平遥籍人士 16人,占到 80%。祁县亿中恒商号经理人员总共 13 人,全部为祁县人。由于经理层是本地人,店员一般由经理层人员带来或介绍而来,"亲托亲,熟带熟",一个商号,甚至一个经商区域几乎全部为某县某乡人所垄断。太谷协成乾票号工作人员 106 人,太谷县 62 人,祁县 9 人,文水县 4 人,交城县 1人,阳曲县 1 人,太原 6 人,清源 3 人,徐沟县 5 人,定襄县 1 人,榆次县 9 人,寿阳县 1 人,汾阳 2 人,平遥 1 人①,只有 1 人不是晋中籍贯,其余职工皆为晋中人,太谷县人占到 58% 以上,其他地方人也多是太谷县人带领、介绍而来的。汾阳"西南乡人多在张家口、内外蒙古、恰克图等处贸易,东北乡人多在直隶、京、津等处贸易",造成山西人遍布全国局面,但也存在着对外来智力资源、劳动力资源利用不够的问题,暴露出晋商管理层不相信外地人的思维倾向。这一点,也对晋商的近代化进程有致命影响。

表 2　清代山西票号地域分布表②

区域	省份	县市	总数(家)
境内	山西	平遥、祁县、太谷、太原、曲沃、介休、忻州、绛州、解州、大同、运城、张兰、汾阳、文水、交城、寿阳、艾宗、安邑、归绥、包头、丰镇、凉城	143
京津等	京师	北京、上海、天津、汉口	130
东北地区	黑龙江	哈尔滨、齐齐哈尔、昂昂溪、黑河	5
	吉林	吉林、长春、四平	4
	盛京	奉天、营口、锦州、安东、东沟	29
直隶	直隶	张家口、泊头、保定、通州、获鹿、多伦、承德、赤峰	26

---

①　殷俊玲:《晋商与晋中社会》,人民出版社 2006 年版,第 24 页。

②　此表为殷俊玲《晋商与晋中社会》根据穆文英《晋商史料研究》制作。需要说明的是,本表将汉口、上海等划入京师,自有其理,这里不做调整。这里进行调整的有:1.原表西藏列在最后一栏,本表将西藏调整进入西北地区;2.原表山东在第六栏,本表将山东调整为第十三栏,归入华东地区;3.原表将湖北列在第十六栏,本表将湖北列入第七栏,与河南构成中原区域。调整目的是更加清楚地显示晋商票号在全国的分布。

续　表

区域	省份	县市	总数(家)
中原	湖北	沙市、武昌、宜宾、老河口	20
	河南	开封、周家口、清化、道口、孟县、郑州、禹州、怀庆、杜旗、漯河	36
西北地区	陕西	西安、三原、汉中	37
	甘肃	兰州、凉州、甘州、肃州、宁夏	12
	新疆	迪化	3
	西藏	拉萨	1
华东地区	山东	济南、周村、烟台、青岛、济宁	19
	江苏	苏州、扬州、镇江、南京、青江浦、兴化、徐州、淮安	37
	浙江	杭州、宁波	8
	江西	南昌、河口、九江	11
	安徽	芜湖、安庆、蚌埠、屯溪、正阳关、亳州	9
西南地区	四川	重庆、成都、自流井、万县、雅州、打箭楼、泸州、里塘、巴塘	43
	贵州	贵阳	1
	云南	昆明、蒙自	3
华南地区	广西	桂林、梧州、南宁	10
	广东	广州、汕头、潮州、琼州、香港、九龙	20
	福建	福州、厦门	10

三、纠结于官商关系的商业大帮

明清晋商崛起,与明清秦商崛起的时间、路径基本相同,均得益于明朝政府的边关政策,在"食盐开中""开中折色"的刺激下,原有的小商小贩开始扩大经营,但大部分是耕种土地的农民大规模走上经商道路,所以,晋商最初的基本人员来源是农民,带着农民的价值观念和人生理想,进行长途贩运,坐地开店。从秦商和晋商的发展过程看,两地商帮特点身份类似,这也是秦商与晋商长期合作的基础,分布在全国各地的"山陕会馆"很能说明问题。大概到了明代中期,由于"开中折色"政策的实施,陕西商帮失去了"资源"优势,晋商和徽商更加适应这一政策,逐渐取得扬州的主导地位。与徽商不同,晋商从明初实行"食盐开中"始,就利用边关优势,进入蒙古、东北腹地开展商业活动,形成颇有规模的旅蒙商团,为了更加稳定地做生意,旅蒙商团和后金、清政权搞好关系，于是晋商与清政府建立了天然联系，成为最大的"官商"集团，奠定了其他商帮无法比拟的政治优势，出现了晋商与官府、官员结合的第一次高潮。清军入关以后，晋商倚仗与清政府的"天然"联系，进一步扩大市场，将"官商"经营范围带到江南、华南等地，甚至代表清政府与日本等国进行国际贸易，领袖群伦，形成晋商与官府、官员合作的第二次高潮。山西商人尽管有"重商不重官""学而优则商"的传统，也确实有一部分商人是弃官从商、弃学从商，但大部分商人还是希望后代能够为官一方，光宗耀祖，特别是清代鼓励山西商人，量身打造了异地高考制度——允许山西盐商子弟以"商籍"身份参加科举考试，晋商子弟"科第历二百余年"，从清初到嘉庆六年，盐商居然造就出 139 名进士、208 个举人，出现了太原阎氏一门多科举入仕的典型案例，晋商与官府、官员的关系更为复杂。从明至清，山西商帮一直享有特殊的政治待遇，远非其他商帮可比。

在中国十大商帮中，晋商的官商关系最为复杂，晋商 500 年辉煌历史，也可以说是官与商纠结的历史，这种复杂关系，不仅对晋商个体产生了深刻影响，而且，对明清晋商的兴起、发展、高潮、衰落产生了整体性影响，甚至具有决定性影响。如果说，明清山西商帮起于"官"，兴于官，盛于官，衰于官，可能对个别商人而言不够准确，但对晋商整体而言，是有道理的。

根据《清实录》记载，天命三年，努尔哈赤委托 16 家抚顺商家，将《七大恨》呈送明朝政府。这 16 家商人中，有 8 家是山西、河东商人：王登库、靳良玉、范永斗、王大宇、梁嘉宾、田生兰、翟堂、黄云发等，后来这 8 家商人随行皇太极、顺治帝征战，屡立军功。顺治初年，清政府将这 8 家商人招为皇商，正式入籍于内务府，主持张家口商务，从此，他们亦官亦商，资金雄厚，势力庞大，显赫一时。范家的经历最能代表山西"皇商"的典型特征，在康熙、雍正历次征讨噶尔丹等边疆战事中，范氏负责转运粮草，圆满地完成了任务，甚至自家出资百余万两，补贴军需，受到清政府的高规格表彰。范永斗被追谥为骠骑将军、资政大夫，其儿子范三拔被追谥为奉直大夫、儒林郎，孙子辈的范毓馪被赐为太仆寺卿，章服同二品，清字辈中有十九人担任朝廷和地方大员，三人中进士，三人中举人，在历代官商关系中罕有。有了皇商的身份，家族成员官员甚众，依附者、结交者盘根错节，范氏家族不满足于张家口商务，一举扩张到包括铜、盐在内的商业领域。借着朝廷的"委托"，享受着一般商人无法得到的优惠政策，范氏家族的贸易常常带有垄断性，他们可以运销长芦盐引、河东盐引到直隶、河南等地，直接批发盐引，兼具政府盐政管理部门职能，成为最大的盐商。同时，范氏家族以大洋铜商的身份，往来于清朝与日本之间，并凭借内务府和工部的许可证，经营张家口外穆斯峡、胡苏台等地的木材，成为木材大商。乾隆二十一年（1757），范氏家族代表大清国，到宁波与英国商人签订进口玻璃契约，代表清政府在新疆与哈萨克议定互市贸易事项。范氏家族得天独厚，与清政府深厚的政商渊源，家族子弟高官众多，创造了清代的政商传奇。

晋商还选择代言人进入官场核心层，代表商人利益说话，为晋商争取利益最大化，王崇古和张四维就是典型代表。王崇古的先祖明初从山西汾阳迁到蒲州，蒲州是素有"居天下之中"之称的交通要道，自古以来就是商人治产积居的宝地。王崇古的祖父是河南邓州学正，父亲王瑶开始经商，由做杂货生意发展到长途贩运，积累一定资本后，贩盐于江淮之间。王崇古的哥哥、伯父均为长芦盐商。其大姐嫁给了扬越盐商沈廷珍，所生长子沈红亦继承父业，走盐商道路。二姐嫁给富商张允龄，生子张四维。张四维的叔父张遐龄属于贩走四方的商人，三弟张四教经营长芦之盐，且获得巨大成功。张四维的配偶王氏，以及其二弟张四端、五弟张四象、六弟张四隅、七弟张四术的配偶，都是蒲州有名望的富商之女。

嘉庆二十九年，蒙古俺答借口互市限制太多，率兵袭扰北京城，明朝政府下令禁止马市、民市，这就是历史上的庚戌之变，这一禁就是二十多年，山西边关商人损失巨大，苦不堪言。直到隆庆四年（1570）边关贸易重启，而推动重启的正是晋商代言人王崇古、方逢时、张四维。当时王崇古担任宣大总督，方逢时担任大同巡抚，他们充分利用把汉那吉归降一事，向朝廷提出"封贡八议"，得到张居正和高拱的支持，最后与蒙古达成和议，重启边关互市。张四维于嘉庆三十二年中进士，隆庆议和中，他以吏部侍郎身份，沟通边关大将王崇古和内阁首辅高拱、次辅张居正，促使和议实现。经过隆庆议和的沟通与交往，逐渐在明代朝廷核心层，形成了以张居正为后盾，以王崇古和张四维为核心，以晋商和山西籍官员组成的"政商联合体"，几乎笼罩了明朝政府一半重要部门。

张居正的两大重要助手王崇古、张四维，都是晋商出身。万历三年，王崇古就任兵部尚书，张四维经张居正推荐以吏部尚书兼东阁大学士入赞参机务，成为内阁大臣。万历十年，张居正病逝，张四维接任内阁首辅。实际上，在张居正的身边，山西商人出身的代表远不止王崇古与张四维，山西蒲州人杨博，与王崇古、张四维都有姻亲关系，由兵部尚书接任张四维的吏部尚书，而其兵部尚书之位由谭仑接任，谭仑死后，兵部尚书由王崇古接任。杨博任吏部尚书一年后病故，继任者是出身于蒲州另一王氏家族的王国光。

王崇古入京后,方逢时接任宣大总督,而王崇古在兵部尚书任上受到弹劾,方逢时又接任兵部尚书。在张居正主持内阁六部之中,兵部、吏部、刑部的主要官员,都是山西官僚集团的人选,他们均出生于商人家庭,或与商人有姻亲关系①。有这样的政治代言人集团,山西商人底气就足,富商大贾从事大宗商业活动时,政商联合体发挥明显作用,晋商成为天下第一商帮,与政商联合体密不可分。

许多晋商豪富"为了取得政治上的地位,他们的众多子孙经教养后,多走仕途,官商结合,权势强大,财力雄厚,既闻达于朝廷,又显赫于乡野"②。卖豆腐的王实根本不会想到,王氏家族能够成为人丁兴旺、家业巨富、官吏众多,集地主、富商、官僚于一体的豪门大族。王氏族人,高官贵爵和跻身儒林、名登士籍者,竟达50余人,贡生、监生、生员125人。其中居高位者就有12人,十七世王如玉曾任贵西道台,十八世王肯为任湖南宝庆知府,王肯任曾任户部广西司郎中;王氏后人另有任广西柳州知府、刑部陕西司郎中、山东司郎中、浙江司郎中、陕西按察使、贵州按察使等。迅速积累的财富,让许多晋商大族有机会"改换门庭",利用一切机会结交权贵,捐输官职,谋取封号,跻身仕宦之列,光宗耀祖。常家庄园的主人榆次常家,从乾隆年间常千获赠修职郎开始,常氏族人为官者代代增多,到晚清时常家男子有功名者132人,受封的妇女上百人,其中诰命夫人多达17位。从下表不难看出,常氏家族职官人数增长快,官职级别也越来越高。③

世代	官职品级	人数
八世	常千,修职郎,正八品;常库,儒林郎,从五品。	2
九世	常万青,修职郎,正八品;常万杰,议叙州同,从六品;常万达,武功将军,从二品。	3

---

① 参见葛贤慧:《商路漫漫五百年》,山西经济出版社 2009 年版,第 39—44 页。
② 郑孝时:《明清晋商老宅院》,山西经济出版社 2006 年版,第 30 页。
③ 本表根据殷俊玲《晋商与晋中社会》,人民出版社 2006 年版,第 33—38 页资料整理制作。

续　表

世代	官职品级	人数
十世	常怀远等正八品 2 人；常怀敬正六品 1 人；常怀佩等从四品 2 人；武翼都尉从三品 1 人；武功将军从二品 1 人。	7
十一世	常炳清正五品 1 人；常炳绥等从四品 5 人；常炳式正四品 1 人；常炳祥正四品 1 人；常炳郡等从三品 4 人；常炳儒从二品 1 人。	13
十二世	常恪从八品 1 人；常惺正七品 1 人；常缙正六品 1 人；常悌从五品 1 人；常恰等正五品 2 人；常怡等从四品 4 人；常洵等正四品 2 人；常惇等从三品 5 人；常寿从二品 1 人。	18
十三世	常守仁等从九品 2 人；常立缄从八品 1 人；常立模等正八品 2 人；常立方等从七品 4 人；常立教正七品 1 人；常立道等从六品 2 人；常立中等正六品 2 人；常立宪等从五品 2 人；常立法等正五品 5 人；常立经等从四品 5 人；常立义等正四品 3 人；常立城等从三品 7 人；常立敬武功将军赏顶戴花翎从二品 1 人。	37
十四世	常澍春正八品 1 人；常宝春等从七品 2 人；常润春等正七品 3 人；常景春等从六品 5 人；常浩春正六品 1 人；常承祖等从五品 3 人；常耀春等正五品 9 人；常念祖等从四品 4 人；常庆春等正四品 2 人；常光祖从三品 1 人。	31

我们看到，从清代中期到晚期，仅常氏一族就出现了这么多官员，而且五品以上官员达到 76 人之多，晋商为官情况可见一斑。在晋商中，像常氏家族这样的豪商大贾不在少数，渠家大院仕宦通达，也是官员"生产"大户。阎若琚家族从祖父阎世科明代中进士，到阎若琚居于京师，后代通过科举为官者众，不过因为侨居淮扬，没有占用山西名额，但也是商人子弟入官。

晋商与清政府、官员的紧密关系，是一把双刃剑：一方面，晋商借助官府、官员的强力支持，在商场竞争中占得先机，诞生了许多豪商巨贾，领一代风潮；另一方面，朝廷在"恩宠"晋商的同时，也不断地从晋商那里换取乃至榨取银两，特别是到了清王朝走"下坡"路之时，外强入侵，民众起义，国库亏空，对晋商的要求也就越来越高，越来越急，甚至导致晋商王朝遽然崩塌。

范氏家族以"皇商"之利经营各种商业活动，借助政治特权和资本积累很快达到顶峰。但是，"皇商"不仅要听命于皇家，还要与各级主要"领导"搞好关系，每年按照"旧例""成命"上缴之外，各种捐赠、贿赂、孝敬、奉纳、交际等也是开销巨大，这导致商业经营成本过高，一旦遇到自然灾害或市场变动（如铜船沉海等），则很难应付，亏空越来越大，长期拖欠朝廷皇帑，甚至依赖朝廷借贷过日子，渐渐就失去了皇家信任。乾隆四十六年（1781），山西巡抚奉旨清理范氏家族省内外资产，乾隆四十八年又第二次清查，曾经显赫百年、赖皇家而起的范氏家族,最终也倒在皇家清查之下。与其他商帮相比,晋商似乎更加热衷于"朝廷"恩宠,"皇商"如此,没有入籍的晋商也不例外,即使聪明绝顶的乔致庸也不能免俗。1900 年庚子之变,慈禧太后与光绪皇帝携带大队人马避祸西安,路经山西时,大德恒票号太原分号掌柜贾继英"允借"给朝廷 20 万两白银,大德通总经理高钰承担两宫行宫和御膳房全部开销。慈禧太后自然大喜过望,御赐九龙吊灯一副,赏赐"福种琅环"匾额,乔家大院风光无限,至今御赐的宫灯和匾额,依然高挂在乔家大院之内。

"晋商在其长达五个多世纪的发展中,一直与明清政府关系密切,将自己的命运之索系在明清政府行进的车轮上,这虽然对晋商的产生与兴盛有很大促进作用,但当封建王朝走向最终衰落时,晋商由于失去政治依托而必然衰亡下去。"[1]虽然晋商衰败有着更为复杂的历史原因和地缘因素,不能将晋商所构筑的"政商"关系看得太重,但在中国社会经济文化全面转型的历史关头,晋商抱着原有的商业文化和经营理念,试图依靠"政商联姻"的"恩宠"优势,显然不能适应时代发展的需要,因此其被成功实现现代化转型的宁波帮所替代,具有历史必然性。

四、晋商的商业文化精神

晋商称雄商界数百年,成为了中国商界无法忘却的辉煌历史,从客观上分析,晋商的成功有独特的地理环境和物质因素。比如,土地贫瘠,不得不远走他乡,谋取什一之利;地处边塞,是游牧民族与平原汉民族物资交流的要津;地下资源丰富;明代政府实行"开中法"政策等等。然而,晋商的主观因素对山西商帮的成就起着决定性作用。晋商文化以山西自然、社会生态为土壤,是以商业为纽带形成的一种文化形态。山西商人诚信义利的价值观、重商立业、勤俭奋斗、严管创新以及同舟共济的精神,是其商业文化精神的主要构成部分,也是中华民族宝贵的精神财富,具有价值导向和借鉴意义。

1. 传承着中国文化秩序的文明延伸,弘扬着中华民族文化内在的"诚信义利"的观念。山西商人深受孔孟之道影响,崇尚诚信,他们诚意敬业、以诚待人,能恪守行规,公平交易,奉行诚信经营的精神。在"义"和"利"的问题上,他们主张"君子爱财,取之有道","诚信为本,义中求利",他们视信誉为

---

① 孙智勇:《晋商衰落原因探析》,《陕西经济管理干部学院学报》2008 年第 6 期,第 35 页。

命根,坚持信誉第一,这是晋商商业文化精神的灵魂。

　　他们强调做买卖必须脚踏实地,不投机取巧,赚钱不骄傲,赔本不气馁,宁赔本也不做玷污商号招牌的事。他们在采购、运输、销售时都十分注重商品的质量,绝不用伪劣产品欺骗于人。晋商所到之处,以关公为偶像,尊为财神,到处建关帝庙,关公成为晋商心目中诚信忠义的化身。各商号在号规中均规定了"重信义,除虚伪","贵忠诚,鄙利己,奉博爱,薄嫉恨",反对以卑劣手段骗取钱财。要求商人恪守"诚信仁义,利从义出、先予后取"的正道。先义后利、以义制利、舍利取义的儒家伦理思想内核,成了晋商商业文化精神的精髓所在。

　　2. 重商立业的商业文化精神。在"学而优则仕"思想深入骨髓、商人社会地位极低的时代,晋商却旗帜鲜明地提出"学而优则贾"。山西自古名人学者、文臣武将辈出不穷,是学术和文化的繁荣之地,到了明清时代,由于统治者的腐败,诸多贤臣们仕途艰险,不得善终,因而,许多读书人开始走上习贾从商的道路。明朝中叶以来,随着商品经济的逐渐发展,某些手工业部门中逐渐产生了资本主义萌芽,抑商意识稍有减弱。"晋中一带,子弟俊秀者从商入贾在山西蔚然成风。……自北宋以来,山西重商的人数不断增多,逐步出现了'以商致财,用财守本'的立业思想。"①即将经商获取的金钱,买地置房,再以土地出租或放高利贷来收取租金,实现价值循环和增值过程的"立业"精神。

　　山西商人不仅拥有重商的气魄,更具有敬业的大腕。敬业是中华民族的传统美德。晋人摒弃旧俗,褒商扬贾,以经商为荣。为了事业的稳定发展,山西商帮的众多商号规定店内职工从掌柜起,均为三年回家探亲一次(分号路远者,如东三省、蒙古、新疆等地为五年一次),这样算来,如果一个雇员在商号工作三十年,那么雇员能回家的次数也只有十次左右,似乎不是那么尽达人意,但大家都有一种敬业的大局精神,都能恪守号规,不得不为世人所称叹。

　　3. 勤俭奋斗的商业文化精神。《阅微草堂笔记》之中亦有这样的记载:"山西人多商于外,十余岁辄从人学贸易,候蓄积有望,始归纳妇。纳妇后,仍出营利,率二、三年一归省,其常例也。或命途赛剥,或事故萦牵,一二十

---

　　①　宋瑛璐:《从"晋商精神"谈东方管理哲学的本质与创新》,2008 年吉林大学优秀硕士学位论文,第 6 页。

载不得归。其或金尽裘敝,耻还乡里,萍飘蓬转,不通音问者,亦往往有之。"①这些都足以证明,无论是创业之前还是成功之后,勤俭在晋商们中间是普遍存在的现象,这种精神为其在中国商界的崛起,在资本原始积累的过程中发挥了无可替代作用。

晋商有艰苦奋斗的传统。山西地处黄土高原,自然条件较为恶劣,在这种环境下成长起来的山西商人,多能不畏艰险,万里行贾,艰苦奋斗。"晋商往来于'茶马之路',贩茶于福建、湖南,销售于大漠之北,'饥渴劳病,寇贼虫狼,日与为伴',年复一年奔波于商途。特别是在俄罗斯、日本以及中国的新疆、蒙古地区经商的山西商人,更是要克服语言不同、习俗不同的困难,没有艰苦奋斗的创业精神是难以想象的。"②因此,晋商秉承着数千年来东方传统文化,结合山西人勤俭奋斗的特质,形成了一套良好的经商理念,并使之成为商场上出奇制胜、傲视群雄的法宝。

4. 严管创新的商业文化精神。晋商严于管理,勇于创新,善于应变图存、自我调整。他们在经营实践中逐渐拥有健全的组织、严谨的号规,总结出行之有效的管理方法。晋商有谚称:"家有家法,铺有铺规。"各商号或票号都订立严谨的号规,其内容包括各分号与总号之间的关系、业务经营原则、对工作人员的要求等。各商号或票号对可能发生的陋习劣迹,均有成文的规定,如宿娼纳妾、酗酒赌博、吸食鸦片、接眷外出、擅自开店、投机取巧,蓄私放贷、买空卖空、款借亲友、挪用号款等等,均在严禁之列。无论经理、伙计、学徒,均须遵守,倘有违者,当依规议处,直至开除。晋商还进行了新激励体制的创新,比如,经理负责制、人身顶股制、选贤任能、唯贤是举的用人制度等等。

晋商在金融管理领域也有所开拓。晋商拥有雄厚的金融资本和敏锐的商业头脑,开创了印子钱、账局、票号三个中国金融史上全新的行业,几乎垄断了从平民日常借贷、官员上任费用、工商业资本借贷、远程汇兑等金融领域的大小业务。晋商还自行编纂用汉语注音的蒙古语言手册,要求赴蒙贸易者熟练掌握。他们还学习和掌握一些医疗针灸技术,在行商活动中对蒙民的一般病症予以医治,以获取蒙民好感,从而顺利达到贸易目的。这种精神也是晋商在中国商界雄起的重要因素。

5. 同舟共济的商业文化精神。"山西商人在经营活动中非常重视发挥

① 〔清〕纪昀:《阅微草堂笔记》,巴蜀书社1995年版,第503页。

② 管小丽:《晋商伦理及其现代价值初探》,2008年南京师范大学硕士学位论文。

群体力量。他们用宗法社会的乡里之谊将彼此团结在一起，用会馆的维系和精神上崇奉关圣的方式，增强相互间的了解，通过讲义气、讲相与、讲帮靠，协调商号间的关系，消除人际间的不和，形成大大小小的商帮群体。"①"晋商为维护既得利益、维护某些行业的垄断地位，经常彼此连接起来，互扶互助。如中俄恰可图贸易，长期以来一直为晋商垄断，商号最多时达到120多家。晋商于外地经营，重视乡情，尤其热衷组织同乡会和会馆。晋商会馆遍布全国，连云南、贵州等偏远省份也不例外。晋商还通过组织商会，维护本会利益，一致对外。"②山西商人笃信"和气生财"，重视与社会各方的和谐，尤其在同业往来中既主张彼此竞争，又保持相互支持和关照。在晋商中，凡是"相与"，必须善始善终，同舟共济。他们不乱交友，需经过了解，认为可以共事，才与之银钱来往，否则婉言谢绝。

在经营过程中，晋商们互帮互爱、精诚团结，重交友、讲情份、笃仁义，一家有难、众商相帮，在竞争中支持，在支持中竞争，用乡土情谊作为纽带把散布在五湖四海的晋商连成一个整体。榆次天亨玉商号在资金短缺、经营困难时，著名的大盛魁商号不但未拆其台，反而借给他三四万两银子，帮助其渡过难关。大盛魁商号的这一做法，使其名声大振，在商界威望更高。后来大盛魁商号发生危机时，天亨玉商号不忘旧事，大力支持大盛魁，帮它渡过难关。

就这样，在明清几百年的商海搏杀中，山西商人凭借其诚信义利的价值观、重商立业、勤俭奋斗、严管创新以及同舟共济的精神等，在中国商界凝聚成了一种坚不可摧的力量，使他们能够积财如山而克勤克俭，大难临头而化险为夷，历尽艰辛而百折不挠，表现出非凡的商家魄力，为后人留下了宝贵的财富。

第三节 中国商帮的近代转型——宁波帮

"宁波帮就狭义上说，历史上大部分时期的宁波帮主要指清代乾隆以来宁波府旧属鄞县、奉化、慈溪、象山、定海、镇海及相关的南田等县在各地活

---

① 张正明：《晋商兴衰史》，山西经济出版社2001年版，第132页。
② 管小丽：《晋商伦理及其现代价值初探》，2008年南京师范大学硕士学位论文。

动的工商业者,以血缘、地缘关系为基础,结成的地域性商人群体。"①"广义的宁波帮则除了工商业者之外,还包括在全国及世界各地活动的宁波籍各界人士。"②

一、宁波帮的兴起

明代中期以后相继出现的地域性商帮,多受明清时期的闭关锁国政策的压制与束缚,发展缓慢。清康熙帝之后的解除海禁政策,尤其鸦片战争以后,宁波帮迅速崛起,民国时期,宁波商帮中有很多新一代商业资本家脱颖而出,把金融业与商业紧密结合起来,从而使宁波商帮以新兴的近代商人群体的姿态跻身于全国著名商帮之列。他们所经营的银楼业、药材业、成衣业、海味业以及保险业等名闻遐迩,宁波帮逐渐成为中国商帮中一颗耀眼的星星。

宁波地处东部沿海地带,东海之滨,负山面海,居全国大陆海岸线中段,海道辐辏,拥有良好的天然港。宁波海商在宁波帮作为一个商帮产生之前,就早已存在了,北宋时期,商船自杭、苏、湖、常等州期月而至,福建、漳泉、明、越、温、台等州每年2~3次,说明早期的宁波商人就开始拥宁波港的优势而进行了早期的商业贸易活动了;宁波商人开始利用宁波独特的渔业资源,从事贩卖鱼盐等海产品。但是由于当时的社会经济条件的限制,宁波商人经商的人数、活动范围、经营规模和业务方面都受到了很大的限制,为宁波帮的形成打下了初步的基础。

明成祖永乐期间恢复了市舶司一职,为宁波港口贸易的发展提供了有利条件,促进了宁波商人的壮大,到了"明宣德、正统以后,江南地区商品经济日趋发展,为商人的经营活动提供了相对广阔的空间……宁波商人到达长江三角洲经济发达地区经商者日多"③,但明嘉靖二年,"争贡事件"发生,标志着中日官方贸易的结束,明廷为此罢宁波、泉州市舶司,海禁逾十七年,使得宁波商人的海上发展受到极大的挫伤。因此,宁波商人逐渐向内地发展,到了万历时期,随着新政的推行,宁波商人有了较大的发展。

清康熙帝二十三年开放海禁,宁波帮海商获得迅速发展。"清乾隆中期的乾隆二十年(1755)到乾隆四十五年(1780)北京鄞县会馆和汉口浙宁公所

---

① 张守义:《宁波帮志·历史卷》,中国社会科学出版社2009年版,第10—11页。
② 张守义:《宁波帮志·历史卷》,中国社会科学出版社2009年版,第11页。
③ 张守义:《宁波帮志·历史卷》,中国社会科学出版社2009年版,第38页。

的创办,标志着宁波帮历尽艰难终于正式形成"①。

鸦片战争以后,资本主义势力入侵,宁波和广州、厦门、福州、上海被开辟为通商口岸,上海以其地处长江流域终点、腹地深广、交通便捷等优势,逐渐成为全国内外贸易的中心,各省商帮都云集上海,宁波商人以甬沪交通仅一水之隔的优势,大批涌入上海,清末在上海的宁波人已达 40 万人。19 世纪 80 年代尤其是 90 年代以后,宁波帮凭借自身特殊的有利条件,迅速介入新兴的对外贸易领域,以新式商人为主的宁波帮商人将商业利润投资于航运业、金融业、工业等新兴领域,形成实力雄厚的宁波帮金融资本和工业资本,并形成了以买办商人和进出口商人为代表的宁波帮新式商人群体。

"前清末年,我国的经济界有两大阀阅:就是山西帮和广东帮。山西帮是保守的,但谨慎、精密、勤俭,而且最雄于财力,经营全国的汇兑业,而支配着各地的金融。清光绪二年(1876)时,上海的山西票号,计二十二家之多。广东帮是激进的,……介在这两大阀的中间,隐然成为两大阀的一个竞争的,那便是宁波帮。宁波帮财力虽然不及山西帮,但谨慎、精密和勤俭却是和山西帮相仿佛,而没有一点顽固,宁波帮是进步的;又虽则没有广东帮那么的果敢决断,能在国外国内的活跃,但宁波帮却是稳健和着实的,和广东帮正旗鼓相当。在这贸易总汇新式企业中枢的上海,宁波帮种下了根,其枝叶则蔓延于作为我国大动脉的长江流域。山西帮的设施,不合于日新月异的大势,又逢着辛亥革命,资金空乏,无法周转,弄到不能再起。宁波帮却一天兴隆一天,终于取代了山西帮的地位而代之,而与广东帮比肩并进了。"②

19 世纪 80 年代以后,上海的宁波帮买办已超过广东帮而居于买办集团的首位,直到买办制度被废除。通过这一时期的发展,宁波帮确立了在上海的霸主地位。

宁波帮能够完成现代转型,具有深刻的历史原因和得天独厚的现实因素,用"天时、地利、人和"概括宁波商帮现代转型的历史条件和现实条件,十分恰当。其中"天时"就是近代以来全球化经济发展,大清帝国被迫进入近代化进程,中西文化冲突与融合,对中国经济社会文化各方面产生巨大影响;"地利"就是宁波地处东南沿海,是最早开埠的商业港口,得风气之先,具有内在转型优势,更为重要的是,宁波帮充分利用上海发展的机遇与挑战,迅速完成自身改造;"人和"就是宁波帮人士自强不息、团结一致,利用商会

---

① 张守义:《宁波帮志·历史卷》,中国社会科学出版社 2009 年版,第 45 页。

② 上海通社编:《上海研究资料续编》,上海书店 1984 年版,第 289—299 页。

等组织,结成强大商业联盟和社会联盟,共同面对挑战,抵御风险,共谋发展。

从全球化视野来看,中国十大商帮崛起相对集中于16世纪前后,这一时期也正是世界主要发达国家对中国贸易需求的旺盛期,以瓷器、茶叶、丝绸为代表的中国商品在欧洲、美洲、近东以及东南亚地区受到热捧,世界主要发达国家用白银购买中国商品,也导致中国白银"货币化",中国出现大幅度贸易"顺差",世界主要发达国家的白银纷纷流入中国。为了平衡贸易"逆差",英国、法国、西班牙、葡萄牙、美国、俄罗斯等,要求中国进一步开放市场,进口西方国家主要商品。而从明清帝国立场来看,"北虏南倭"是边关最关键的问题,正是在解决这一问题的过程中,中国十大商帮才应时而生。中国商帮的崛起从一开始就有着急功近利的"国际化"背景,随着商业活动的进一步扩大,这种"国际化"背景日益彰显,无论是海商还是陆商,都将国际贸易作为重要商业活动。由于"边关"问题的复杂性,明政府和清朝政府都曾经反复采取阵痛性"闭关"政策,甚至采取长期全面"闭关"的极端做法,对商业活动造成巨大障碍,商人利益受到巨大威胁,一些商人铤而走险,采取多种方式进行"走私"活动,特别在清代中后期,海商走私活动不仅日益频繁,而且规模日益壮大,一旦遇到外来因素的刺激,清政府"闭关"政策稍有松弛,海商必然迎来大发展的局面。如果说,明朝政府将边关主要问题的重点放在北方内陆的话,那么,从清朝康乾解决了蒙古、新疆等地叛乱之后,中国"边关"问题中心就转移到了东南沿海,如果采取闭关锁国政策,就会极大地抑制海商贸易,如果开关经营,就会促进海上贸易。无论明清政府的主观意图怎样,无论是采取积极态度还是消极态度,明清时期中国的商业贸易总体呈现出逐渐开放趋势,鸦片战争之后,国门洞开,对海商的发展具有更为有力的影响,宁波帮正是在这种大背景下,完成了中国商帮的现代转型。

宁波地处中国长江下游的长三角南岸,也处于中国绵长海岸线的中段,南来北往、东西沟通十分方便,长江船运和海上交通历来发达,不仅沟通重庆、汉口、南昌、杭州、绍兴、胶东半岛、上海、福建等地的物资往来,而且可以远达日本、朝鲜、吕宋、新加坡、苏门答腊等国家(地区)。明末清初,宁波商业贸易十分活跃,当明清政府实行海禁的时候,宁波商人可以灵活地调转方向,北上西进做内陆生意,同时也不乏铤而走险进行海上走私的商业活动,当明清政府开放海禁,宁波商人获得更大的商业空间和市场"腹地"。因此,在鸦片战争、五口通商之前,宁波商人已经打通了长江区域贸易,建立了长江中下游商业网络,与晋商、徽商、江右商帮等夺商业市场。在晋商票号影响下，宁波商人也很快涉足"金融"产业，在北京、上海和宁波创立了诸多"钱庄"，依托钱庄进行融资，周转资金，促进贸易往来①；从明代天启年间开始，经过数百年的发展，宁波商帮积累了丰富的商业经验和商业信誉，尤其是宁波商人勇于创新，敢于大胆吸收外来经验，较早接受西方商业文化影响，为宁波商帮进行商人身份转型、经营产业转型和商业精神文化转型，提供了巨大支持。

宁波商帮完成现代转型的"战场"在上海。鸦片战争以后，中国最早的开埠口岸是广州，两广商人相对积累了更多的国际化经商经验，承担了世界商人和中国社会沟通的第一座"桥梁"的功能和作用。随着厦门、福州、上海、宁波陆续开埠，上海成为中国最大的国际贸易市场。宁波开埠以后，贸易发展并不理想，相对于宁波，上海更具有区位优势，一时间外国商船纷纷抵达上海，广州商人也随之而来，在上海开启了一段广东商人的黄金时期，宁波商人看到了这一历史机遇，迅速将商业重心转移到上海，后来居上，开创了现代宁波帮的辉煌。穆炳元不仅帮"洋人"做事情，而且招收学徒，教以英语，培养现代宁波商人，这些学徒掌握了现代商业技术之后，开始踏上宁波帮的现代化之路，并很快在生丝贸易中完善商业网络；杨坊作为洋行买办，建立了"苏州制度"，促进宁波商人在生丝、洋布等物资的转口贸易；方氏家族扩大上海食糖生意，经营绿茶、生丝、洋布等，成为当时最大的宁波商人；叶澄衷"老顾记洋杂店"带动宁波商人纷纷在上海开设洋货店。虞洽卿、周宗良、傅筱庵等在上海开创了各自的商业领域，宁波商人在生丝、颜料、金属、染料、棉布、砂糖、机械、杂货等外国输入品经营"绝对独占"。"19世纪下半叶到20世纪初，上海拥有4家以上的9个钱庄资本家集团，宁波籍就有镇海方家、镇海李家、慈溪董家、镇海叶家、宁波秦家5个，占一半以上。"②四明公所、中国通商银行等多家银行，都是宁波商人对中国现代商业发展的贡献。此后，宁波商帮在上海的势力越来越大，控制、垄断了上海许多商业领域，并从上海走向世界，成为影响世界的商业大帮——海外宁波帮。

二、宁波帮实现中国商帮的三大转型

全国十大商帮中，晋商、秦商、徽商等，在鸦片战争以后陆续解体，唯有宁波商帮面对全球化经济大潮，勇于开拓创新，完成了从中国古代商帮向现

---

① 参见周静芬、张孟耸：《鸦片战争后宁波帮近代化的标志之一》，《浙江师范大学学报》（社会科学版）1996年第1期，第40—44页。

② 黄逸平：《近代宁波帮与上海经济》，《学术月刊》1994年第5期，第49页。

代商业大帮的转型。宁波商帮至少实现了三大转型：商人身份现代化、经营产业现代化和文化精神现代化。

明清秦商和晋商的崛起首先得益于明朝政府的边关政策，在"食盐开中"和"开中折色"政策刺激下，原本耕种土地的山陕农民放下农具，组成"运输大队"，北上边关输粮，南下扬州换引，拉开了明清商帮的大幕。这是一种典型内陆经济的商业模式，主要是靠"互通有无"来实现商业利润，而基本生产方式仍然是自耕农的生产方式，从原料开发、组织、运输，到简单的原料加工，基本都是靠农民（包括自耕农发展起来的手工业者）来完成，所谓"皮货加工厂""茶叶加工厂""自流井盐业"等，基本都开设在农村，其生产主体全是农民。正因为秦商与晋商的主体是农民，他们经营商贸活动与农民的生存理想、生活状态紧密地联系在一起，当他们赚取了足够的商业利润，首先想到"衣锦还乡"，众多秦商、晋商在自家村子里营造高宅大院，将明清民居建筑与古代"寨子"结合起来，一方面显富贵，一方面防土匪，晋商大院的高墙，陕西党家沟的村寨结合，无不体现山陕商人的生活理想。而一旦经营商贸失败，他们也会选择"回乡"，休养生息，以图东山再起。秦商和晋商的"根"永远没有离开以自耕农为主体的农村，他们带着农民的理念、性格、方式开展商业贸易，尽管不乏名噪一时、富可敌国的豪商大贾，但一遭遇近代化的侵袭，却比人们想象的更加脆弱。

鸦片战争带来东南沿海社会结构、经济方式和生活方式巨大变化，宁波商人及时适应这一变化，自觉不自觉地实现了商人身份的现代化转型：从农民商人转向现代工商业者，从面向内陆商人走向国际商贸大舞台，成为具有全球化意味的现代商人。

宁波商人身份现代化的第一个标志就是"买办"。所谓"买办"就是"代外人买办物件者"，"上海洋行所延华人总理其事者"，一般是由我国商号雇人与外商打交道，帮助外商采买货物，收取佣金，后来上海租界扩大，洋行直接聘请中国人进行商业联络，开展贸易活动。中国近代买办从广东开始，广东的十三行基本都雇人充当买办，上海开埠以后，广东商人、买办随着西方舰船涌入上海，开启了上海近代对外贸易的先河。不久，宁波商人逐渐取代广东商人的地位，成为买办的主力军，据统计，1854年上海滩的洋买办大约250人左右，1870年增长到700人，1900年猛增到2000人以上。早期宁波帮的代表人物，基本都是从买办起家的，朱葆三、虞洽卿、徐懋棠、刘鸿生、周宗良等上海工商界的著名代表人物，皆以买办兼营进出口贸易，成为中国经营巨子。

穆炳元出生于定海，原来是大清军舰水手，鸦片战争期间被英军俘虏，因为年龄小、头脑灵活、口齿伶俐，被英军收入船上打杂，逐渐学会了一些英语。英舰进入上海之后，穆炳元随船来到上海，充当洋行买办，频繁出入于商业场合，成为不可或缺的重要"角色"。巨大商业利润和"两头吃"的便利，使买办成为上海滩最热门的职业选择，穆炳元抓住时机，不仅自己充当买办，而且堂而皇之招生收徒，教以"洋泾浜"英语，培养买办接班人，穆炳元的徒弟王筱亭就是美国商人的著名买办。

定海人朱葆三以"慎裕五金号"起家，经营有方，很快成为五金行业巨头。英国平和洋行为了扩展在上海的生意，提升洋行名望，1890年雇佣朱葆三为洋行买办，朱葆三平时不到洋行上班，洋行有事情需要登门求教，后来朱葆三生意兴隆，曾担任上海商会会长等职，先后创办了宁波和丰纱厂、上海第一呢绒厂等。

鄞县人杨坊，早年在宁波绸布店做过学徒，掌握一套鉴别生丝质量的方法，曾入教会学校学习英语，成绩优异。1843年因赌博欠债逃往上海，充当怡和洋行买办，也在上海开设"泰记"钱庄，兼营生丝、茶叶、鸦片贸易，颇为成功，担任过上海地区清朝官吏英语教习，报捐同知，官至苏松常镇太粮储道。杨坊在怡和洋行买办期间，为洋行量身定做了"苏州制度"：从上海带鸦片到苏州产丝地区出卖，用所得款在那里买生丝带回。"苏州制度"为怡和洋行带来巨大商业利益，产生了巨大轰动效应，宁波买办声名鹊起，一时间西方洋行纷纷寻找宁波帮人士充当买办，引发了一场宁波买办风潮。

镇海人虞洽卿少年丧父，15岁进上海瑞康颜料号当学徒，1892年到德商鲁麟洋行任跑楼，为洋行推销颜料、西药、五金、军火等，因精明能干而升为买办，1902年任华俄道胜银行买办，1903年任荷兰银行买办。虞洽卿善于做进出口贸易，每宗贸易成功，从出口方抽去10%，进口方抽去20%，"两头吃"让他很快积累了足够的资本，先后集资创办了宁绍轮船公司、三北轮埠公司等，航运业总投资额达到450万元，实力非同一般。

宁波帮成功的买办人数众多，行业分布极广，几乎占据了上海所有洋行。余姚人王槐山原为三余钱庄的销售员，后被英商麦克利延聘为汇丰银行买办；贝润生早年在瑞康颜料号当学徒，后包销德商谦信洋行的靛青，兼任英商公平洋行买办；叶澄衷15岁到上海学习木器业，后来在一家经营五金杂件的洋行任买办。

"买办"经历为宁波帮的现代转型带来三点有利因素：一是通过洋行工作，建立了与西方商人的联系，逐步熟悉西方文化和语言，掌握西方商人的商业文化和经营理念,扩展了商业经营的国际视野,为日后走上更加广阔的世界商贸舞台做好了充分的准备。二是通过洋行工作,得到相对丰厚的佣金报酬和抽成报酬,积累了"第一桶金",为自办商行商号、扩大经营范围、涉足大型产业积累了资本。第三,通过洋行工作扩大了影响,提升了社会地位,由于近代中国特殊的社会结构,洋行成为清政府"化外之地",在商业气息非常浓郁的上海滩,中外商人必须依赖买办进行商业沟通、达成商业贸易,所以,洋行买办令人羡慕、受人尊敬,加之宁波帮人士在担任买办的同时,大兴民族工商业,无论是商业地位还是社会地位,均远非秦商、晋商可比。"买办"身份,让宁波商人脱离了秦商、晋商等农民式的商业理念和经营模式,也带来宁波商人价值观念的现代转型,使他们成为真正的现代商人,完成了商人身份的现代转型。

产业转型是宁波帮完成现代化的又一重要标志,主要体现在三个方面:现代航运业、银行业和现代制造业。宁波商帮自明清时期就已经形成了自己的传统优势行业,他们借助东南沿海水系发达的天然条件,大力发展传统船运行业,将甬江、余姚江、曹娥江、奉化江等与大运河连接起来,也充分利用海商运输的便利,输送各种物资北上南下西进,宁波轮船码头、象山港码头以及定海、上海、崇明岛等多处码头,宁波商人的沙船络绎不绝,带动地方经济社会发展。小港李氏家族李也亭,在上海开设"久大沙船号",拥有沙船十余艘,成为上海滩有名的沙船霸主,其孙李云书创办"天余沙船号",不仅拥有大小沙船数十号,还投资轮船公司。慈溪商人董耿轩在上海开设了大生沙船号,拥有沙船近百号。"五金大王"叶澄衷自办沙船一百多号,经营长江及沿海航运业务。

两次鸦片战争后,外商纷纷在宁波、上海等地开办轮船公司和船舶修造厂,诸如旗昌轮船公司、太古轮船公司、怡和轮船公司、东方轮船公司、祥生船厂和耶松船厂,迅速占据了上海、天津、汉口的航运市场。这些商船采用现代机器动力,速度快、吨位大、操作简便、安全性高,对宁波帮的沙船航运业造成巨大威胁。1861年清政府为勾结外国势力共同阻挡太平军进攻上海,竟"许开豆禁",整个关东地区和东南沿海航运业"城门洞开",宁波帮沙船航运再次遭受沉重打击,完全失去了市场竞争力。面对西方现代航运业的强大冲击,宁波商人没有退却,他们充分利用已经获得的商业资本、丰厚的地域人脉和同乡会、行业商会等力量,通过创办现代航运业、降低价格、发动民众等方式,与西方航运洋行展开竞争,终于打破洋行对航运业的垄断地位,成为长江中下游和沿海航运业的第一商帮。杨坊最早购买宝顺轮,投资近代轮船航运业,倡宁波帮近代轮船业之先声;虞洽卿发动宁波商人等,集资创办宁绍轮船公司,后又独资创办了三北轮埠公司;朱葆三先后兴办了长和、永利、永安、大达等十几家轮船公司。宁波沙船更新换代,宁波商人也以现代产业老板身份登上历史舞台。在宁波航运与英商太古轮船公司的价格战中,宁波同乡齐心支援,组织了"航业维持会",每票补贴宁绍公司二角,帮助宁波航运业在竞争中大获全胜。三北轮埠公司,拥有宁兴、明兴、长兴、瑞康等轮船30余艘,成为长江下游和沿海航业中最大的商办航业集团,业务还扩展到西贡、仰光等东南亚地区,居全国民营轮船公司首位,成为我国民族航运业中的巨擘。[①] 此后,宁波商人进一步扩大产业范围,在纺织服装业、医疗医药、航运业、新闻出版业、影视文化产业、现代服务业等多个领域取得了辉煌成就。

　　从钱庄业发展到现代银行业是宁波帮实现现代金融转型的巨大成功。宁波本地钱业会馆众多,仅江夏街附近在同治三年就聚集了36家钱庄[②],而且宁波帮将钱庄开设到北京、上海、汉口、杭州、绍兴等地,北京的"正乙祠""四恒"(恒利、恒兴、恒和、恒源),杭州的慎裕、豫和、赓和、阜源、阜生、和庆、元大、惟康、介康、寅源、仝元等都是宁波商人经营的钱庄。[③] 宁波帮钱庄能够"执牛耳",不仅因为数量多、分布广,更是因为宁波钱庄业敢于进行制度创新,其中金融过账制度和庄票信用制度,是宁波帮对中国现代金融业的突出贡献,也是宁波帮迅速崛起的重要因素。"进出口贸易主导权完成了从广东人向宁波人之间的转移,过账制度无疑助了宁波人一臂之力,而且钱庄也随着宁波商人步履活跃在上海市,从绍兴人手中夺取了对上海钱业的领导权,两者相辅相成,相得益彰。由此奠定了宁波帮在近代中国的金融盟主地位。"庄票信用制度完成了三大创新:"一是沿着商路,将庄票使用范围扩张到沿江(长江)主要商业中心;二是促进了票据贴现业务的展开;三是作为国际贸易结算工具被应用于对外结算。"[④]宁波帮对钱庄制度的改革创新,不仅

---

　　① 参见周静芬、张孟耸:《宁波帮传统优势行业的转型》,《浙江师范大学学报》1996 年第 6 期,第 55—59 页。

　　② 郑备军、陈铨亚:《宁波钱庄的制度创新与宁波帮的崛起》,《浙江学刊》2011 年第 5 期,第 90 页。

　　③ 参见王苏英:《近代宁波钱庄业的发展历程及其经营特色》,《浙江万里学院学报》2006 年第 5 期,第 10 页。

　　④ 郑备军、陈铨亚:《宁波钱庄的制度创新与宁波帮的崛起》,《浙江学刊》2006 年第 5 期,第 92 页。

带来了商业经营的大发展,更为中国储备了大量优秀的金融人才,在中国现代银行创立初期,宁波帮人士居于领袖群伦的地位,与钱庄制度改革时期的人才培养和人才储备大有关联。

鸦片战争以后,西方资本主义银行业进入上海等地,中国传统的"票号""钱庄"受到不断挤压,传统钱庄经营步履维艰,实现传统金融业向现代金融业转型不仅关涉中国金融业的发展,更关涉中国金融业的生存,而在这一转型过程中,宁波商人起到了关键性作用。上海的宁波钱庄充分利用宁波帮钱庄业资源丰厚的特点、长期担任买办积累的中外金融业人脉关系,以及对西方现代工商业的熟悉程度,开始向各银行进行渗透,掌握实权。当时在中国具有实力的银行高级管理层,几乎都由宁波帮人士掌握:陈圣郊为中国通商银行第一任总经理,胡桂萝为中国银行上海分行首席副理,盛竹书为浙江兴业银行常务董事,秦润卿任中国银行监事、交通银行上海分行经理,李寿山、孙衡甫、李云书、俞佐庭等都在各银行任实职。在积极渗透银行业的同时,宁波商人也创办属于自己的银行:叶澄衷、朱葆三和严信厚等参与筹办了中国第一家银行——中国通商银行,虞洽卿、朱葆三等又成立了四明银行,慈溪商人董今吾先后成立了东陆银行、明华银行,并与天益钱庄经理俞佐庭合伙,组织了中国垦业银行,完善了金融运转机制。宁波帮实现了钱庄业向银行业的转型后,大力支持民族工商业发展,特别是向宁波商人融资、贷款,帮助他们渡过难关。浙江兴业银行承借巨款,修建我国自己设计和施工的第一座现代化大桥——钱江大桥。据 1934 年《浙江兴业银行调查报告》中说:"全国商业资本以上海居首位,上海商业资本以银行居首位,银行资本以宁波人居首位。"宁波银行家在上海的巨大成功,促进了中国民族工业的发展,对中国现代社会进步产生了巨大作用,是现代浙江财团的主力军。

涉足现代制造业和现代服务业,也是宁波帮区别于其他商帮,实现产业转型的一个重要原因。秦商、晋商不能说没有产业,但其产业大多停留在传统加工层面,带有"手工艺"性质,与现代产业有着本质区别,其中一些秦商、晋商也涉足现代产业,但其规模、效益、影响力等,无法与宁波帮相比。宁波帮首创了一批近代企业,对中国近现代民族工业的形成具有引导作用。严信厚的通久源机器轧花厂,严又兴的通久源纺纱织布局,叶澄衷的燮昌火柴厂,都是中国近代产业"第一",开创了该产业在中国的兴起与发展。余芝卿创办的大中华橡胶厂,黄楚九开设的中法药房,刘鸿生经营的上海煤炭产业,叶澄衷创建的纶华缫丝厂,朱葆三投资经营的长兴煤矿公司、上海华商水泥公司、和兴铁厂、中兴面粉厂、宁波和丰纱厂等十余家企业,"颜料大王"周宗良创办的镇东机器厂、公和纺织厂、振丰毛纺织厂等,项松茂创办了五洲肥皂厂等,无论其规模、效益、影响力,都处于全国领先水平,带动了相关产业的兴起。① 正因为宁波帮创办了诸多卓有影响力的近现代企业,宁波商人严信厚、周金箴才有实力和威望创建上海总商会,并被推举为总理、副总理。此后,宁波商人在上海总商会中长期占据着领导地位,起着带领产业发展、规划产业方向、扶持中小产业的重要作用。"浙帮商人(主要是宁波帮)长期掌握着上海总商会的最高实权。从 1902 年上海商业会议公所成立到 1929 年总商会被改组的 27 年间,总商会共换届 18 次,其中浙帮商人严信厚、李厚佑、周金箴、朱葆三、宋汉章、虞洽卿、傅筱庵先后 14 次当选总理(会长),总任职年限达 23 年,其中周金箴曾任 5 届总理,朱葆三也曾任 3 届总理,这些商界巨头都籍隶宁绍地区。浙江商帮当选总商会副职的也达 13 人次,也以宁波帮居多,如周金葭、朱葆三、李厚佑、严子均、秦润卿、方椒伯、袁履登。"从 1907 年到 1927 年,宁波商人在上海总商会会董一级的人员中,一直稳居 30% 以上②,由此可见宁波帮在上海工商业界的影响力。

实现中国商业文化精神的近代转型,是宁波帮对中国商业文化的特殊贡献。关于宁波帮商业文化精神的研究,学者们基本采取宁波帮与晋商、徽商、粤商比较研究,提炼宁波帮文化精神,基本认同"在近代,宁波商帮与晋商、徽商等商帮一样遇到西方的冲击和挑战,实现了从传统到现代的转型"③。金普森将宁波帮的商业文化精神概括为"勇于开拓、善于创新、敢于冒险、同舟共济"四个特点。④ 陈厥祥将宁波帮精神概括为:热爱祖国,胸怀世界;艰苦创业,克勤克俭;诚信经营,开拓创新;孝亲睦友,团结互助;捐资

　① 参见周静芬、张孟耸:《鸦片战争后宁波帮近代化的标志之一》,《浙江师范大学学报》(社会科学版)1996 年第 1 期,第 40—44 页;周静芬、张孟耸:《宁波帮传统优势行业的转型》,《浙江师范大学学报》(社会科学版)1996 年第 6 期,第 55—59 页;王千马:《晋商之后是宁波帮》,《中国经济报告》2014 年第 3 期,第 124—127 页。

　② 陶水木:《浙江商人与上海总商会探析》,《宁波大学学报》1999 年第 4 期,第 56—59 页。

　③ [韩]辛太甲、[中]侯杰、[美]李钊:《中国传统商业文化的现代转型》,《南方论丛》2009 年第 1 期,第 73 页。

　④ 金普森:《宁波帮的文化特征》,《建筑文化》2008 年 5 月,第 37—38 页。

助学,敬贤育才。① 也有学者认为:"不同的商业发展状况成就了不同的商人性格。晋商谨慎、精密、朴实,徽商则好儒,善于结交权贵。宁波帮具有晋商的特征且不保守,不及粤商果敢决断,但稳健而踏实。""宁波商人勇于接受西方新鲜事物,富于冒险精神,善于创造新生事物。"②这些概括都有合理的成分,但有些商业文化精神,也不能说其他商帮完全没有,商业文化精神有着"顽固"的传承性,和具体的商业经营范围、经营方式、管理模式有不同之处,它更具有根本性,商业文化精神一旦变化,意味着商业文化的全方位变化。

　　宁波帮作为中国十大商帮之一,也是在明清具体的社会环境和地域环境之下产生并发展的,宁波帮在形成的过程中,与十大商帮有着千丝万缕的联系,其商业文化受到秦商、晋商、徽商、粤商、江右商帮等这样那样的影响,同时,宁波帮的文化精神也是浙东文化精神的一种具体体现,离开这两方面的考虑,不能准确概括宁波帮对中国商业文化精神转型的特殊贡献。宁波帮的商业文化精神是中国商业文化精神的近代传承,是浙东地域文化精神与近现代中国社会经济文化,特别是以上海为中心的江南区域内社会经济文化结合的产物,也是中国文化(包括中国文化大传统与浙东文化小传统)与西方近代文化交融与冲突的产物。这些文化成分既构成宁波帮商业文化的宏大背景,也渗透在宁波帮商业文化之中。从这些文化大背景来考察宁波帮商业文化精神,我们不难发现,就文化精神的总体性特征而言,宁波帮商业文化精神与中国十大商帮的商业文化精神大同小异,其中许多文化成分是重合的,创新精神、冒险精神、诚信精神、艰苦创业精神等等,在中国商帮文化中,都能找到共同的因素。以自耕农为主体的中国古代社会,一直重农抑商,相对于农业活动的稳定而言,商业贸易活动更加不稳定,没有冒险精神、创新精神,不可能进行一定规模的商业贸易活动,因此,中国十大商帮都有冒险精神和创新精神,秦商、晋商开始进行边关贸易,粤商最早进行海外贸易,都离不开冒险与创新,晋商的票号更是中国商业文化的巅峰之作。从"克勤克俭"的角度而言,商业贸易活动本身就是沟通有无,需要长途跋涉,风餐露宿,"在家千日好,出门一日难","在家靠父母,出门靠朋友",都在

---

　　① 陈厥祥:《包氏家族与宁波帮精神》,《宁波大学学报》(人文科学版)2003年第4期,第50—53页。

　　② [韩]辛太甲、[中]侯杰、[美]李钊:《中国传统商业文化的现代转型》,《南方论丛》2009年第1期,第79、84页。

商业贸易活动中充分体现出来,艰苦创业、克勤克俭并不是宁波帮商业文化的特殊表现。从"诚信"来说,诚信本来就是中国文化精神的重要内容,儒家思想特别强调"仁""信""诚",从做官为吏、耕地读书、商业往来,乃至战争博弈,都要讲究"诚信"。只是因为中国古代文化中对商人商业活动的认可程度不高,"唯利是图"的帽子戴久了,商人们就特别强调诚信经营,中国十大商帮都是讲究诚信的,不独宁波帮有之。

那么,宁波帮的商业文化精神到底是什么呢? 尽管宁波帮的商业文化精神与中国其他商帮的商业文化精神在整体性层面有共通之处,呈现出大同小异的显在特征,但是,在每一种商业文化精神的内涵层面,宁波帮都进行了拓展、深化、更新,宁波商人能够抓住中国社会近代化的历史机遇,审时度势,既传承中国商业文化精神,也进行一系列创新,完成了中国商业文化精神的近代转型,成为十大商帮中唯一实现成功转型的商业大帮。由此,我们认为宁波帮商业文化精神的近代转型,主要体现在以下几个方面:世界视野、民族情怀、国际信誉和现代精神。

世界视野。在十大商帮中,秦商晋商都曾经参与过"国际贸易",他们把生意做到俄罗斯、中亚、西亚等地,晋商中的"皇商"代表朝廷与日本、哈萨克斯坦等进行商业贸易。但是,这些生意还不能说是真正意义上的"国际贸易",无论在经营规模、经营方式和经营理念层面,它还是"边关贸易"的自然延续,在秦商、晋商的眼中,这些国家的商业市场和新疆、青藏、东北的商业市场很少有本质差别。鸦片战争前后,粤商开始与西方接触,最早进行国际贸易,具有了世界视野,但是,随着中国商业贸易中心从广州转向上海,粤商的世界视野就受到地域的限制,商业地位很快被宁波帮为代表的浙商所代替。宁波帮的世界视野绝不仅是望眼世界,与世界主要发达国家进行商业贸易往来,而且主动融入世界商业贸易活动的主流中,为了在世界商业贸易活动中占得一席之地,他们敢于、善于将生意做大、做强、做精,以提高市场竞争力。宁波帮采取大资本运作的方式,将近代制造产业和金融业结合起来,为创建中国近代民族工商业体系做出了巨大贡献,这是其他商帮无法比拟的。"近现代浙商以宁波帮为代表。它在资本主义扩张的经济格局下,结合世界大势和中国的经济状况、地方特性等聚集起大量的资本,进行工商业投资,掌控金融事业,并将工商业与金融业交融起来,共同发展。由这一传统所承袭的浙商文化是把握政治大局,顺应时代潮流,上规模、上档次,搞集团化、产业化。""宁波帮的经营活动,无论从产业结构、资本运作方式、经营方式,以及对当地政治经济的作用力,都可以说是非常能体现大商业特征的。"①

民族情怀。中国十大商帮兴起于明清时期,各商帮在从事商业活动过程中都表现出同舟共济的商业文化精神,有着鲜明的地域情怀。而宁波帮崛起,面临着中国社会从古代向近代的高速转型,世界发达资本主义势力强势渗透进来,以农业经济为主体的中国社会经济结构濒临瓦解,外国资本主义大有垄断中国主要经济领域之势。特别是江南一带,"脆弱的小农经济由于技术手段的极端低劣,加之得不到国家政权的有效保护,到了19世纪中叶,在由外国资本主义入侵所带来的强大的工业文明面前,最终面临逐步解体的局面","到了19世纪八九十年代,江南的土布市场已经基本上被洋布所占领,传统的手工棉纺织业遭受到破坏"。② 宁波帮所经营的产业、钱庄,从老板到员工,绝大部分都是江南人,农村经济面临崩溃对他们而言更有切身体会,宁波商人从踏进上海开始,就有创办属于自己银行、产业的心理欲求,由宁波帮所创建的纺织服装产业、火油产业、橡胶产业、航运公司、银行机构、面粉产业等,都是中国近代民族工业的佼佼者。在建构中国近代民族工业的同时,宁波商人表现出强烈的民族气节。朱葆三担任洋行买办期间,却不到洋行上班,需要洋行派人登门请教,他和叶澄衷、虞洽卿等著名宁波帮人士一起领导上海总商会、宁波同乡会,保护、扶持了一大批民族工业,辛亥革命时期,他积极动员钱庄、银行,为革命军捐款,以资军需。在民族航运企业与外国航运公司——太古公司的价格战中,广大宁波商人同舟共济,采用价格补贴的方式,坚决支持民族产业,终于取得了最后胜利。

国际信誉。中国古代商业文化崇尚诚信,这种诚信是传统人际交往中的诚信思想在商业贸易活动中的具体化,主要内涵是买卖公平、以诚待人、信守承诺、童叟无欺等,建立在朴素的诚实信任基础上。而近代资本主义商业文化讲求的诚信,建立在现代商业伦理基础上,以商品契约为基本起点,其主要内涵是契约精神,这种契约精神在一定程度上包含了传统诚信的内容,但又不全然相同。宁波帮在中国商业文化的近代化进程中,将中国传统诚信观念和西方资本主义商业的契约精神结合起来,形成一种国际信誉,完成了中国商业文化诚信观念的现代转型。宁波商人的现代崛起与"买办"身

---

① 郑绩、卢敦基:《论浙商的两种传统》,《浙江社会科学》2009年第10期,第39页。

② 周晓红:《传统与变迁——江浙农民的社会心理及其近代以来的嬗变》,生活·读书·新知三联书店1998年版,第91页。

份密不可分，买办的实际工作就是在外国商人和中国商人之间牵线搭桥，起到沟通、协调作用，需要赢得双方充分信任，在互利共赢、公平交易的基础上完成商业贸易。买办面对中国商人时，需要体现传统的诚信观念，而面对西方资本主义商人时，需要适应商业契约精神，在两者之间寻找到合适平衡点，自觉不自觉地形成国际间的信誉：恪尽职守、互利互惠、合作共赢、信守契约等。宁波商人周宗良本是富家公子，父亲在宁波经营油漆业商贸活动，他本人闯荡上海滩，从做买办开始。1910 年，周宗良担任德国谦信洋行买办，1914 年第一次世界大战爆发，1917 年中国对德国、奥地利宣战，对上海的德国洋行产生影响。谦信洋行大班扎罗门担心财产受到损失，启程回国，临行时将商行所有的染料低价卖给周宗良，还把自己多年的积蓄和不动房产以周宗良名义寄存，1918 年战争结束后，周宗良信守契约，将巨款和不动产"完璧归赵"新任经理魏白兰。周宗良的行为赢得了德国人的信任和赞誉，1924 年，德国商人在上海成立德孚洋行，魏白兰担任经理，周宗良受聘主管账房财务，成为德孚洋行的总买办。周宗良为中国商人树立了诚信形象，赢得了国际信誉。

现代精神是宁波帮商业文化精神的重要内容。许多学者注意到宁波帮"勇于开拓创新，敢于冒险"的精神，实际上就属于现代精神的体现，这方面研究较多，兹不赘述。除了勇于创新、敢于冒险之外，我们认为：宁波帮的现代精神还体现决策机构建设、回报社会、自立精神等多个方面。晋商创设了中国最早的票号，取得了金融业的巨大成功，但是，几乎所有的晋商都将票号的总号设置在自己家乡，平遥、祁县、介休成了中国的金融中心，晋商坐镇家里，指挥天下。无论从商业市场、交通条件、人口资源、人才培养、物品仓储等各方面来说，晋中都不占优势，这种远离商业中心、金融中心的做法能够持续多久？所以，晋商票号兴起快，衰落也快。而宁波帮则不同，宁波商人经营金融业、航运业、现代制造业，都将"总部"建设商贸集中地——上海、天津、北京、汉口等地，这些大城市的市场活力、交通条件、商业视野、产业集群、产业链完善程度、资金筹集、货品仓储等，适合长久作为总部、研发中心，商业决策"基地"建设思路的分野，体现了宁波帮的现代进取精神。

从回报社会的层面来说，秦商、晋商等商帮都有回报桑梓的举措，甚至不乏大动作，但是，回报对象、回报方式和宁波帮有着明显不同。秦商、晋商主要是回报乡亲，常常集中于某村某镇，回报方式是修桥铺路、建造公祠、兴办私塾（吸纳同宗同村孩子上学）。宁波帮回报社会有更为广阔的舞台，许多宁波帮人士慷慨解囊，兴办公共设施，建立了具有现代意义的慈善公益事业,他们兴办教育已经不同于"私塾",而是现代公共教育,包玉刚先生兴办大学,邵逸夫先生为世界许多大中小学捐献"逸夫楼",都是这种回报社会精神的传承。

在商业贸易活动中,宁波帮追求自立人格,最忌讳依附他人,许多宁波商人从买办起家,但买办与洋行之间是合作,而不是依附,这一点从朱葆三、周宗良等早期买办身上可以看得更加清楚。宁波帮兴办民族工商业,就有对抗洋行洋货的自立精神,没有这种自强不息的精神,宁波帮不可能取得后来的成就。

正是因为具有这种现代商业精神,宁波帮得以走向更大的舞台,进入世界现代商业领域。

三、宁波帮与晋商共同之处

宁波帮在我国十大商帮中是后来居上的,清末民初之际奋勇突起,将规模宏大、实力雄厚的山陕商帮取代,但是回顾宁波帮的历程,与纵横商界 500 年之久的山陕商帮有着诸多的相似之处。

首先表现在他们共有的诚信经营原则。诚实守信是商海极为重要的原则,晋商深受孔孟之道影响,他们诚意敬业、以诚待人,他们能恪守行规,公平交易,奉行诚信经营的精神。在"义"和"利"的问题上,他们主张"君子爱财,取之有道""诚信为本,义中求利",他们视信誉为命根,坚持信誉第一,"平则人易信,信则公道著,到处树根基,无往而不利""各省银号汇兑银两,盈千累万,仅以一纸为凭者,信也",这些原则都是晋商在多年经营恪守的准则,是晋商长久雄立商海的法宝。宁波帮同样谨遵这一商业定律,他们都恪守仁、义、信、德的商业道德规范,经商都以诚信为本,视信誉为性命,摒弃见利忘义、不仁不义的欺诈伪劣行为。在宁波帮的眼中,信誉是高于一切的,他们在具体经营中做到货真、价实、质优、量足,这种优秀的品质是后起的宁波帮能够在沉浮跌宕的商界逐渐雄起的一大关键因素。

经营范围都比较驳杂。清代宁波商人经营范围相当广泛,行业范围涵盖了典当行业、首饰业、米谷杂粮、染料、木材、油漆、估衣、作酒、中药材、糖业、服装业、丝织业等,这些种类繁多的行业,在各自的发展中相互扶持与帮助,在宁波帮的发展壮大中维系着重大的作用。晋商所经营的行业也是多方面的,不仅有盐、铁、麦、棉、皮、毛、木材、旱烟等特产,也有江南的丝、绸、茶、米,总之是"上自绸缎,下至葱蒜,无所不包"。清代以来,晋商以经营票号、金融业、汇兑业务为最著,咸丰和同治时期山西票号几乎独占全国的汇兑业务,成为执全国金融牛耳的强大商帮,并有"汇通天下"的盛誉。鸦片战争前夕,山西票号大约有八家。日升昌、蔚丰厚、日新中3家山西票号在各地设立的分支机构有35处,分布在全国23个城市,除专门经营汇兑业务外,还兼营存款、放款业务,并把汇兑、存款和放款结合起来,利用承汇期,占用客户的现金放高利贷,得到了很高的利润。由此我们可以看出,山西晋商和宁波帮商人都有着诸多的商业经营范围,经营的行业广杂,而这些行业在各自的壮大中,起着不可替代的历史作用。

相似的生存环境。从客观条件而言,无论是东部海港宁波还是地处内陆的山西,二地都地狭人稠,人口压力都非常的大,由此而引发的人地深刻矛盾,生存环境压力增大。光绪《鄞县志》:"(宁波)生齿日盛,地之所产,不给于用,四出营生,商旅遍天下。"山西人多田少、土地瘠薄、产不敷食的生存环境同样很是严峻。

相似的商帮会馆。中国历史上地方性商帮建成的会馆,不同于一般字面上的会馆,在那个时代,这些会馆一般是同乡会馆,是以地缘、血缘和业缘为基础而建成的商帮联络站,这些会馆在增加内聚力和开拓外部实力方面,具有不可替代的作用。晋商主要建有秦晋或山陕会馆(秦商与晋商在地理上毗邻的优势,使他们为了共同的利益容易走在一起,从而更好地开拓市场和壮大各自的商帮,互利互惠),宁波帮所以能在中国的经济金融中心上海崛起,具有极强凝聚力的四明公所和旅沪宁波同乡会厥功甚伟。宁波旅沪同乡会的宗旨:"以集合同乡力量,推进社会建设,发挥自治精神,并谋同乡之福利为宗旨。"①这些会馆的存在,不论是驰骋商海的晋商,还是后来居上的宁波帮,他们都有自己的商业联络站,这些以会馆为核心的商业联络站的形成,在很大程度上壮大了自己的力量,在很多方面较好地维护了自己的利益。

与政府政策联系紧密。明初晋商借明朝统治者为北方边镇筹集军饷、依靠政府实行"开中法"而崛起,入清后又充当皇商而获得商业特权,清季又为清政府代垫和汇兑军协饷、筹借汇兑抵还外债、代理部分财政金库等而执金融界牛耳。山西晋商的崛起与皇室存在着紧密的联系,后来山西晋商的灭亡也与封建王朝的颓败有关。宁波帮作为一个后起的商业之秀,在其崛起的过程中,政府的相关政策也促进了它的发展,"宁波地区经商的人自古就很多,但是由于海外贸易的分散性,一直没有形成帮派的形式。明朝洪武

---

① 董启俊:《宁波旅沪同乡会》,载《宁波之史资料》第5卷,第12页。

年间,政府厉行海禁,'敢在私下诸蕃互市者,必置之重法'。由于海外贸易渠道壅滞,走私活动异常活跃,这时明代宁波一带豪门巨室治力于手工业和商业经营,商品经济迅猛发展,商品资本力图冲破海禁羁缚的必然结果。明政府曾经多次围剿这些从事走私贸易的海商。经过三次大的围剿,海商的贸易场所被破坏,宁波大批商民纷纷转为经营国内商业,使宁波商帮在国内商界迅速崛起。"①因而,宁波帮的发展与政府的政策等有着紧密的联系,其更深的线索值得我们继续探索。

四、宁波帮与晋商的不同之处

宁波帮之所以超越中国商帮中叱咤风云、驰骋商海的晋商,是有着深刻的历史缘由的,他们之间有着诸多的不同。

首先是经营性格不同。山西晋商的保守与宁波帮商人的趋新形成了鲜明的对比。以票号雄霸中国商界多年的晋商在崛起过程中,与封建政府有着千丝万缕的联系,晋商常常替清政府代垫和汇兑军协饷、筹借汇兑抵还外债、代理部分省关的财政金库等方面的业务。这种方式也逐渐奠定了自己的商业地位,与此同时,由于过度地依赖封建政府,通过大揽政府金融业务、轻易获得暴利后,他们就不再与时俱进,不再通过金融创新去寻求发展了,因而他们的思想与后起的宁波帮比较,也逐渐表现出一种保守、墨守成规、冥顽不化的倾向。他们发展后往往将自己的投资方向选择在传统的实业,如晋商将其利润的很大一部分购置了土地。如《清高宗实录》载"浑源、榆次二州县,向系富商大贾不事田产,是以丁量分征。今户籍日稀,且多置买田地"。乾隆五十一年(1786),河南连年荒歉,有恒产之家将地亩贱价售卖,山西富户闻风赴豫,乘机放价。此外,晋商的货币窖藏,祁县富商渠小舟,人称"万财主",资产达三四百万两,他认为获取高额利润后,用其资本扩大经营不如窖藏起来保险,特别是市面不太平静的时候,更不愿意增加投资扩大经营。更为明显的一个例子是,山西票号的改组银行的事件,当银行及其制度在全国范围内逐渐形成势头的时候,山西票号总号经理,一直不同意改组,以致于后来清廷垮台后,各方面的票号存单过来,发出的款项无法追还,导致老牌山西票号在商界的沉匿,因此老牌晋商在经营性格方面倾向于保守,是其在以后逐渐颓败的深刻原因之一。

与晋商不同的是,宁波商人在资本积聚到一定程度以后,就开始广泛的

---

①　许静:《晋商与宁波商人比较》,《科技情报开发与经济》2007 年第 33 期,第 126 页。

尝试各种新兴的行业,拓展投资领域。"每舟利者,一水可得二三百金,否者贷字母息以归,卖毕,仍去下二水网,三水亦然。获利者,从金伐鼓,入关为乐。不获者掩面夜归。然十年不获,间一年获,或尝十年之费,亦数十年而不得一偿者。故海上人以此致富,亦以此破家。"①换言之,浙江沿海一带,宁波籍渔民在渔业生产过程中,常常借高利贷出海捕鱼,能够捕到鱼则好,假使不能捕到鱼,则会破家。亘古变化万千的海浪以及宁波人与这种生存状况的抗争、与大海搏击的冒险谋生的经历,造就了宁波人不畏艰难、果敢刚毅的性格和开拓进取、冒险求富的精神。鸦片战争以后,欧风东渐,社会风尚有了新的变化,市场需求也有了新的变化,宁波商帮预感到,并看准了这种变化的趋势,在保持传统行业特色的同时,不失时机地更新经营项目,重点投资新兴行业,并且往往一家经营数业,互为挹注,使宁波商帮经营的许多行业在国内商界居于优势。他们常常投资于进出口贸易业、五金颜料业、钟表眼镜业、呢绒洋布业、日用洋货业、西药业、保险业和证券业、公用事业和新式服务业等新兴行业,他们紧跟时代步伐,在新兴行业努力创新,最终有所建树,以后来之躯居于中国商界的前列。

地域上的差别。自古地处太行山之西,黄河以东,称为"表里山河"的山西,东倚河北,南与河南相邻,西临陕西,北靠内蒙古,承东启西,连南接北,是东西南北商路的要冲,成为运往长城沿线边防重镇所需物资的枢纽。作为内陆重要驿站的山西,其重要的商业交通地位是无法撼动的,固有的天然地理位置使得晋商的商业重点向内陆发展。尽管其崛起之后山西票号遍及全国甚至海外,但这些票号的总号都在山西,绝大多数的山西晋商还是满足关内,抱残守缺,不思改革,固守旧制度,随着时代潮流的发展,晋商免不了要沦入被淘汰的局面。

而宁波背靠东海,滨江临海,属沿海地带,又鸦片战争后,长期属于通商口岸,海上运输发展,铁路和内河航运逐渐开通,宁波航运业发达,甬商中有不少是以沙船业起家的,并且邻近上海,交通便捷,与上海、天津、汉口等大商埠经济联系密切,成为通商口岸后,俄国对华贸易亦由陆路逐渐改为海上运输,而原先作为中国对俄、对欧贸易陆上通路的山西,要冲地位被逐渐废弛,并被宁波取代。同时,长居沿海城市的宁波人面对资本主义因素扩张,旧式商人势力开始买办化和民族资本化,宁波在文明架构中处于农耕文化与海洋文化的结合点,这种独特的地理区位优势与深厚的历史文化底蕴,使

---

① 〔明〕王士性:《广志绎》卷四,中华书局 2006 年版,第 271 页。

得宁波在时代潮流中能够与时俱进。晋商的墨守成规,在商业资本等方面,晋商势力相形见绌,最终不可避免地被新生力量所淘汰。到了近代,又出现了宁波北仑港,更是凸显出宁波帮在近代社会中、商业优势的突出地位。一兴一衰,可以看出,地域的差别是晋商和宁波帮商人在中国商海沉浮的一个重要因素。

对皇室官府的态度不同。晋商在中国商界叱咤风云,其与中国封建王朝有着扯不断的联系,其依靠封建社会“开中法”而崛起,从此成为了封建统治阶级的附庸,到了清代,山西晋商替清政府代垫和汇兑军协饷、筹借汇兑抵还外债、代理部分省关的财政金库等方面事务,逐渐不能与封建统治阶级分离,凭借与封建政府的关系,山西晋商轻而易举就能获得金融等方面的利益,最后也因清廷的腐朽垮台而逐渐退出历史舞台。

宁波帮商人很少与皇室官府做生意,绝不附庸当时权大势大的皇室政府,他们能够顺应历史潮流,为了时代的进步而与封建王朝断裂,积极支持推翻满清王朝的辛亥革命,在同盟会中就有很多秘密的宁波帮商人,他们为了挽救国家危难的局势,将自己的商业利润捐献作革命经费。这种对待封建皇室政府的态度,也是其与山西晋商较为显著的差别,这种态度是作为后起之秀的宁波帮傲立在中国商界的历史舞台的强大动力。

从商态度不同。中国历经了几千年的封建王朝社会,“重农抑商”的思想根深蒂固,“学而优则仕”的官本位观念一直占据社会主流,然而,作为早期领先中国商帮的晋商,却有着“重贾轻儒”的独特观念,他们认为创家立业、经商致富是光耀门庭,诗书功名、学优则仕一文不值,以从商的成就提高社会威望和地位,是晋商普遍存在的人生“想象”。宁波帮商人在从商职业态度方面与山西晋商完全不同,宁波帮商人的从商是自愿自觉的(当然排除自然的客观因素),他们从商之后所获的绝大盈利都是为商业资本向产业资本转化的大趋势推波助澜,盈利投向产业,努力扩大再生产。包玉刚创立环球航运集团之后,还继续投资,相继收购英资集团的九龙仓和会德丰洋行股权,并投资国泰、港龙两家航空公司,其经营范围遍及航运、地产、酒店、传播、航空、仓储、码头、贸易等。从晋商和宁波帮两大商帮来看,从商的职业态度对于商帮的发展和壮大有着深刻的影响。

山西晋商和宁波帮商人在经营的原则、经营的范围、生存的环境、商业会馆、政府政策等方面有着很多相似的地方,而在经营性格、自然地域、对皇室官府态度和从商职业等方面有着诸多的差别,这些相似之处和差别之处是其作为商帮各自发展的鲜明线索,对于研究中国商帮有着较大的学术意义。

第五章　黄土地民俗与海洋民俗

地理环境和历史进程,是影响民俗形成与发展的关键因素。

地理环境在一定程度上深刻地影响了一定地域历史文化的形成与发展,一定区域的地质构造、地理形态和气候状况等,构成该区域人民生存和生活的基本条件,先民正是不断地认识、适应和利用有利地理条件,改造不利条件,开始了生活活动和生产活动,在这些活动中形成了独具特色的民俗文化。

地理环境还意味着区域地理与周边地理的关系。陕西、山西所处的特殊地理环境,决定了两地在中国历史的长期进程中,担当着华夏民族和西北方少数民族文化交流的前沿作用,陕西长安所处的特殊地理环境,在冷兵器时代具有易守难攻、相对独立等明显的优越性,长期成为国家首都的首选地,对整个中华的地理文化、民俗文化产生重要影响。

从历史文化层面而言,一定区域的历史文化,不仅意味着其内部结构的丰富性和复杂性,也同时意味着其在整个中华文化结构中的地位和作用。一个"地"与"史"的关系,一个"内"与"外"的关系,一个区域与整体的关系,是我们观照三地民俗文化异同的基本维度。

陕西、山西处于黄土高原,是中国内陆黄土文化的代表,秦晋百姓生于黄土地、长于黄土地、葬于黄土地,其衣食住行、婚嫁丧葬、语言歌舞等各个方面,都带着黄土高原的性质;浙东处于中国东南沿海,海洋性文化特点突出,浙东人民长期与海打交道,海洋性格、山海相连的地理特征影响着浙东人民的衣食住行、语言歌舞、婚丧嫁娶等各个方面。无论是陕西、山西的黄土地民俗,还是浙东的海洋民俗,都是中华民族民俗文化的重要组成部分,其中都蕴藏着中华民族数千年形成的生存经验和情感价值,都是中华民俗文化整体格局下的特定区域民俗文化。基于此,本章将从区域地理与民俗文化圈、饮食文化、婚俗亲情文化和民间艺术等四个方面,展开三地民俗文化的比较研究。

第一节　区域地理与民俗文化圈

一、"三秦"区域地理及其民俗文化圈

陕西位于中国大陆西北部,由陕北高原、陕南山地、关中平原三部分组成,地域狭长,地势南北高,主要以高原、山地为主,海拔段主要分布在 500 米到 2000 米之间。秦岭把陕西分为南部的秦巴地域和北部的关中平原,关中平原之北进入陕北高原。黄土高原地区以温带干旱半干旱气候和暖温带半湿润气候为主,关中平原地区以暖温带半湿润气候为主,秦巴山地则以亚热带湿润气候为主。陕西的民俗文化受到陕南、关中、陕北不同地理形态的深刻影响,形成了陕西民俗文化的区域圈"三秦",即陕南山地民俗、关中平原民俗和陕北高原民俗。

陕北自古以来就是多民族聚居区,从商周时代起,鬼方、白狄、匈奴、林胡、稽胡、鲜卑、突厥、党项、羌、女真、蒙古、满等民族先后在这里生活,陕北文化上融合了北方草原文明的特性。关中平原又称为渭河平原,介于秦岭和渭北山地之间,西起宝鸡,东到潼关,号称"八百里秦川",自古以来就是主要粮食生产区域,也是陕西最富裕的地方。陕南是秦巴山地区域,它包括汉中、安康、商洛三个地区,以及宝鸡市的凤县、太白两县,由秦岭山地、汉江盆地和大巴山地构成"两山夹一川"的地貌,称作"八山一水一分田"。陕南属于长江流域,是陕西省境内自然资源最为丰富的区域,林区面积和森林面积广阔,"山高水多"是其主要特点,秦岭南坡多为纵深山地,河流曲折绵长,峡谷耸峙,水力资源丰富,野生植物菌群、野生动物群落成为陕南居民基本的生活保障,而安康盆地和汉江谷地、星罗棋布的"坝子"和小盆地,土地肥沃,形成农作物主要产地,自古以来滋养着这里的居民。

陕西的民俗文化受到上述地理环境深刻影响,在漫长的历史流变中,形成了三个相对独立、又相互联系的民俗文化圈,分别是:陕南秦岭山地民俗文化圈、关中平原地理文化圈和陕北高原地理文化圈。

商洛、安康和汉中处于秦岭南麓和秦岭深处,山高林密,水资源丰富,受到秦岭的阻隔,该地多条河流注入长江,属于长江流域,其民俗也有长江中游民俗文化的特点。常言道,靠山吃山,靠水吃水。陕南既有连绵不断的高山,也有丰富多彩的河流谷地,丰富的森林资源和水力资源,支撑了当地农业生产,与关中以小麦为主要种植物不同,陕南地区以种植水稻为主,属于稻作文化区域,也适宜多种其它植物生长,同时,秦岭山区的野生动物、植物,也为陕南居民提供了丰富的生活资料。从饮食文化而言,陕南以稻米为主食,他们利用关中地区加工小麦面粉的方法,将稻米加工成陕西"面食"的样子,形成了以米饭、米线、米皮、米糕等为特色的主食系列。在这里,老百姓储存食品的方法与四川、湖北等地相似,熏肉、腊肉、干肉等,典型地体现了陕南民众的生存智慧。由于受到高山深水的阻隔,陕南自古以来交通不便,出一趟远门很不容易,长期形成了相对封闭、自给自足的民俗文化,独轮车是运载货物过山的重要交通工具,小木船是运载货物涉水的主要交通工具,这两样交通工具相对较小,装载货物有限,直接影响了陕南山区商品的交易规模。由于大宗商品交易困难,陕南山地居民长期养成了因地制宜的习性,充分利用丰富的山水资源制作生活用品和生产工具,其民间娱乐文化也以小规模活动为主,很少形成大型群众活动,社会结构也是以小家庭为单元,传承久远的大家族不多。值得注意的是:在陕南民俗文化圈内部,商洛地区更加靠近河南西部山区,其民风民俗与豫西山区民风民俗相同;安康地区更加靠近湖北,历史上与楚文化关系密切,民风民俗与楚地民风民俗有诸多相同之处;汉中地区更加靠近四川,是蜀国进入关中的主要通道,民风民俗与蜀地民风民俗相通。

关中民俗文化圈地处秦岭北麓和渭水之间,是华夏文明的发源地,在中国历史上有举足轻重的地位。从地理结构来看,关中民俗文化圈可以分为两个相互联系的民俗文化类型,一是南部山地民俗文化类型,主要是宝鸡、咸阳、西安、渭南等地的南部靠近秦岭的一部分,二是北部渭水平原民俗文化类型。由于秦岭与渭水之间跨度不大,加之关中地区是中国历史上开发最早的区域之一,南部山地民俗文化与北部渭水平原民俗文化很早就进行深入广泛的交流,文化融合程度比较高,两种民俗文化类型的差异性逐渐缩小。所以,在观察关中民俗文化的时候,这种因地理环境不同而形成的民俗文化类型,没有受到人们更多的注意,代之而起的是一种更为典型性的划分方法:西府与东府,也就是以长安(西安)为中心,长安以西的宝鸡、咸阳等为西府,长安以东的渭南称为东府,东、西之间,方言发音、词汇等有着明显的差异,饮食文化和其他生活习惯也有着明显不同。从历史上看,西府是周民族和秦民族的"根据地"和大后方,是周、秦民族苦心经营而崛起的地方,而东府是周、秦民族出关东向的必经之路,历来战事频仍,"河西之地"处于秦国与魏国争夺拉锯的地方,也是六国抑制秦国的关键之地,一旦东府被秦控制,秦国就有实力出关"横扫六合"。也许,正是由于这种历史地理区位的不同,西府民俗文化相对于东府而言,显得更为细腻丰富,许多关中地区的饮食文化代表都集中在西府,岐山臊子面、乾县锅盔、西府擀面皮等,都是关中人的最爱,陕西面食文化,最具代表性的就是西府面食了。整体上说,相对于陕南山地民俗文化的"小型化",关中民俗文化更加大气,民间娱乐活动追求大场面,受到长安京城文化的深刻影响,同时,也有许多民俗文化事项进入到中国历史文化系列中,成为中华民俗文化整体性的重要组成部分。

陕北民俗文化区域处于陕北高原,包括延安、榆林和铜川一带。相对关中民俗文化而言,这里受到游牧民族文化影响很大,具有半游牧、半农业民俗文化的特点。游牧文化在这里留下了很深的烙印,放牧牛羊是陕北最主要的生产活动,牛羊肉也就成为陕北饮食文化的重要内容。由于黄土高原特殊的地貌特点,深谷、塬地、梁峁纵横交错,将土地分割成小块,很难进行大规模农业种植,加之土地相对贫瘠、雨水稀少、气温不高,只能种植一些耐寒、耐旱、低产的农作物,谷子、燕麦、土豆等就成为当地饮食的主流,陕北人民将这些植物类食品与牛羊肉结合起来,建构了具有陕北特色的饮食文化。在陕北这块区域内,农业生产周期较短,一进入冬天几乎不可能开展农业生产活动,老百姓休养生息的时间较长,不免要找点"乐子",在物质生活不够丰富的情况下,群体追求精神快乐就成为生活的"主旋律",于是,在陕北形成了具有广泛群众性的民间娱乐活动,那高亢抒情的陕北民歌、粗犷豪迈的安塞腰鼓、热情洋溢的陕北秧歌、慧心巧手的陕北剪纸等,代代相传,成为陕北民俗文化的典型代表。

毫无疑问,从古长安到现在的西安,由于是处于关中心脏地带的京城、省会,一直是陕西民俗文化的中心区域。尽管西安属于关中地区,有着关中民俗文化的明显因子,但是由于文化中心的作用,陕南民俗文化、关中民俗文化和陕北民俗文化经常在这里交融汇集,其中相当一部分陕西民俗文化事项通过"京城"文化的辐射作用,影响了中华民族其他民俗文化,上升为中华民俗文化的重要内容。延安作为革命圣地,其民俗文化也不断向全国"放送",对"红色"民俗文化形成产生了不容忽视的作用。

二、山西区域地理与民俗文化圈

山西地处黄河中游、黄土高原东部，因位于太行山之西而得名"山西"，东西宽约 290 公里，南北长约 550 公里，地形山水交织、高低错落，东有太行山脉、西有吕梁山、西北向东南分布着大同盆地、太原盆地、临汾盆地、运城盆地等，是山西主要的农作物产区和交通要道。相对于陕西秦岭的山高林密、水资源丰富来说，山西可以用"山高林不密，河多水不深"来概括。太行山、吕梁山等高大山脉，阻隔了山西的对外交通，而黄河、汾河等为数不多的河流，对山西农业生产的贡献度显然不能与河流资源成比例，加之山西大部分地区干旱少雨，致使中部、北部一片干涩，植被覆盖率低，农业生产自给自足程度差，自然生态环境不够好。山西人民很早就开始从事商业活动，不断寻找其他谋生途径，这在以农业生产为主体的古代中国，生存状态显得尤为艰难，只是到了明清之际，随着中国商业社会的发展，"士农工商"的社会地位发生变化的时候，山西商人的劳动才得到中国社会的广泛承认。

从周边环境来看，山西与陕西、河北、河南、内蒙古等省接壤，每个"结合部"都有天然屏障阻隔，这种大江大河大山大漠形成的天然屏障，使山西一直处在一种相对比较封闭的状态，对经济发展、交通发展等可能会造成很大的障碍，但是对于地域文化、民俗文化来说，却因这种相对封闭的状态，保持了它相对完整、风格特异的情形，山西民俗文化保持了较多的原汁原味，保持了悠久的历史传承。在这种天然屏障阻隔的状态下，山西与陕西、山西与蒙古的周边关系显得尤为重要，可以说，山西发展的历史，就是晋陕关系与晋蒙关系的发展史，在中国历史的特定发展阶段，这两部分"关系史"甚至成为中国历史的核心内容，产生了深刻的历史影响。

山西以黄河与陕西相隔，宽阔流急的黄河在陕西山西分界线上自北向南，黄水滚滚而下，在古代水路交通条件下，两岸人民只能小范围、小规模接触，难以形成融合关系。而一旦两岸政治经济关系紧张，围绕黄河两边的战事，就成为山西陕西交流的主旋律，历史上多次重大事件就发生在陕西、山西交界处。这种天然屏障，决定了陕西与山西之间既有"秦晋之好"，有民俗文化相通的地方，又有战乱争锋，长期处于敌视阻隔状态。

山西北部与内蒙古接壤，沿着山西北方"边境线"是绵延的长城，一道人为的防御线，将山西与内蒙古长期分割。这里是北方游牧文化与中原农耕文明冲突的前沿阵地，长期处于"临战"状态，只有在战争间隙会出现短暂的"和平共处"时间段，通过边关贸易进行文化交流，北方游牧文化对山西北部民俗文化也产生了一定程度的影响,加之山西北部生态环境的自身条件,山西北部与陕西北部一样,游牧文化特点比较明显。

山西南部以黄河、中条山为天然屏障与河南划开。相对于陕西与山西之间的黄河来说,山西与河南之间的黄河水流平缓许多,河面宽阔许多,利用简易的水上交通工具往来相对方便许多,而中条山不像秦岭那样高大。所以,山西与河南的交流相对频繁,难度也低,自古以来,河南就是山西走向中原的首选交通要道。晋南地区的民俗文化,无论从语言、生活习惯、农业生产等方面而言,与河南有相同之处,属于中原农耕文明的一个组成部分。山西东部以太行山与河北接壤,由于太行山脉高大广阔,基本阻滞了山西人民与河北人民的大规模文化交流,因此,山西东部太行山区人民更多是西向晋中聚集,民俗文化与晋中大体相类,但晋东南的上党地区具有"相对优势",形成了晋东南民俗文化的独特性。

受到地理条件和历史文化深刻影响,山西民俗文化主要分为五大区域,即:晋南地区民俗圈、晋中地区民俗圈、晋北地区民俗圈、上党(晋东南)地区民俗圈和晋西地区民俗圈。[①]

晋南地处韩信岭以南之汾河下游,黄河三角洲古称"河东之地"(黄河对岸属于陕西部分,被称为"河西之地"),是中华文明发祥地之一,相传唐尧虞舜在这里崛起,是中国最早进入农耕文明的区域之一。古代民俗文化遗存十分丰饶,西侯度人、匼河人、丁村人、陶寺人创造的原始民俗文化,经过历史的不断积淀,逐渐形成独具风格的晋南民俗。晋南地区以农业生产为主,主要农作物是小麦,饮食习俗以面食为先,民居有中原厅堂楼房等基本样式,所操方言为"中原官话",民俗事项场面大、风格高亢豪迈,威风锣鼓和蒲州梆子(蒲剧)为民间艺术的代表。

晋中民俗圈地处山西中部,包括今天的太原市、晋中市、阳泉市、吕梁地区薛公岭以东的交城、文水、汾阳、孝义,唐以后成为山西政治经济文化的中心地带。晋中西部有吕梁山,东部有太行山,汾水从北而南穿过,是古代中原民俗文化与北方民俗文化的交错之地,文化冲突与融合十分明显。农业生产以小麦为主,饮食以面条为主,玉米、高粱、小米、土豆等农作物,是晋中

---

① 目前关于山西民俗文化圈的划分,主要有两种,一种是根据地理与历史沿革不同而形成的不同民俗文化特点进行划分,一种是根据山西省目前大力打造旅游文化而划分的民俗旅游文化圈进行划分,本文采用的是第一种划分法,即张余、曹振武编著的《山西民俗》(甘肃人民出版社 2002 年版)的相关说法。

农业生产及其加工方式,也形成山西民俗饮食文化的重要内容。民居以高堂大屋为主体,讲究坚实耐用,富贵人家受到北方四合院建筑影响,起屋高大,规模宏阔,装饰细腻讲究,尤其重视"中堂"的建筑中心和权力中心位置。晋剧舒展华美,是晋中地区民间艺术的典型代表,也被晋商带往全国各处经商之地,一时成为商人必看剧种;关帝福佑商人,关公不仅忠肝义胆,且具有读书人品格,曾经夜读《春秋》,成为山西商人的楷模,对中国"关帝"崇拜文化产生了深刻影响。

晋北民俗圈地处山西北部,包括大同市、朔州市、忻州市。北面出长城与阴山大漠相连,属于中原王朝的北部边陲,匈奴、鲜卑、突厥等频繁活动之地。居住在这里的中原籍汉民族居民,多为长期以来戍边将士及其后代,或为供给边关物资的商人(包括屯垦)及其后代。因此,晋北地区长期养成游牧文化之特性:民风彪悍,性情直率,习于戎马。农业生产以耐寒耐旱农作物为主,燕麦、土豆是主要种植业,饮食习俗喜吃莜面、土豆,民居相对简陋。受到尚武精神和戎马生活习性影响,晋北的民歌豪放悠长,雁剧慷慨激越,边塞风骨鲜明。

上党民俗圈处于晋东南,包括长治市、晋城市。上党是出入河北、河南的重要通道,太行山险峰陡立,绝壑深阻,"为天下之脊"。受到水资源有限的影响,晋东南的农业生产以粟谷为主,饮食多为小米饭;民居简易质朴,民间艺术以说唱和梆子闻名。

晋西民俗圈处于山西西部偏北区域,吕梁山西侧至黄河以东,西跨黄河与陕北相交,汉时属西河郡地。这里具有陕北黄土高原相类似的黄土高原地貌,干旱少雨,土质松散,沟壑纵横,梁峁起伏,无法进行大规模的农业生产。因此,农业生产多以粟、豆类耐寒等作物为主,小米饭成为主要食物,民居简单实用,黄土高原独特的窑洞,是这里居民长期选择的居住方式。民间艺术与陕北高原有相通之处,山西民歌与陕北民歌在这里交汇,伞头秧歌和陕北秧歌异曲同工,民间"社火"的舞蹈动作、场面与陕北的安塞腰鼓等民间民俗相似,民间剪纸艺术、绘画艺术、建筑装饰艺术等,与陕北的延安、榆林等地,亦有不少相通之处。

山西民俗文化丰富多彩、门类齐全,有学者把山西民俗划分为19个方面的内容:"淳朴俭约、崇尚礼义的民风性格;敬畏鬼神、万物有灵的民间信仰;珍惜土地、巧于经营的农业习俗;爱护树木、植树造林的林业习俗;重视牲灵、善于养殖的畜牧习俗;因地制宜、工艺独特的手工技艺;诚信为本、儒贾相通的商业习俗;遍布乡村、繁荣兴旺的集市庙会;简约多样、味形兼丰的饮食习俗；毕生营筑、遗泽子孙的居住习俗；穷家富路、驴乘车载的行旅习俗；祥和热烈、趋吉避凶的节日习俗；择地而聚、邻里相安的村落习俗；长幼有序、男尊女从的宗族习俗；瓜瓞累累、多子多福的生育习俗；讲求仪规、大事张扬的婚丧习俗；争强斗胜、健康活泼的游艺竞技；内涵丰富、动人心魄的传说谣谚；异彩纷呈、流播深远的社火小戏。"①

三、浙东区域地理与民俗文化圈

浙东，顾名思义就是浙江东部，但"浙东"属于一个历史性概念，其地域涵盖不完全等同于今天的浙江东部。在历史上，"浙东"是相对于"浙西"而言的，钱塘江以东"八府"属于浙东，包括绍兴、宁波、台州、温州、舟山、金华、衢州、丽水，钱塘江以西"三府"属于浙西，包括杭州、嘉兴、湖州，这三府往往被浙东学者看做"另类"，属于太湖流域。按照这种"浙东"的理解，浙东以钱塘江为界，与杭州、嘉兴区别开来。其北，绍兴、宁波隔杭州湾与嘉兴、上海相望；其南，温州与福建的福鼎相连；其东，宁波、台州、温州东向大海，舟山群岛处于茫茫大海之中，其近海处与宁波相连；其西，衢州与江西婺源、安徽黄山相连。

相对于陕西、山西的幅员阔大，浙东地区覆盖区域较小。但是，由于浙东"占据"中国最重要的东海海岸线，且海岸线曲折多变，海洋民俗文化特征非常明显，与山西、陕西的黄土地民俗文化形成对应对比关系，显示出中华民族民俗文化的多样性与相通性。尽管浙东与秦晋相距遥远，老百姓之间的直接交往不多，但从中国历史文化发展来看，三地的文化交流、民间往来从来没有停止过。由于秦晋处于中原文化与北方、西部少数民族文化冲突与融合的前沿阵地，历史上战乱频仍，一旦北方少数民族政权侵入中原腹地，就会发生大规模的士族南迁与老百姓南迁现象，这些"北方人"带来了秦晋之地的民俗文化，与当地自然环境、人文环境融合，而形成具有新质的民俗文化，并对浙东原有民俗文化发生这样那样的影响。另一方面，由于陕西长期处于王朝的"核心"，是古代中国政治经济文化的中心，浙东地区诸多读书人也会"心往"长安、行走长安，带着浙东海洋文化的眼光观察、体验秦晋民俗文化现象。

从地理构成来看，浙东民俗文化大体可以分为两部分：一是沿海的海洋民俗文化，集中于绍兴、宁波、台州、温州、舟山等滨海区域；一是浙东西部山

---

① 聂元龙:《山西民俗撷拾》，山西人民出版社 2012 年版，第 2—3 页。

地民俗文化,包括金华、衢州、丽水等地。当然,在浙东沿海地区,也有诸多山地,其中一些山脉,构成沿海向西部山地的连接过渡带,山海相连是浙江的地理构成特点,也是民俗文化构成特点。浙东的东部临海地区,山地亦多,饮食风俗兼具山地与海洋两者之长;而浙东西部多山地区,与福建、江西相连,但也受到海洋性气候的深刻影响,海洋文化习俗也是存在的,在饮食方面也具有海洋性文化的一些特点。在生产方式上,山地生产方式和近海生产方式并存,民居建筑是以粉墙黛瓦为主的徽派建筑。舟山属于岛屿民俗,在浙东属于岛屿区域的代表。

浙江漫长的海岸线和辽阔的海域,丰富的渔业与盐业资源,是浙江沿海民众世代赖以生存的物质基础,直接影响着浙江滨海民众的生产方式。独特的生产方式,形成了许多独特的生产习俗。沿海地区的生产活动一般分为三个区间,对应形成了三个不同的民俗文化空间和民俗文化事项:一是海域内生产活动与生活活动,如海上捕捞、海水养殖等。二是岛岸上生产活动与生活活动,如岛上农地耕作、盐田制盐、海塘养殖等。三是海域与岛岸之间区域的生产、生活活动,如滩涂和礁岩,涨潮时滩涂和礁岩被淹没或半淹没,属于海域范围,退潮时,礁岩和滩涂大部分裸露出水面,与岛岸陆地相连接,又属于陆地区域。在这三个空间区域内形成的、具有明显海洋文化特点的民俗文化事项,是浙东民俗的典型代表,不仅区分于秦晋民俗文化,而且由于东海大陆架的地质结构,海水营养丰富,适合于海水养殖,海产品与海洋"耕作"方式,与渤海、黄海、南海不同。

基于浙东地理条件和历史文化传统,特别是行政区划管理的深刻影响,浙东地区的民俗文化圈可以分为:宁绍台舟山民俗文化圈、温州(含丽水瓯江流域部分)民俗文化圈、金丽衢山地民俗文化圈。

宁绍台舟山民俗文化圈地处浙东东部沿海,其北部东部临海,北部是杭州湾,东部是东海,形成了浙江最具代表性的海洋民俗文化。河姆渡人最早在这里活动,留下了许多海洋性民俗文化遗迹,从特性而言,浙东人的"硬气"主要是指这个区域性的民风民情。

在宁绍台舟山区域内部,又形成三个相对独立又相互联系的民俗文化"小区":一是以舟山为代表的海岛民俗,包括宁波、台州的部分岛屿,由于海上居民长期与海洋打交道,下海捕鱼(近海与远海)劳动非常艰辛,有时长期不能回家,安全性也没有可靠保障,每次出海就像一次"生死离别",都要举行必要的出海仪式,形成了诸多语言禁忌、行为禁忌等民俗文化,妈祖崇拜、观音崇拜和形式多样的海洋民歌、故事、舞蹈、民居建筑、渔业劳动工具等,是海岛民俗文化的典型体现。也许正是由于海岛狭小,生活艰辛,海岛居民对大陆有一种本能的向心力,希望能够离岛登陆,过上平静祥和的日子。

受到东海大陆架地质结构的影响,宁绍台滨海区域水质浑浊,营养丰富,尽管没有碧蓝的海水,可供旅游开发的沙滩资源稀缺,但海洋养殖业历来兴盛,形成浙东临海区域主要的生产生活特点,民风民俗也在这种养殖业发展基础上形成。"滩头"是这里海洋与陆地的结合部,是宁绍台滨海人民长期生产劳动的主要场所,宁绍台的"小海鲜"大多出自滩头捕捞或滩头养殖,滩头晒盐、制盐也是浙东主要的生产活动,因此形成了与此有关的盐业民俗事项。在浙东蜿蜒曲折的海岸线上,形成诸多天然港口,每天,远海捕捞与近海捕捞的海洋产品聚集在这里,又从这里走向若干水产品批发市场,先天性港口条件与后天经营开发相结合,形成了海洋渔业经济市场活动,由此形成浙东独具特色的民间经贸活动心理与风俗,也是近海民俗的重要内容。

在宁绍台的西部、南部,是多山区域,诸多大山相连,一直连接到浙东中西部地区。这些山地与金华、衢州、丽水等山地不同,属于沿海区域山地,相对于陕西、山西的巨大山脉而言,这里的山峰不高,海洋季风、台风可以长驱直入,受到海洋气候的直接影响,众多的山地植物、动物成为人们生活的必需品,这些山珍与小海鲜结合,构成山海相连的浙东人民生活的主要内容,那些高山民居建筑、高山蔬菜、高山中药材、高山农业生产方式,竹笋等加工与储存方式,以及在山地形成的民间娱乐、艺术形式等等,作为宁绍台山地民俗事项主要内容保存下来。

温州民俗文化圈。温州处于浙东东南部,东面临海,西面连接金华、丽水,南面与福建相接。与宁绍台大体相同,温州的地理结构也可以划分为三部分:海岛、滨海陆地和西部山地等,相应的民俗事项内容也有相同之处。从地理区域来说,温州靠近福建,温州方言与宁绍台有较大区别,而与福建北部方言比较接近,人们的生活习俗也与福建相同之处颇多。从农业生产来说,温州山地更多,土地以松散的红土为主,可耕种土地面积不多,且很难形成规模化生产,老百姓为了谋生,纷纷"逃异乡、走异路",养成了温州民性中"外向型"的特点,有专家说越人好漂泊,温州人正是这种"漂泊"特点的典型代表,温州方言及其在温州方言基础上形成的南戏,和温州人勇敢创业的精神,都是温州民俗文化的具体体现。

金华、衢州、丽水民俗文化圈。金华、衢州、丽水三地处于浙东地区的西南部,分别与江西、福建等地接壤,属于多山区域,有少许小盆地,可从事农业生产,物产、生活习俗以山地习俗为主。这里需要说明的是,这一区域的山脉尽管比宁绍台山脉高大深邃,但相对于陕西、山西的高大山脉来说,仍然是小巫见大巫,而且深受海洋性气候影响,雨量充足,树木高大,植被丰富多样,与陕北高原、山西的山地一片干涩、草木稀疏形成鲜明对比。

　　本章主要比较陕西、山西的黄土地民俗与浙东海洋民俗,选择宁绍台民俗文化圈作为浙东民俗事项的典型代表,与秦晋民俗进行比较分析,而温州民俗文化圈、金衢丽民俗文化圈的民俗事项则较少涉及。

第二节　各具特色的饮食文化

　　常言道,靠山吃山,靠水吃水。陕西、山西地处黄土高原,特殊的地理环境影响了当地的物产,而物产及其加工方式,成为当地主要生产方式和生活方式,也决定了陕西、山西饮食文化的基本风貌;浙东地处东南沿海,海洋性气候条件和地理形势深刻地影响了浙东海洋文化中饮食文化的形成与发展。三地的饮食文化,是秦晋与浙东民俗文化比较研究中最为显著的方面,可以明显看出中国西部、北部黄土地民俗文化与东南沿海海洋民俗文化的差异。

　　整体而言,陕西、山西的饮食文化以面食为主,牛羊肉是其主要副食,玉米、小米等耐寒耐旱作物,作为"杂粮"是人民生活的必要补充。小麦的加工生产,面条面点的制作,在面食基础上形成的亲情往来、社会交际文化,构成陕西、山西饮食文化的基本内容。而浙东地区以大米为主食,海产品作为主要副食,大米与小海鲜的加工制作,以及在此基础上形成的亲情结构、社会交际等,构成了浙东饮食文化的基本内容。陕北的羊肉泡、牛肉、荞麦、小米,关中的面食——面条、馒头、饺子、面皮、面花艺术,陕南的秦镇米皮、米糕等,是陕西主要特色饮食;牛羊肉,山药蛋、莜面窝窝、刀削面、醋食爱好等,是山西主要特色饮食;慈城年糕、象山米馒头、天台米面,浙东小海鲜等,是浙东主要特色饮食。

一、独具特色的三秦面食

　　陕西美食和所有地域都一样,包括三大类。一是家家户户的家常饭;二是逢年过节的节日饭;三是独具特色的风味小吃。家常饭特色不够鲜明,年节饭又太过注重形式与仪式,最能反映陕西美食特色的当属风味小吃。

羊肉与羊肉泡。陕北土地较为贫瘠,但是地域广阔,植物耐寒能力强,污染少,所产的山羊肉质鲜美,陕北山羊肉,口感香而不腥,肥而不腻,是陕西最优质的羊肉,也是人们慕名的特产。陕北人好羊肉,不论是炖羊肉、炒羊肉、烤羊肉、烧羊肉,还是火锅羊肉、羊肉汤,都是当地人的选择。当然,清炖羊肉是很多人的最爱,骨肉相连的羊肉,俗称羊蝎子,大块入锅,大火加热,长时熬制,是很豪迈的做法。羊汤是秋冬滋补佳品,汤中营养丰富,可以吃羊肉泡馍,可以吃羊汤烩面,可以吃羊汤烩麻食等美味。羊肉在陕北人心目中的位置颇高,逢年过节,不是宰羊就是买羊肉,不仅自己家人享用,而且还把羊肉作为馈赠亲朋的佳品。

陕北人民加工羊肉的多种方法,在关中地区也是存在的,但关中地区人民最有特色的牛羊肉吃法是羊肉泡(牛肉泡),而且制作方法相对于陕北来说更加讲究,陕西话叫"细法"。关中的羊肉泡,有几种不同的做法,一种是羊肉泡馍,一种是羊肉煮馍,对外一概称之为"羊肉泡",其实二者是不太相同的。羊肉煮馍用的是死面饼子,而羊肉泡馍用的是发面饼子,后者也称之为"饦饦馍"或"白吉馍"。做羊肉煮馍,先用温水、鸡蛋和面,和好的面,就放在一边醒着。而熬制羊汤是有讲究的,开始大火烧十五到二十分钟左右,再慢慢地用文火好好熬制。在百年老字号的店里,熬汤的火候和时间是有讲究的。汤汁熬好,放在一边等着备用。饼子只需要在平底锅里烙到六七成熟。讲究的老字号羊肉泡馍店里是要求客人自己掰饼子的,掰得越细碎越好,羊肉汤就很容易入味,羊肉汤与细碎饼子融为一体。

在烙饼的间隙,还可以准备好优质羊肉泡必备的各种配菜:黄花菜、木耳、香菇、粉丝,香葱末(或者是香菜末)。把熬制好的汤倒进另外一只锅里,把已经炖制得酥烂浓香的羊肉弄出来,用筷子调开来。那些曾经在熬汤过程中发挥巨大作用的各式调味料都统统不要了,只有清汤和羊肉块。当然煮馍的时候,如果觉得汤太浓郁的话,也可以适度增加一些水,烧开之后,就可以放进去各种配菜,一般是先放香菇,这样可以把它的滋味发散出来,再放木耳,让木耳充分吸收其他食材的香味,再放进黄花菜和粉丝,香葱末(香菜末)是出锅时候放在个人碗里,用于去腥提味。

各种菜品在锅里一煮开,就可以把切好的饼子放进去,因为烙饼子的时候是半生的,所以在煮的过程中,一边不断搅拌,一边尝试看看还缺少什么调味料,可以不断完善,等煮馍也完全熟了,味道也就更加香浓了。此时,就可以出锅装碗,享受美食了。羊肉泡在吃的过程中,还有两样必备的作料小菜。那就是糖蒜和辣椒酱。如果没有糖蒜,就用生蒜替代。一锅看似简单却滋味浓郁,做工复杂的羊肉泡就可以成为腹中餐,让人享受口舌之福了。

羊肉泡的特点是料重味醇,汤鲜味浓,且馍劲道爽滑,很有嚼头。羊肉泡的食用方法有三种:一是干泡,汤汁完全渗入馍内,吃后碗内无汤无馍无肉。二是一口汤,煮成的馍,吃后碗内仅剩一口汤。三是水围城,馍块在中间,汤汁在周围,汤汁馍全要吃光。

关中面食。在关中,面食制作丰富多样,以面条为例,最要紧的就是讲究手工制作,如手擀面、手撕面、剪刀面、大刀面、扯面等,从面条形状上看,有遍遍(音 biang-biang)面、窝窝面、宽面、窄面、旗花面、棍棍面等,从面条的口感来说,有臊子面、油泼面、干捞面、烩面、酸汤面、浆水面等。关中八大怪中,遍遍面是最有特色的代表——"面条像裤带",俗称"裤带面",其形长约三尺,薄如铜钱,一根面条不断线,一根面条一碗装,一根面条一顿饭,一根面条吃不停。

关中还有一种"窝窝面"(铜川的叫法),渭南地区俗称"麻食"或"麻食子"。这种面制作起来非常麻烦,一般是把面擀开成饼,切成手指粗细的条儿,搓条均匀,再把面棍切成丁状,一个个散开来,最后把小丁状面团一个个用左右手的大拇指搓成圆筒状,好似每个面团上都有一个窝窝。关中农家一般搓麻食的时候,都愿意在簸箕或竹条编织物上进行,搓出来的麻食外面有器物的花纹,煞是有味道,耐看又耐吃,口感劲道爽滑,富有弹性。

岐山臊子面是陕西西府面食的代表,"面白薄筋光,油汪酸辣香"。面条全是手工擀制,切成细长状,厚薄均匀,臊子鲜香,红油浮面,汤味酸辣,筋韧爽口,老幼皆宜。臊子面在西府地区有着非常重要的地位,在婚丧、逢年过节、孩子满月、老人过寿、迎接亲朋等重要场合,都是待客上品。

锅盔:关中锅盔是陕西面食文化的又一典型代表,便于携带,便于食用,便于储藏。陕西八大怪中"烙馍像锅盖"说的就是锅盔,以西府的乾县锅盔最为出名。锅盔的制作讲究"干、酥、白、香",其形状呈圆形,直径一尺有余,厚一寸多,重三五斤,一般都是纯小麦粉制成的,发面,却以硬面最为好吃。通常要用调味料水和面,抑或是做千层锅盔,把面擀开来,铺上油、盐、茴香、花椒粉等,再把面片卷起来,盘起压扁擀开,最后成型。用农村的土灶添上柴草,煨上一个晚上,第二天,两面焦黄酥香的锅盔就可以成品了。

椽头蒸馍。如果说,锅盔是西府饮食文化的代表的话,那么东府最典型的代表就是陕西蒲城的椽头蒸馍。椽头蒸馍一是色绝,光泽如美玉,手感若凝脂,浑圆饱满。耐贮存,十天半月不霉变。蒸馍层层叠叠,冷馍酥香。二是香绝,纯小麦粉,无添加剂,闻之麦香扑鼻,是典型的绿色食品。三是味绝,热不黏口,松软香甜,冷吃酥香,耐嚼劲道。正宗的橡头蒸馍,做工极为讲究,有"一水、二面、三醇、四合、五压、六揉、七蒸、八起"等工序,每道工序都有严格的要求和标准。一道工序不合格,就难以做出地道的橡头馍。

除了面食之外,陕西"杂粮"中最有名的就是陕北小米。陕北小米,亦称谷子,耐寒耐旱,是适应性非常强的农作物,适宜种植在谷地和山脊等不易见到水分的旱地上。陕北地区纬度较高,昼夜温差大,有利于农作物的生长,也造就了小米的优良品质。陕北小米色彩金黄,颗粒饱满圆润,味道清香。小米在陕北人的厨房里,会变化出无数花样,小米干饭(用小米蒸制的米饭)、小米粥、小米汤、摊黄儿(用玉米面、小米面等粗粮发酵后在鏊子上摊成的饼子)、小米年糕、小米酒。陕北小米名闻天下,"小米加步枪",说的就是陕北的小米养育了八路军,简陋的饮食加上简陋的武器,取得了抗日战争和解放战争的胜利,成为新中国的传统和传奇。

汉中米皮。汉中米皮是陕南人的第一美食,也是风靡陕西各地的风味小吃,是陕西人利用小麦加工方法制作大米饮食的典型代表。米皮和面皮不同,它的原材料是米,制作的时候,把米用小石磨磨后加水做成米浆,再把米浆平铺在竹笼上蒸制,成型成熟后的米皮洁白如玉,劲道爽滑,柔嫩富有弹性,可以切成细如面条的长状,像是上好的面条一样经得起摔打,所以当地称为"米皮"。汉中米皮的作料也很讲究,一般都需要蒜汁、油辣椒、大料水,一些绿色的黄瓜丝儿,焯好的绿豆芽等配菜,这样红白绿黄相互映衬,色香味俱全。

陕南茶俗。陕南是中国最早的产茶区域之一,紫阳县有紫阳富硒茶闻名,西乡、宁强和勉县,有午子仙毫茶,其模样似兰花,茶汤清亮翠绿,观感和口感都非常不错。在汉中,城乡最热闹的地方就是茶馆,颇有秦巴大地的特色。茶馆是人们交流谈心互传消息最好的平台和集散地,生意人以茶来寻找信息,城里人在茶馆放松休闲,乡下人在茶馆歇脚提神,朋友们在茶馆里娱乐闲谝,茶客们品茗论道好不热闹。茶馆也因为物质生活的丰富变得更加富有人性化色彩。从最先的简陋到现在的富丽堂皇或温馨雅致,从最先的解渴解乏到现在的棋牌娱乐,说唱艺术活跃茶客们的生活、招揽茶馆的生意,茶俗也变得与时俱进。

二、闻名遐迩的山西"面"和"醋"

山西人爱吃面、喜食醋。山药蛋在山西人的饮食习惯中也占据了别样的重要地位。

　　山西面食。山西面食品种丰富，花样繁多，制作精美，味形兼备，是山西百姓日常生活必备的饮食样式，已深深烙印在山西人的生活习俗和文化倾向之中。

　　山西出产小麦、大麦、荞麦、高粱、莜麦等农作物。晋北、晋西北等地区土地贫瘠，在物质不丰富的年代里，小麦不能够充分满足百姓的生活，老百姓更多地需要用五谷杂粮来维持基本生存所需。所以山西面食中不仅包括小麦面粉制作的各类面食，还包括粗粮细作，把一些五谷杂粮用花样繁多的制作方式进行精加工，比如莜面栲栳栳、红面擦尖等，以便于人们食用。

　　山西"有近三百种不同的面食，不仅名目繁多，很多巧夺天工的面食制作技术更是令人叹为观止。尤其是蜚声海内外的山西刀削面更是与北京的炸酱面，湖北的热干面，山东的伊府面，四川担担面并称为中国五大面食。山西面食如果按面食的制作成熟方式来分，大致可分为煮制、蒸制、烹制三类，如果细分，则有蒸、烤、煎、炸、炒、烩、焖、煮、烂、拌、摊、贴、蘸、瓯、焖、烧等烹饪方法"[①]。手擀面、刀削面、拉面、揪片、河捞、剔尖、擦尖、猫耳朵等品种不仅是山西普通人家的日常饮食，也是饭店酒楼乃至宾馆宴会上的风味食品。山西刀削面制作工艺，已成为当众表演的民间绝活：头顶面团，双手飞刀，面片似雪花飞舞，从几米开外准确地落入沸水锅内；双手持面，高抻低甩，百千根细如银丝的面条瞬间生成，那种粗犷豪爽与细腻娴熟，令人震撼，令人折服。

　　与山西面食相伴而生的蒜醋调和，以品质优良、口味独特的山西醋为基础，根据个人和家庭习好辅以蒜末、葱花、香菜、辣椒等，令人望而生津、食欲大增。加工制作山西面食的器具，磨碾笼屉、案板擀杖且不说，河捞床、擦擦、剔筷、剔板、削刀等等，五花八门、自成体系。

　　食醋民俗。外地人称山西人为"老西(醯)儿"，"醯"是醋的古称。"山西人爱吃醋，家家有个醋葫芦"，"老西生性怪，无醋不吃菜"，这些习惯在外地人看来很是奇怪，但在山西人眼里，"有醋可吃糠，无醋肉不香""宁可丢了饭担子，不敢扔了醋罐子"，以至于人们嘲谑山西人："阎锡山的兵，交枪不交醋葫芦。"

　　酿造家醋的古老传统在山西广大乡村中也极为流行。酿造一手好醋的家庭主妇在村里格外受到人们的尊重，谁家的醋罐多，酿出的醋香，谁家就会受众人称道和尊敬，就被认为是个"好人家"，民间嫁姑娘娶媳妇也把对方

---

　　①　李鹏：《山西面食传统制作工具初探》，山西大学 2013 年硕士学位论文，第 4 页。

家庭是否会酿醋作为一个条件。晋中、雁北、大同一带的乡村,老百姓习惯以高粱酿醋,晋西北则多习惯用玉米酿醋,而临汾、运城一带许多乡村都习惯制作柿子醋。"一方水土养一方人",山西人吃醋是与山西水土、生活习惯紧密相关的。山西缺水,尤其缺乏稳定的优质水资源,许多地方是低洼盐碱滩,水土含碱量高,吃醋可以"中和"碱性,缓释水硬的状况。山西是面食之乡,生活实践与生理体验使山西人认为醋对于各种面食最相宜,因此历来重视醋酸调和,形成了以醋为中心的调味系列。

山药蛋文化。山药蛋学名马铃薯,原产于南美洲,明代中叶传入中国,大约在清道光十八年引入山西。山药蛋具有耐旱涝、适于干冷气候的特性,与山西的气候、土壤条件非常相宜,成为山西老百姓餐桌上的常见食物,在物质不丰富的年代里,更是维持农家生活的一大主粮。在吕梁和太原娄烦等地,如果没有山药蛋,主妇们简直就没法做饭。"山药蛋给山西老百姓带来莫大的实惠,山西老百姓也没有怠慢了山药蛋。在半个多世纪内,几乎平均每年发明一种食用山药蛋的方法。山西不愧为举世无双的山药蛋饮食文化帝国。"[1]

炒土豆丝,这道看似最普通最平常的家常菜,成为考评山西厨师的"等级证",简单一个菜,厨师的刀功、火候功夫以及佐味、起锅等技艺尽见其中,"尖椒土豆丝"已成为山西的保留菜肴,是山西人餐桌上必不可少的一道菜。山药蛋和猪肉、粉条、豆腐、白菜等杂烩而成的"大烩菜",遍布山西各地的餐桌,尤以晋北、晋西北的烩菜最有名气。倘若在大烩菜中加上些适当野生的菌菇,更衬托出山药蛋的爽口和清香。山药蛋不仅在山西饮食文化中占有独特的地位,还深深地烙印在山西人的意识观念和艺术形态中。大量的山西民歌、地方小戏、美术工艺乃至农谚俗语中,山药蛋的影子俯拾皆是,山西作家赵树理、西戎、李束为、马峰、孙谦、胡正等被命名为"山药蛋派",足见其地方特色。

三、浙东"小海鲜"与饮食禁忌

自古以来,浙江沿海居民的生活从来没有离开过海鲜,浙东饮食民俗文化与这些"小海鲜"有不解之缘,海鲜美食的加工,食用小海鲜的技法,以及食用海鲜的规矩禁忌,构成浙东海洋性饮食文化的主要内容。

时令海鲜。东海是中国盛产海鲜的主要区域之一,黄鱼、带鱼、墨鱼、石

---

[1] 聂元龙:《山西民俗撷拾》,山西人民出版社 2012 年版,第 56 页。

斑鱼、香鱼、弹涂鱼、海鳗、梭子蟹、海虾、蚶子、蛏子、牡蛎、泥螺、贡干、海蜇、海带、苔菜等各类海鲜一应俱全，渔家擅长用烩、烧、炖、蒸、腌等烹调方法烹制海鲜。浙东渔民常年生活在海上，养成了生吃一些腌制水产品的习惯，他们常将一些新鲜的梭子蟹、虾、泥螺等腌制后食用。如梭子蟹，除蒸、炒、烤等法鲜吃外，渔民还将其做成蟹酱、呛蟹。渔民也喜食用酒糟制作的糟鱼，将新鲜的带鱼、黄鱼、鳗鱼、鲳鱼、墨鱼洗净、晾干后，放入盛有酒糟及盐卤水的容器中浸腌，一个月后即可食用，当然也可蒸食，其味特别香醇，也便于贮存。也有用白酒来醉海鲜的，俗称"醉鱼""醉泥螺"。渔民还有就着米醋生吃虾和卤虾的习俗。

浙东海产丰富，一年十二个月，几乎每月都能吃到时令海鲜或经腌制加工的海产品，如：正月吃状元蟹；二月吃蛏子，用盐水白煮，酱汁蘸食；三月吃大黄鱼、弹涂鱼；四月吃乌贼、鲳鱼；五月吃鲜白鳓鱼；六月吃蛤蜊、大海螺、小香螺、辣螺等；七月吃海瓜子、青蟹、梭子蟹；八月吃鲜泥螺；九月吃望潮；十月吃带鱼；十一月吃海鳗；十二月吃红膏枪蟹。

渔民终年在海上作业，风吹雨打，且劳动强度大，特别是在天寒地冻的季节，或夜间从事捕捞作业时，易受风寒。为了消除疲劳、祛除风寒，渔民都习惯饮白酒、黄酒，渔民认为饮酒可以消除腰伤等疾。因此，每当渔汛到来前，为了有强健的体魄和充沛的精力来对付高强度的劳动，渔民一般都要吃"黄酒浸黑枣""老酒芝麻煮胡桃肉""红糖老酒煮鸡蛋"以滋补强身。立夏前后，适逢大黄鱼汛期到，渔民常把捕捉到的新鲜大黄鱼用老酒、红糖煮熟食之，俗称"酒淘黄鱼"。冬至后，渔民要吃"酒淘鱼胶"，即用黄酒、红糖、黄鱼胶连同整只鸡一块煮。凡滋补食品，家人不能分享，以防"分散补力"。夏天，嵊泗渔民常采摘石花菜，制成"石花羹"饮料，以解渴祛暑，防治高血压等病症。

渔民身居海上孤岛浮洲，时时与大海相伴，出没风涛之中，难得家人团聚、亲友相会，因而把过年这一节日看得更重，往往以饮酒相庆。在使用木帆船的年代，春节前后半个月，渔民就不出海作业了，许多渔村，渔家相互请吃"岁饭"，欢聚喝酒。有的渔老大喝酒兴起酣热之际，干脆脱了鞋袜，光脚踏泥地，不仅浑身酒热透过脚心通体散发，而且酒量不减，久喝不醉。在渔岛，除了正月初一舞龙和调鱼灯这种大规模的喜庆活动，吃"岁饭"喝酒，就是渔民过年的最为热闹和开心的事。

饮食禁忌：渔民食鱼，除了带鱼、鳗鱼等鱼体较长的鱼，无论是黄鱼、鲳鱼、鳓鱼，或是石斑鱼、虎头鱼等各种鱼类，一般都仅去其不能食用的内脏，而保留"全鱼"。烹饪时,在鱼体中间划上几刀,以便油、酱之类佐料渗入鱼肉入味,烹饪完毕后,上桌也是全鱼。当一面鱼体的鱼肉吃净后,忌用筷子夹住鱼体翻身,一般是由主人预早持筷,从吃完的鱼体一面鱼刺空逢里将筷子伸进去,再拨拉出整块的肉,请客人食用。客人也会自动按主人的方法食用骨架下未用过的鱼肉,而不去翻鱼身。吃鱼时,不仅筷子不能拨翻鱼身,而且嘴上也不能说"翻鱼身",主人在作示范动作的同时总是说:"顺着再吃。"目的是为了避免一个"翻"字出口,或有"翻"的动作出现。

这是因为渔民终年四海漂泊,风里走,浪里行,全靠渔船养家糊口,最忌讳"翻"船之类不幸事件的发生。再则,渔民视船为"木龙",而龙又是鱼所变,所谓"龙鱼""鱼龙"之说,即是此意。由船不能翻,到"木龙"不能翻,到鱼不能翻,皆因"鱼"和"龙"紧密相连,"吃鱼不能翻鱼身"为所有渔家人所认同和严格遵守,无论是在渔民家里,或是渔船上,这个习俗都不能违反。因此,在海岛渔村,无论是在渔船上,还是在渔民家里作客,甚而在饭店和渔家人一起聚餐,都不能说"鱼吃光了""鱼吃完了"之类的话。

渔家饮食中还有其他种种忌讳,如羹匙不能背朝上搁置。在渔船上或到渔家作客,你会看到渔家人在吃羹或汤食中,所用羹匙都是背朝下平放在桌上或碟中,而不会将匙背朝上搁在羹汤碗沿,男女老幼皆遵循这个习俗。这是因为渔民及其家人最忌讳"翻"船之类现象,而羹匙形状像船,因此,渔家人不愿看到羹匙被倒置。又如筷子不能搁在碗上,因为这形状有似船搁礁状,而海上捕捞航行,也忌讳船只触礁搁浅。这些饮食上的忌讳,反映了渔家人祈求海上平安的心愿。

第三节　婚俗、亲情文化与生活禁忌

一、异中有同的特色婚俗

婚姻是人生中最重大的事情,一桩婚姻不仅决定当事人——新郎新娘的终生幸福,而且直接或间接地影响着两个以上家族的荣辱兴衰,有些特殊人物的婚姻甚至影响中国历史的进程。因此,无论是古代中国,还是现代中国,人们对婚姻都非常看重,不论是仪式规矩,还是婚姻内涵,都是人们生活中具有"里程碑"意义的大事,婚俗就成为各地民俗结构中最重要的组成部分。中国古代以农业生产为主体的生产方式、以儒家礼仪规范为主体的伦理规范,受到这些"社会生产方式"和"精神生活方式"的深刻影响,婚姻制度极为完备,形成较为严格的"六礼",即纳彩、问名、纳吉、纳征、请期、亲迎六个婚姻程序阶段。所谓"无媒不成婚",中国古代婚姻规范,对陕西、山西、浙东都具有深刻的影响,而三地正是根据各自的风俗习惯,将这六个步骤具体化,形成了既有共通之处,又有地域特色的婚姻民俗事项。

女子出嫁必修课——哭嫁婚俗。在陕南山区,有一种独特的婚嫁习俗——哭嫁:以"哭"抒情,以"哭"别离,以"哭"感恩。陕南姑娘出嫁前,没有不哭的。如果哪个姑娘出嫁不哭,要被人嘲笑的,也会视为不吉利。姑娘出嫁前十天左右,就开始"哭"了,一直哭到上花轿。哭嫁一般在出嫁前一天晚上达到高潮,出嫁的女儿哭,爹娘哭,兄弟姊妹哭,就连送姑娘出嫁的诸位亲戚也哭,"哭"是为了营造一种气氛,既是形式的,也是有内容的。"哭"很好地释放了内心的情感,以哭诉的语气和富有韵律的腔调带有某种表演的性质,把平时口语中不能表达的情绪都很好地烘托传递出来。

娘家人也是边哭边为姑娘准备嫁妆,那些会哭会说会表演的姑娘无疑会获得观众们的赞扬,因为"哭"的内容丰富多彩,"哭"也是一种歌,有节奏,有腔调,有韵律和顿挫。哭嫁慢慢演化成具有一定曲调和歌词的唱段,当然也有一些是出嫁女的即兴创作。

在陕南,女孩子长到十四五岁就开始学习哭嫁,练习哭嫁,彩排哭嫁,让哭嫁的形式和内容能够在婚礼前后拿得出手。所以,哭嫁的培训和实践成为教养女儿的一个因素。比如,"哭爹娘"一段:"月亮弯弯照华堂,女儿开言叫爹娘。父母养儿空指望,如似南柯梦一场。一尺五寸把儿养,移干就湿苦非常。劳心费力成虚恍,枉自爹娘苦一场。"而母亲要哭《劝嫁歌》来慰藉:"女儿成人要出嫁,为娘嘱咐几句话:一要孝公婆;二要敬丈夫;三要妯娌多和睦;四要心细贤,茶饭要均匀,火烛要小心,炒菜要洁净;五要起得早,堂前把地扫,贵客来到家,装烟又递茶;六要学裁剪,免得求人难,切莫多贪玩,日后穷了靠哪个。"词语朗朗上口,曲子款款动人,说理头头是道,劝慰条理分明,不愧是一首口语明白晓畅,说理通达到位的好歌。

山西大多地方有"哭嫁"的习俗,人称"媳妇哭,娘家富"。据民俗学学者研究,哭嫁风俗的由来与远古时代的抢婚有关,远古时代女子被掠夺时的哭诉逐渐演化为后来的哭嫁。哭嫁一般是感叹无忧无虑的少女生活的结束,感谢父母的养育之恩,眷念兄嫂弟妹女友的友好相处之情,同时表达对为人妻为人媳的人生转折的惶惑不安。如果对婚事不太满意,感到委屈,更可以借机发挥,大哭而特哭一场,新娘的母亲、女友与家族中的女眷都要陪哭。

在陕西渭南,迎亲的队伍中须有"大哥"带一条鲜肉,送给新娘的母亲或大嫂(母亲不在或年事已高),俗称"离娘肉"。与"哭嫁"的习俗含义大体相同。

讲究礼仪的婚俗程序。陕西、山西的婚丧嫁娶风俗非常讲究礼节,严格按照"六礼"程序,在相亲订婚、迎娶、回门等"程序"中,地方文化特色相对鲜明。在相亲阶段,男方委托媒人或亲友、邻里向女方家"提亲""开八字",请阴阳先生合婚。然后,男方下帖,重新写明男女双方的出生年月、生辰八字等,长治称之为"取四柱",雁北称之为"换婚单"。订婚一般选在农历三六九的吉日,双方家长分别设宴款待亲友吃"定亲饭",又称"吃面"。晋南襄汾等地,男家筵席上必备饺子,意取"捏嘴",表示不要再讨要彩礼了,女家设筵则以"臊子面"回敬,取面条的长,表示彩礼少了可不行。在晋南的闻喜,男方送给女方的聘礼中须有 90 个花馍。女方的回礼,也有几十个花馍,男女双方把花馍切片分散亲友、邻里,称之为"散喜馍"。

在迎娶阶段,陕西和山西大体相同,有催妆、开脸、上头、迎亲、闹洞房等基本程序。"催妆"是在结婚前几天,男方要送女方钗环首饰、衣裳、酒肉等礼物,催促女方做好出嫁的准备。"上头"即把辫子盘成发髻,"开脸"就是给新娘修面,以此表示新娘少女时代的结束。"迎亲",由新郎亲自到女家迎娶新娘,也由媒人或小叔子带领迎亲队伍前往迎娶,而新郎在家等候。闹洞房是婚礼中最热闹最有趣的节目,"不闹不发,越闹越发",民间有"新婚三日无大小"的说法,新婚三天内,不分辈分高低,男女老少都可以到洞房逗闹新郎新娘。

宁波普通婚俗有媒约、订婚、贺礼、搬嫁妆、相亲、迎娶、拜堂、喜宴、闹洞房、回门、望担、满月盘等十多道程序。

首先是定亲,先由媒人牵线,父母同意后,请算命先生根据男女双方的生辰八字抽签,如八字相配,男方得备果品礼物,派人与媒人同往女家,询问姑娘的出生年、月、日、时辰,称之为"请庚帖"。女方将姑娘的生辰八字书写在红帖上,送至男方家里,叫"过庚帖"。男家得庚帖,置灶神龛前,如三日内平安无事,婚事就定了。之后,男方媒人得持婚书(俗称"书子""书纸榜子")与簪子等定情物,以及猪肉、鸭、鸡、酒等礼品挑到女家,俗称"纳吉",也叫"发送"。女方收到礼品后,将事先为女婿及婿家父母等人做的鞋子、笔墨、纸砚、香袋等物放至男子的礼担中作回礼,又叫"过书"。洞头的渔民在亲事定下后,男方的亲朋要挑几担礼品,主要有金银首饰、猪肉、糖果、糕饼送至女方家,女方家则热情接待送彩礼的人,摆酒宴请,饭后送红包。女方在收下男方的部分彩礼(不可全收,每样物品都得退还少许)后,把棉被、枕头、子孙桶(即马桶)、火囱(铜制取暖手炉)、家箃篮(盛剪刀、尺、针等工具的竹篮)等嫁妆放至担子里,让男方亲朋挑回。

在举行婚礼的前三天,洞头县兴男方家长要向邻居分送小汤圆,以示小夫妻未来生活团团圆圆。结婚前一天晚上,男方要用全猪、全羊敬拜天地神祖,以此来谢愿,俗称"做敬"。在举行婚礼的这天早上,新娘要吃"肉骨饭",意谓婚后夫妻二人情同骨肉。当花轿至男家时,鸣鞭炮,击鼓锣,敲悬于帏的铜喜鹊。花轿停在堂沿,轿夫开轿门,一盛妆幼女(俗称"出轿小娘")上前行礼后,送嫂取镴壶中香粉在新娘脸上"添妆",一全福妇女用秤杆微叩新娘头部,再用秤尾自下而上挑去方巾,置于床顶上,俗称"揭戴头帕"。拜堂后,陪郎二人捧花烛引导新人踏地面布袋入洞房,布袋五只,每行一袋,称"传宗接代"。①

在陕西、山西的婚俗礼仪中,新郎新娘入洞房之后,会发现新床上被褥下面,布满了大红枣、花生、豆子等,大红枣预示"早生贵子",花生预示"花着生",祈求儿女双全。而且,在新郎新娘进入洞房之前,往往会安排童男子(小孩)先在婚床上躺躺,俗称"压床"。山西人在婚礼上都放枣子、石榴,即祈愿新婚夫妇早生贵子,多子多福。在舟山,长辈要将枣子、桂圆、甘蔗等十样干果抛向华堂,让贺喜人员争食,俗称"抛喜果"。新娘还得亲自到厨房割下祭祖的猪肉,并将身上所系布阁(一种上下相连的衣服)交给厨师,请代为厨事,俗称"出厨"。接着拜见家中大小,受拜的长者要给"拜见钿"。舟山地区多岛,若外岛娶亲,均以船代之,新娘上船时,双方鸣放鞭炮,由长者背新娘到婿家,旧时舟山有"阿姑拜堂,公鸡陪洞房"之俗。这是因为有的新郎出海遇风暴等特殊情况,不能如期归来,习惯由阿姑代替拜堂,同时在洞房内笼养一只公鸡,公鸡颈上悬一红布条,待新郎回来后,才将公鸡放出。

婚礼习俗一是讲究喜庆热闹。婚礼的色调以红色为主,锣鼓喧天,鞭炮连连,闹洞房等把喜庆气氛渲染得火爆热烈,无与伦比。二是对新婚夫妇婚后生活的美好祝福。如新娘下轿要跨越火盆,新郎新娘绕"旺火",表示祛除邪恶,象征新婚夫妇婚后日子越来越红红火火。闹洞房撒喜果,撒七彩纸屑,洞房里放斗,斗里放五谷,铜镜以驱魔镇妖,都寄予着人们对新人的美好祝愿。吃"同心结""合欢饭"等,表示共同生活的美好开端。

喜事不忘娘亲在——回门风俗。在陕西、山西各地的婚俗礼仪中,有

① 浙江民俗学会编:《浙江风俗简志》,浙江人民出版社1986年版,第155页。

"回门"的做法。一般是在婚后第三天一早,新婚夫妇要双双回女方家省亲,叫做"回门"。在山西,各地要求回门的时间不一,有的在婚后第二天,有在婚后第三天,也有婚后第六、七、九、十甚至十二天。民间把新娘嫁到婆家称为进门,把新娘从婆家回娘家省亲称为"回门"。这一习俗,从女婿方面来说,有感谢岳父岳母恩德,拜会结识女方亲友等意义。从女儿方面来说,则表示了她出嫁后不忘父母养育之恩的心情,对自己本人来说也是对离开父母家的一种情感抚慰。

在宁波一带,成亲后次日起床,须由新郎开房门。是日,男方备轿请阿舅,阿舅受茶点三道后,退至阿妹新房歇息。午宴,请阿舅坐首席,称"会亲酒",但忌用毛蟹(娘舅谑称毛蟹)。宴后,用便轿接新郎陪伴新娘回娘家,称"回门",随轿送娘家"望娘盘"一担。岳父母家宴请"生头女婿",忌用冰糖甲鱼。宴毕返回,新娘一出轿门,宾客中爱闹者预先以二三十条长凳从轿前铺接至新房门口,架成"仙桥",要新郎搀扶新娘从"桥上"过,客人欢笑催促,新娘若步履稳健,则在新房门前"桥头"凳上再叠长凳一条,并递上一只油包,要新娘口咬油包走过,俗称"鲤鱼跳龙门"。[①] 第三日,新娘要亲自煮糖面,分送四邻,故俗谚有"三日入厨下,洗手做羹汤"。

二、兼具社会交际功能的亲情文化习俗

中国古代社会以儒家伦理实践理性为基本规范的社会伦理,特别看重血缘关系,形成以血亲制为纽带的社会结构。这种社会结构,亲戚朋友之间的来往,往往兼具巨大的社会交际功能,以血缘关系组成的亲戚机制,是一个人社会交际的核心圈子,不仅是一个人从事社会交际的起点,而且对个人的成长过程具有举足轻重的作用,所谓"在家靠父母,出门靠朋友",在"家"的这个父母,不仅仅是亲生父母,还有家庭、家族的长辈。所以,无论在陕西、山西,还是在浙东,对于亲戚间的往来都特别看重,由此形成了亲情文化习俗。

陕西时节民俗。陕西的亲情文化习俗往往与中国古代年节文化联系在一起,逢年过节,大家相互往来,带上适当的礼品(有些是规定的礼品样式),晚辈拜访长辈,长辈看望关心晚辈,因为不同层次的血缘关系,形成不同的礼仪样式。在诸多的血缘关系及其礼仪样式中,出嫁的女儿与娘家的关系,是第一等重要的血缘关系,也是最贴心的礼仪。

---

① 浙江民俗学会编:《浙江风俗简志》,浙江人民出版社 1986 年版,第 156 页。

陕西关中的看麦罢(忙罢)习俗。在关中农村,有看"麦罢"的习俗。看麦罢,是嫁出去的女儿同自己的丈夫一起回娘家来"看"。一般是在麦收结束以后的一点点农闲时间里,其实也是尝新麦的时候,是互相庆祝丰收,感受喜悦的一种讲究。女儿女婿是要给岳父岳母备礼物的。女儿女婿回家时候,一般情况下岳母会为女婿烙一个"锅盔",作为回礼,同时也有尊重与否的含义。

元宵节舅舅给外甥送灯习俗。在元宵节前,舅舅家会送花灯给外甥家,或一般亲友送给新婚还没有生育的夫妻,以求添丁进口,因为"灯"与"丁"谐音。在西安一带是正月初八到十五期间送灯,头年送大宫灯一对、有彩画的玻璃灯一对,希望女儿婚后吉星高照、早生麟子;如女儿怀孕,则除大宫灯外,还要送一两对小灯笼,祝愿女儿孕期平安。送灯不仅仅是娘家送新婚女儿家,就是女儿有了孩子,外婆更是要送孩子灯,一直送到十二岁,第一个本命年到,以后就不用再送了。所以,在关中农村,送灯是一个长期行为,也是走女儿家这门亲戚的一个重要仪式。在正月初八以后的每天晚上,孩子们都可以打着灯笼走在村庄小路上了,也可以互相串门玩耍。到正月十五这一天,是碰灯,烛光一照,五彩缤纷,非常好看。你碰我的灯,我碰你的灯,最后大家的灯燃起来就是最快乐的时候。

出嫁女儿熬娘家习俗。"熬娘家"是指出嫁的女儿回到娘家小住的美好日子。熬娘家通常有这样几种情况,一是出嫁后回家小住,看看爹娘,会会姑娘时候的玩伴,和打小一起生活过的兄弟姐妹们回味儿时的生活滋味。二是在婆家受了各种委屈,都可以通过熬娘家得以缓解和重新调和,熬娘家一般是女儿家一个人的事情,如果有女婿也跟着熬娘家,会被人耻笑的。三是女儿家生了孩子,一个重要的议程就是孩子满月以后的熬娘家,这次的熬娘家真的非常风光,也是非常滋润的,更是女人家一生当中最长时间的一次熬娘家。通常都是以"月"来计算的。

浙东的婴儿成长习俗。礼仪习俗是指人的一生中,在不同的生活和年龄阶段所举行的不同的仪式和礼节,如诞生礼仪、结婚礼仪、丧葬礼仪等。在这些人生成长礼仪习俗中,包含着浙东特色的亲情交际文化。

娘家催生习俗。在浙江沿海岛屿,产妇临产前,娘家要送"催生担"。"催生担"中有婴儿所需衣食,有衣服、尿布、红糖、鸡蛋、桂圆、长面等,催女儿为夫家早生贵子。舟山嵊泗一带催生要送黄鱼鲞,一则为讨"黄鱼鲞"三字内黄吉日、鲞(响)之吉意,另一层用意是黄鱼鲞炖肉汤,营养价值高,产后奶汁多,有利于生产后哺育。还有甩催生包袱卜男女的习俗:将催生包袱从窗户抛进房内床上,若包袱朝床里,包袱结朝下,为生男之预兆;包袱朝外、包袱结朝上为生女之兆。若临盆产下是男孩,婴儿之父还要跑到海滩去向龙王报喜,用供品酬谢龙王。

婴儿满月之日,宴请亲情朋友庆贺的习俗,在全国各地都有,而浙东的"满月"习俗具有浓郁的海洋文化特色。在舟山,婴儿在满月时,家中大人要抱到海边戏浪浴海,此俗的含义是让孩子降生后与大海相近相亲,与海龙王攀亲,将来有个照应。在舟山个别小岛,也有把婴儿的"襁褓"放入瓶里,用"褓瓶"代婴儿下海,让它随波逐浪去与海龙王"攀亲"。① 在宁波,产妇娘家要送"满月担",有鸡肉鱼等食物和老虎头鞋帽、抱裙、披风等衣物。婴儿的姨母、姑母、舅母等以五色线编织彩带挂婴儿项上,并赠饰物祝长命百岁。

婴儿在出生两个月后,要走外婆家。去之前,要用锅灰在婴儿的鼻尖上抹一圆点,并将一本旧历书挂在婴儿身上,俗称"乌鼻头管望外婆",意示避邪。外婆得给婴儿挂上用五彩丝线搓成的"长命线",以示祝福其"长命富贵"。在洞头,男孩满周岁时,大凡讲闽南话的外婆均送"红圆",讲温州方言的外婆则送寿桃,以示祝福。

三、浙东的生产习俗与生活禁忌

造船习俗。浙江沿海与海岛地区居民长期以海为田,以鱼为利,以舟楫网罟为生,形成了许多独特的渔业习俗。渔民的生产与生活都离不开船,浙东造船犹如陕西、山西民间造房屋,非常重视。大木师傅破木、选料,必须选择吉日,用三牲福礼敬请天地众神;上平底板(即船底骨)时犹如造屋之上梁,燃放鞭炮;船头称为"船龙头",一定要藏金银,或用银钉,两只船眼须各藏两枚银角儿或银元。选择好吉日后,按金、木、水、火、土五行用五色彩条扎于"银钉",并用红布蒙住船眼,俗称"封眼"。待到新船下水出海时,再由造船的大木师傅恭恭敬敬揭去封在"船眼睛"上的大红布,俗称"启眼"。下水前,渔民将渔船打扮一番,船头涂上红、黑、白三色,船头、船尾插上红旗,旗长一丈二尺,上书"天上圣母娘娘",并用红、黄、蓝、白、黑布披挂船身。新船下水这一天,先用全猪全鸭和馒头隆重供奉船关老爷,以福礼酬谢帮忙推船的壮男力士,俗称"散福"。

出海习俗。浙东渔民在出海前要敬神,船老大对神许愿,如能"抲第一

---

① 金英:《舟山诸岛的出生礼仪》,《浙江海洋学院学报》(人文科学版)2005年第2期,第33—35页。

对"，即产量最高，就许诺以请戏班演戏还愿；逢大队船出海，则先在"龙王堂"演戏敬龙王，后请菩萨下船。渔民更衣沐浴，手捧香袋，袋面书"天上圣母娘娘"，敲锣伴行，锣声共十三响后到船上，将香袋放入舱内，再邀亲友上船吃酒。有的渔船供木雕娘娘菩萨（天妃）或关羽，出海时鞭炮齐鸣，下网前要烧金箔，用黄糖水遍洒船身和渔民身体，并用盐掺米，洒在网上和海面上，以示干净。第一次"开洋"时先要在船上祭祀神祇，然后把杯中酒与少许碎肉抛入海中"行文书"，又称"酬游魂"。舟山渔民每季第一次出海要避开农历初八和廿三，有"初八、廿三，神仙出门背空篮"的说法。洞头的渔民出海前要将一尊泥菩萨供奉在船舱的"官厅"，每年第一次下海捕鱼时，渔民要请司公（道士）到海滩送行，进行"跳筒""烧金"。渔汛结束时要评出产量最高的渔船（迎头鬃），选定吉日举行"迎头鬃"仪式，渔行主和乡绅们率领众人给"扛头鬃"的渔船送去"头鬃旗""红包"和披盖着红布的大猪头。

海祭习俗。开洋、谢洋仪式是浙江渔民在独特的生存环境和历史文化背景中，在长期耕海牧鱼的生产、生活中形成的别具特色的一种传统民俗活动形式，包括渔民祭祀活动和传统民间文艺表演等内容。舟山嵊泗枸杞一带有"七月半祭海神"的习俗，舟山本岛及附近小岛上的渔民常在海船后舱设神龛专供"船关菩萨"，又叫"圣堂舱"，金塘溜网船与枸杞一带小对船上习惯供奉女菩萨——"圣姑娘娘"。祭海仪式中，最重要的是祭龙王。每年的农历立夏，渔民们先在龙王宫（殿），后移至海边临时选定的祭坛或渔船甲板上进行祭祀，以祈求东海龙王或四海龙王保护渔船及渔民一帆风顺、满载而归。祭海仪式是浙江乃至中国沿海渔民崇拜和信仰海龙王及海上诸神的一种民间祭祀行为，其悠久的历史和广泛的参与性在浙江沿海诸多习俗中独具特色，在我国东部沿海民俗中也具有明显的共通性。2007 年 6 月 18 日浙江舟山市"岱山祭海"正式入选浙江省非物质文化遗产保护名录，并在第三届中国海洋文化节开幕式上表演展示，将"祭海"由单纯的祭神仪式演绎成人与自然的和谐对话。

渔民忌讳。在生产技术不够发达的条件下，海上作业的渔民很难掌握自己的命运，所以禁忌、迷信较多。如渔船上的忌讳有：不许将双脚荡出船舷外，以免"水鬼拖脚"；坐在船上，不许双手捧双脚，头也不能搁在膝盖上，因为这姿势像哭；在船上不得吹口哨，以免惊动"龙王"，招风引浪，使船遭到厄运；不许拍手，"两手空空，无鱼可抲"；龙头是船体最神圣的地方，任何人不得在"龙头"下撒尿，以免冒犯神灵；出网时绝对不许大小便；船靠岸时，渔工不得高声叫"到家啦""近啦"之类的话，以免惊动野鬼，引鬼上岸。大凡家中有红、白喜事未满一月者,一律不许上船参加捕捞,以免血气、晦气冲犯海神;不许妇女上渔船干活,尤其忌讳妇女跨过"龙头",认为此举冒犯、亵渎神灵;七男一女不得同船过渡,一说是"八仙闹海"会引起浪涛,一说是"八仙过海",海龙王要抢亲。

盐业祭祀。浙东产盐区主要崇拜以物拟神的𪩘。𪩘由海泥盐堆积而成,是获取卤水以制盐的物质载体,盐民认为它有灵性,掌握着制盐的成败,因而奉之为神,称𪩘(头)神。过年时节,舟山一带盐民要备"三牲"(猪、羊、鹅或鸡)祭祀𪩘神,寄托盐民希望得到盐神的保佑,获好收成的愿望。象山大徐镇杉木洋村常济庙,供奉着一位出身于本地的盐熬神(盐熬菩萨)——徐始太公。慈溪鸣鹤古镇有彭侍郎祠,明刑部侍郎兼金都御史彭韶奉命来慈溪鸣鹤场整理盐政,革除流弊,逐盐霸,换盐官,行宽恤盐民之政。这些所祭祀的人物,或为行盐政有功于盐民的盐官,或为有功于后人的盐民祖先。[1]

生育禁忌。浙江沿海区域的生育禁忌极为严格,尤其是出海渔民,更是讲究避忌。渔岛视妇女产房为"红房",经常要出海的渔民,不能出入"红房",因为出海要与海龙王、虾兵蟹将打交道,要与风涛艰险搏斗,需要阳刚之气,故不能进"红房",以免因沾染"阴"气而减了阳气,带来不测。进过"红房"的人,不能进佛堂、庙宇,否则就被认为是对菩萨神灵的不敬;也不能出入新婚场所和丧葬场所,以免造成相克相冲。

第四节　各呈异彩的民间艺术

民间艺术是在当地人民生活习俗、生存智慧等基础上产生的,集中体现了民间艺术精神和民间生活理想,是各地民间文化的华彩乐章。相对而言,陕西、山西的民间艺术更加"土"一些,有着黄土地的厚重与豪迈,一些民间艺术形式场面宏大,荡气回肠;而浙东民间艺术形式多样,典型体现了浙东海洋生活特点,场面相对"小"一些,个性特色更加鲜明。

一、令人荡气回肠的陕北高原民间艺术

在三秦大地上,陕南、关中、陕北都有各自的民间艺术,但由于历史的原

---

① 参见武峰:《浙江盐业民俗初探——以舟山与宁波两地为考察中心》,《浙江海洋学院学报》(人文科学版)2008年第4期,第6—10页。

因,观众的民间艺术形式更多地融入到中华民族民间艺术的整体结构中,陕南和陕北的民间艺术"民间性"更加突出一些,其中,陕北由于特殊的历史原因,民间艺术形式影响力更大,知名度更高,陕北秧歌、安塞腰鼓、陕北剪纸等,在全国具有响亮的知名度。

陕北秧歌。陕北秧歌又称"闹红火""闹社火""闹秧歌""闹阳歌"等,是陕北一种具有广泛群众基础的民间艺术形式。陕北秧歌起源于古代"闹春社"祭祀土地爷的民事活动,一般在正月初一、初二开始,活动贯穿一个一个正月天,直到阴历二月初二"龙抬头"才告一段落。秧歌形式多样,人多势众,规模较为壮观,尤其是穿上秧歌服,看起来多姿多彩,很是红火热闹,氛围十足,喜气洋洋,让人很容易陶醉在具有节奏的曲子里,也引诱着人们舞动脚步浑身都动起来。绥德、米脂、吴堡等地,每年新春都要组织秧歌队伍演出,先祭祀神庙,再走街串巷,各村排着门子去表演,送去新年的祈福和祝福。秧歌队伍,锣鼓喧天打头阵,嘹亮唢呐吹震天,跑旱船、跑驴、踩高跷、舞狮子、扭秧歌的人尽情舞动身体,做出扭、摆、走、跳、转等各种动作,既有统一的节奏和舞步,也有丑角独有的身姿表现,节奏欢愉,气氛喜庆。

关中社火也是在正月里举办,一般从正月初一到正月十五。与陕北的"社火"中秧歌唱主角不同,关中社火是群众自发组织的各种庆祝表演与娱乐的活动,规模大小不一,主要形式有舞狮、舞龙、高跷和芯子,社火队伍经过之处,都是锣鼓喧天,鞭炮齐鸣,气氛热烈。高台社火和地社火是关中社火的典型代表形式。高台社火因为人物都要固定在高台上,多选用四五岁的儿童,着古装扮相,少则一人,多则数十人不等。高台社火中有高跷、芯子、马社火(包括牛社火)、车社火、山社火、血社火等形式,内容多来自戏剧故事,人物造型都出自民间艺人之手。地社火中有狮子、龙灯、竹马、跑旱船、背社火、走社火、大头和尚戏柳翠、推车车、拉犟驴等。地社火的主要表演在于"走"和"演",生动活泼,表情丰富,营造喜庆吉祥的声势。

安塞腰鼓。安塞腰鼓是陕北著名的汉族民俗舞蹈,是国家非物质文化保护遗产,也是安塞三绝之一,场面恢弘、气势磅礴,有震撼人心的力量,被称为天下第一鼓。相传腰鼓是古代军旅增加士气传递情报所用,后逐渐成为表达胜利欢呼和庆祝丰收的喜悦,形成了粗犷剽悍的刚劲风格,具有激昂雄壮、酣畅淋漓、张弛有度、群而不乱、变化丰富等特点。安塞腰鼓多在喜庆节日和庙会上表演,多集中在每年的春节到元宵节期间。先去"谒庙",祈求神灵保佑来年风调雨顺,国泰民安,并在寺庙内表演一阵子,起到娱乐神灵的作用。腰鼓鼓点密集,锣鼓共振,有着欢快的步伐,多变的阵脚,撼天的呐喊,是一种极富有阳刚气概的舞蹈形式,赋予力量的美。安塞腰鼓的表现形式有"文腰鼓"和"武腰鼓"之分,"文腰鼓"轻松愉快,潇洒活泼,动作幅度小,类似秧歌;"武腰鼓"则欢快激烈,奔放粗犷,动作幅度大,有踢打、旋转、跳跃等高难度的动作,尤其是鼓手们的飞跃旋转技巧,给人以英武洒脱之感。

陕北剪纸。陕北民间剪纸艺术主题丰富,形式古朴、简约、大气、粗犷,既能让人感到原始、本色,又具有夸张、简洁的手法。在陕北剪纸艺术中,有古老的图腾文化,表现生殖崇拜与图腾象征;有生活场景,表现民间习俗与日常活动状态;有植物的拟态化描摹,表现热爱自然热爱生活的积极情绪;有来自民间文学、戏曲或神话传说内容的,体现民间大胆新奇的艺术想象。逢年过节,家家窑洞内外的窗户上都贴窗花,门楣上、门扇上、炕头上、墙围子上、柜子、箱子上,甚至粮仓、面缸,厨房的碗柜上都有红色的剪纸出现,偶尔也有其它鲜亮色彩的图案搭配,表达人们的美好祝愿与期盼,美化与营造节日氛围。

二、原生态的山西民歌

山西是民歌的海洋,其中晋西北的民歌与陕北民歌多有相通之处,方言发音习惯大同小异,民歌主题和歌唱形式也相近。所以,在这里介绍山西民歌的特点,也有部分适合于陕北民歌。

山西民歌,源远流长,省内一百多个县份,几乎每县都有自己的民歌,经过千年传承流播,逐渐形成了"处处闻山曲,人人皆会唱,老调味醇美,新歌花更香"的蔚然大观。根据山西民歌的不同特点,可以分为晋中、晋北、晋东南和晋南四个不同的民歌区域:晋东南民歌调式古朴,晋北民歌雄浑憨直,晋南民歌委婉细腻,晋中民歌变化多样、灵活自由。[①] 山西方言的运用和发声方法使山西民歌充满了浓郁的地方色彩,显示了原生态的特点。"我"在山西方言中是(ě),"你"在山西方言中是四声(nì),en 与 eng,an 与 ie 不分,"人"与"仍"同读一音,"信"与"杏","钱"与"茄"同读一音,多数韵尾是抑调,"儿"化音的运用也很频繁,因此民歌中常出现"灰驴驴儿""毛腿腿儿"等。

在晋北,人们出行以牛车、毛驴、骡子为主,民歌中有"二套套牛车你慢慢游";在晋南,人们生产、生活以肩挑手扛、推车为主,民歌中有"推上小车走绛州"。晋西北地区地势较高,雨水少、气温低、冬天经常受到冷空气的侵袭,民歌中就有表现与地方气候相适应的生活物品,如羊肉、莜面、羊皮袄

---

① 汪俊芳:《论山西民歌的地域性风格特征》,《艺术评论》2014 年第 4 期,第 123 页。

等;晋南地区属于盆地,平坦宽广、气候温暖适宜,土地资源肥沃丰富,农业兴旺发达。民歌中就有体现山西面食类的特色,形象生动的如:"和下面来铁蛋蛋,擀下齐子(指面条)纸一般,切下齐子一把线,下在锅里莲花转。"

河曲民歌《走西口》是山西民歌中的代表作。西口,是位于晋北右玉县城西北 35 公里的杀虎口,相对于东边的河北张家口而称为西口。晋北土地贫瘠,明清时期经常有晋北农民移居口外,开荒种地,以满足蒙汉民族对粮食的需求,于是便有了无数的痴男怨女在这里分手送别,形成了这首流传数百年的民歌:"走路你走大路,不要走小路,大路上的人儿多,拉话解忧愁,哥哥你走西口。"妹妹的嘱咐细致婉约,贴心贴肺地对哥哥关心。《想亲亲》也充分体现了一种山西民间男女恋爱的情怀,用充满山西生活习俗的生活过程写出了一连串的相思,男子称呼心爱的女子为"亲亲""小亲圪蛋",细腻缠绵,体现的是山西民间的山野之趣。左权民歌《樱桃好吃树难栽》抒发了一位男子对爱恋的女子辗转反侧的相思之情,"在略带伤感、娓娓道来的倾诉中,使人感受到其所蕴藏的忧患之心和希望之光"[1],显现了山西文化"勤俭质朴,忧深思远"的特点。

三、浙东海洋性民间舞蹈与竞技活动

浙东沿海民间舞蹈形式多样,分布广泛,无论是临近城市的渔港,或是远离大陆的海岛,大凡有渔民聚居的地方就有民间舞蹈,表现了沿海居民对美好幸福生活的歌咏或向往。

"跳蚤舞"始于清朝乾隆年间,是由福建渔民从福建传承到舟山沈家门渔港等地区,再由沈家门传承到定海、岱山和嵊泗列岛直至宁波镇海。清末民初,经过舟山渔民艺术家们的吸收和改良,成为舟山群岛特有的一种海洋舞蹈。"跳蚤舞"的基本舞步是大八字步半蹲跳走式,舞姿酷似跳蚤跳蹦而称之为"跳蚤舞",以轻盈、诙谐、灵活、逗乐的舞蹈动作取胜。男的是济公装饰,破袈裟,破鞋,一把破蒲扇。女的是火神娘娘装饰,头戴珠冠,身披红色宫衫,红绿花鞋,手舞一块红手帕,也有手敲两块竹板的。火神娘娘菩萨一身火红装束,正是火的色彩象征。

镇海龙鼓既有龙舞的细腻奇巧,又具有锣鼓的雄壮粗犷,合为龙鼓,似蛟龙出海,雷霆万钧,变幻自如,气势如虹。瀣浦船鼓是一种集打击乐(以鼓为主)、船型道具和民歌小调为一体的民间舞蹈,通称船鼓,民间亦呼称"拷

---

① 刘海泮:《山西民歌的风格特色》,《艺海》2014 年第 5 期,第 85 页。

(敲)船灯",清嘉庆中后期盛行于乡里,迄今有二百余年历史,每有民间庙会、传统节日、开洋谢洋之时,男性渔民就会一起以击鼓、唱民歌、舞船型,进行祈福或喜庆丰收。

民间拳术作为一种有着实用价值的特殊"舞蹈形式",在渔民的生活中具有特殊的意义,浙东渔民根据自身的生活特点,以不大的渔船为"场子",创制了最具海洋渔民特点的拳术——舟山船拳。相传舟山船拳发端于吴越春秋,形成于明清,船拳动作以身为轴,原地转动为主,注重腿部、臀部和腰部的运动,套路有拜见观音、开门见海、大浪滔滔、哪吒闹海、乘风破浪、双龙入海等 28 个动作,具有体用兼备、内外兼修、短兵相接、效法水战、刚劲遒健、神行合一、步势稳烈、躲闪灵活的特点。

悠久的海洋文化和特定的环境条件,使浙江海洋海岛居民创造出了许多带着浓郁的鱼腥味、海风情,反映自己劳动生活的生动活泼,丰富多彩的民间竞技活动。这些民间竞技活动作为一种表演,具有娱乐功能,带有舞蹈的性质,爬船桅活动就是典型活动之一。爬桅杆,一是生产需要渔民应熟悉爬船桅技能,二是渔民喜欢刺激性强的娱乐,逐步成为一种海上竞技娱乐活动。开展爬船桅赛时,有一人当裁判,手执绣龙三角小令旗,赛手身着龙衣龙裤,腰系"撩樵带",以令旗为号,赛手徒手赤脚,四肢并用,似灵猴般攀船桅而上,以最快、最早摘取船桅顶的鳌鱼旗或定风旗为得胜标志。爬船桅带有冒险性,须有技巧和臂力腿功,遇上风大浪高时船体摇摆船桅更是剧烈晃动与倾斜,浪花罩扑而来,更要有坚强的毅力和高超的技艺。

舟山嵊泗渔民有摇橹划桨与扬帆驶篷竞赛的活动。摇橹赛参赛船各有一人摇大橹,一人摇舱橹,一人划桨,既要摇得快,又不倒橹蹄。驶篷赛,海上有风就扬帆驶篷,驾船飞驶比快慢。技艺高强的渔老大扬帆驶船,手牵帆索,甚至可让船体半边侧倾,船舷一边贴着海面,让篷帆有效地凭借风力,推船飞驶。初坐这种船的人会惊恐不已,但在大海上久经沙场的渔老大都胸有成竹,巧妙地使帆借风,船既快又安全。更令人叫绝的是摇橹推船过激流漩涡,或扬帆驾舟闯险滩比赛,稍有不慎,就可能船翻人落水。这不仅要有强壮的体魄、过人的胆略和智慧,还要有高超的技艺。

附：

亲情·祈福·生命
——华州面花艺术的社会功能分析①

面花艺术既是秦东虎文化的典型代表,也是中国民俗文化的瑰宝,被誉为古老虎文化的"活化石"。它既积淀着中华民俗文化的历史沿革、风俗变迁、思潮涨落、宗教替代的丰富内容,也是秦东人民现代智慧的结晶。可以毫不夸饰地说:面花艺术是秦东文化与中华民族整体文化相结合的产物,是本土文化研究不可缺少的重要课题;从它的起源、发展中,不仅能挖掘虎文化的形成轨迹,而且可以从一个侧面透视龙文化、凤文化、鱼文化的形成运作规律,揭示宫廷文化与民间文化的联系,管窥秦文化与周文化、殷文化、夏文化、楚文化、齐鲁文化的交融与同化,具有重要的文化历史意义;同时,面花艺术作为秦东人民原始文化心理、古代文化心理和现代文化心理的综合艺术物化,对于研究西部文化精神结构、进一步开发西部亦具不容忽视的文化现实作用。

一、亲情交际——母系姻亲制的表征

华州面花艺术,并非"纯艺术",作为一种民间艺术创造,它具有民间艺术的实用功能,而交际功能,是最重要的表现之一。在华州民间,无论婚丧嫁娶、年关互访、"送时节"、小孩"完灯",还是建屋造房、清明中秋,都离不开面花艺术,面花既是最主要的礼品形式,也是区分亲疏的重要标志,是一种默契的交际工具,一种无言的"语言符号"。

在华州,当晚辈要拜访长辈时,带不带面花,如何配置面花品种,都有严格的约定俗成的原则。而对方怎样"留馍",会传达出不同的信息,表达一定情感取向和此后交往的层次意向。按照常规,春节时分,出嫁的女儿回娘家拜访,必须带两个"大馍",四只包子,而娘家一般留一个"大馍"、两只包子,但在实际交际过程中,留馍却全非如此,就笔者亲眼所见,有四种留馍方法:(1)全留,表示关系异常亲密,母亲家改日也会去看女家,这种全留的行动,

---

①　本文曾发表于《渭南师专学报》(社会科学版)1996 年第 1 期,第 59—63 页。本次编入略有改动。

一般是在女儿的要求下采取的。(2)正常留馍:即按常规留一个"大馍"、两只"包子",表示关系处于正常状况,笔者见到许多长辈严守此规,尽管晚辈一再要求全留,但由于女儿家尚有公婆或女儿家距离远,平日来往不便,故坚持正常留馍法。这种留法表现出亲情处于正常的、恰当的情感定位,而且包含着母方将亲自或派人回访女家。因为母女交往是华州民间最重要的交际活动,留馍要格外慎重,一般都采取正常留馍法。(3)降格留馍法:即只留一个"大馍",这种留法尽管不影响双方正常关系,却表示母方今年不打算回访女家,其中原因很多。还有一种情况采取降格留馍法,当女方长辈谢世,家里只有女儿的兄弟时,或者家中的人员比来访者辈分低,华州民间的常规说法是吃不起女方的礼馍,仅作为长辈之家,代替长辈留下一个"大馍"。(4)全部退回礼馍:即对方拿来的礼馍,一个也不留。这种留法,表示双方关系已较疏远,此后无须来往,或双方关系已经恶化,无须维持,俗称"断亲"。如属前者,则只表示无须郑重交往,但亲戚关系仍在;若属后者,则彻底断绝关系。因此,春节来往,礼馍就是重要的交际工具,通过礼馍的配置、去留,传达出不同的亲情层次,表达今后交往与否的意向,通过礼馍,双方可以增进了解,或传达难以启齿的心理,避免交谈的难堪。正由于此,华州民间的姑娘、媳妇都要学习留馍;有些家庭婆婆指导儿媳,谁家来拿什么样的礼馍,应怎样留;母亲指导女儿送馍、留馍、搭馍之法,以促其成熟起来,为出嫁后处理亲戚关系做充分准备。

馈馔,是华州面花艺术的典型代表,在所有的礼馍中,它的制作工艺最复杂,用途最广泛,也是最隆重的礼品,无论完灯、婚嫁、建屋造房,它均充当主要角色,具有十分重要的意义。馈馔的送予者和接受者均有严格的规定,并非每个亲戚都有此资格。只有非常亲近的母系姻亲才具此殊荣,父系姻亲从不送馈馔。若以"完灯"为例,就不难见出。

"完灯"是华州民俗的重大节事,是一个孩子从儿童走向少年的标志,其重礼程度与婚礼无异,从婴儿降生的第一年起,孩子外婆家的成员(包括外婆、舅家、姨家)每年在正月初五至十五前,必须送灯,一般送灯笼,垂灯鱼,还有木刀,一直到年满十二岁这一年,还要举行"完灯"仪式,宣告送灯活动的结束。从此以后,无须每年再送灯。"完灯"时,孩子的外婆家、舅家、姨家、孩子母亲的外婆家,都是主要宾客。这些孩子的母系亲属除送给孩子大红纱灯一对,"头脚"一身(包帽子、上衣、裤子、鞋袜)之外,还必须蒸送馈馔。馈馔的造型生动、精美,工艺复杂,想象超凡,除基本的虎头、龙身、鱼尾之外,有的在虎头上配置各式各样的项圈,有的在虎颈上配二龙戏珠的图饰,并在馈馄上配置许多飞禽走兽、花木松柏之叶,造型纯属虚构。每当孩子玩灯时节,村中邻居,都来观看馈馄,评头论足,而这一天,孩子的父系姻亲仅来道贺,无需做馈馄,但母系姻亲如果不送馈馄,就会被人嘲笑,自然也会影响亲戚间的正常关系。

在婚礼仪式的礼馍中,馈馄也充当十分重要的角色。送馈馄仅限于新娘的亲戚,决无新郎的亲戚送馈馄之例。由此可见,对母系姻亲,华州民间是非常重视的,其程度往往凌驾于父系姻亲之上,此种习俗,在父权制已经确立万年的今天仍然残存,不能不引起我们的深思。与此相联系,在华州,春节走亲戚的层次,也明显表现出此种倾向,正月初一(春节)在自己家团圆,第二天,女儿必须回娘家,女婿要去岳母家,孩子要去看外婆;有些有孩子的青年夫妇,初二带孩子去娘家拜年,初三就去丈夫母亲的娘家。一般情况下,在女儿拜访的第二天,娘家就回访女儿家,此后才走别的亲戚,可见母系姻亲远比父系姻亲受重视。这种特殊的现象,我以为是母系氏族文化的遗痕,是父系社会对母系社会文化的一种纪念形式,也可以说是母系氏族文化精神深深地隐藏于华州民俗中,至今仍深刻地影响着当地的民俗文化活动。

在华州面花艺术中,还有一种大尖(即寿桃),是为贺长辈的生日而做的,然而这种大尖却是女儿、外孙女的特权,当老太太过生日时,娘家的侄媳也要送大尖来贺寿,而老太爷过生日时,除自己的女儿、外孙女之外,妻子一方的晚辈亲戚也用大尖来贺寿,而儿子或男子一方的父系姻亲是不用做寿桃的。由此,亦可见出华州面花艺术与母系氏族文化的深刻联系,可以说,面花艺术,正是母系姻亲制的一种表征。

二、神人交通——祭祖与祈神的双重交融

华州面花艺术,亦用于祭祀祖先和祈告神灵。春节时,每家都要蒸“花花馍”,这种花模,主要有三种功能:

(1)用于向晚辈(通常是未成年人)的回馈礼,长辈接受了晚辈的礼馍,要按交际礼节向晚辈回赠“花花馍”,其数为每“娃”一个,有几个小孩则赠几个“花花馍”。

(2)蒸一个硕大的“花花馍”,放置于家中最崇高的位置,以祭祀祖先,同享春节之乐,又有祈告神灵以求平安之意。“花花馍”是用于向哪位神君祈告呢?显然并非灶王爷,因为它的拜祭并非始于腊月二十三日夕,即灶王爷上天言好事之日,蒸做“花花馍”往往在年关将近之时,摆祭从腊月三十日夜

或春节黎明开始,笔者认为,这是一种祭祀太阳神的民俗活动,是太阳崇拜的一种具体体现。

(3)"花花馍"经过交往回礼和摆祭之后,一般的亲戚已经走完,过了元宵节,每家就把"花花摸"妥善保存起来,用铁丝或绳子穿起来,挂在通风之处,以防腐坏,到了二月二日,全家食用。

在第二种功能中,祭祖与祈神是合二为一的。每一项民俗活动,其文化功能都非单一的,中国古代的太阳崇拜与祖先崇拜就交织在一起。因而,华州民俗观念中祭祖与祈神相交融是不难理解的,在华州方言中,太阳就被视为祖先,称为"爷",太阳光称为"爷波",太阳崇拜与祖先崇拜有共通性。

为什么要在二月二日吃"花花馍"呢? 这是太阳崇拜的一种具体活动。太阳崇拜是世界各民族普遍存在的自然神崇拜,我国就有许多太阳崇拜的神话、典籍和实物遗迹,不仅宫廷中存在,民间祭祀太阳的活动也很多。而华州民俗中吃花花馍(相当于京中之太阳鸡糕)之日在二月二日,非二月一日,当与本地农业生产、风土人情有关,也许二月一日太阳诞辰,二月二日,人们为了迎接太阳,而吃起从春节前就做好且谨慎保存之花花馍吧,总之,在华州民俗中,花花馍充当了太阳鸡糕之角色,表现了华州人民对太阳之崇拜,而名之"龙抬头",以阳物之盛的龙与太阳相应,正是中国古代以天象比附人类,比附自然万物的传统,体现了天人合一观念在民间年节文化中的深刻影响。从花花馍的形状看,中间的红枣恰如太阳,周围的白面似太阳的光波,其造型与"金乌圆光"如出一辙,证明花花馍确是太阳崇拜的产物,同时又用于祭祖。

花花馍既兼祭祖与祈神两种功能,就不难解释回礼中花花馍的文化意蕴了:那就是祈求太阳和祖先保佑晚辈在新的一年平安成长。这种功能和春节给儿童压岁钱的功能叠合起来,表现出华州人民祈愿平安、幸福的良好愿望。

中国古代,虎作为四灵之一,被视为死者的保护神,常常出现于古代的绘画、雕刻之中,汉代陵墓就曾出现四灵的图像:"在保护死者的神物中,尚有四灵和饕餮,也是汉画中常有的,四灵为苍龙、白虎、朱雀、玄武,说它有神力,可以守四方,辟不祥。在汉镜中也常有此物,以青黄赤白黑五色配五行分五方,为汉代人的玄学思想之一。"[①]马王堆汉墓中就有虎的形象出现:"第三层朱地彩绘漆棺,在鲜艳的朱漆上,用青绿、粉褐、藕褐、赤褐、黄白等颜

---

① 　常任侠:《东方艺术丛谈》,上海文艺出版社 1984 年版,第 6 页。

色,彩绘龙、虎、朱雀、鹿等象征祥瑞的禽兽,一道攀登'仙山'。盖板上画着中国传统称之为'龙虎斗'图像。两龙的龙头相对,居于画面中部的上方,龙身各自向两侧蟠绕,尾伸至左右两下角。两虎相背于两龙之间,分别攀在龙头之下,口啮龙身。……左侧面绘龙、虎、鹿、朱雀、仙人和仙山。龙身波浪起伏。虎作张口回首状。"[①]这种把虎作为死者保护神的观念,在华州民俗中充分地体现出来。

按照华州民俗,清明节上坟时,不仅要烧纸钱,还要带上面花,这种特制的面花称"老虎馍",完全是虎的造型,再配上其他形状的面花。这一天,民间通常要吃老虎馍,男人们吃跑动虎形的馍,女人们吃卧倒虎形的馍。在这种清明上坟祭祖的民俗现象中,虎无疑充当了子孙与祖先的中介,充当了阳世与阴间的交通使者,通过"老虎馍"的祭祖活动,乞愿老虎保佑祖辈在阴间平安,希望祖辈在阴间能像老虎一样雄壮强健,并佑佐子孙在阳世平安、健康,而男吃跑虎馍,女食卧虎馍的习俗,大约与中国古代农业生产状况、家庭结构以及男女性别观念有着必然的联系。在古代家庭结构中,男主外,女主内,家庭的一切外部事务、生活用品、生产资料及生产成果的交换买卖,几乎全由男子承担,而妇女只是在家中哺乳孩子、做饭洗衣,主持家庭内务。华州民谚有云:"男子跑三县,女子围着锅台转。"也许道出了吃跑虎与吃卧虎之分的真正内涵。即使在清明节上坟祭祖活动中,妇女只是在家中守望,由父亲率领儿孙们上坟祭祖,妇女没有资格去祖坟之前。由此可见华州面花艺术与中国古代的风俗习惯、伦理观念的深刻联系。

三、崇尚强力与人性的自我肯定

华州面花艺术,作为陕西东部虎文化的典型代表,自然具有一般虎文化的特征,表现出崇尚强力、剽悍的文化心理。面花艺术的集中代表——馉饳,就典型地体现了这种观念。

馉饳的主体造型是虎头、龙身、鱼尾、配置松柏或冬青之枝叶,在扶疏的松柏冬青之间,插以许多小小的鸟兽状面花或纯属民间想象出的各种图案的面花,妙趣非凡,做工精巧,整体造型威武雄健,表现出华州人民丰富的创造力和超凡的艺术想象力。按华州民间的观念,虎是陆地上最厉害的虫,龙是天上最厉害的虫,鱼是水中最厉害的虫,这三者的结合,构成了天下最厉

---

① 　何介均、张维明编写:《马王堆汉墓》,文物出版社 1982 年版,第 46—48 页。

害的虫。① 尽管《山海经》中有"虎绞""强良"的形象,在马王堆汉墓中也发现"似羊非羊,似虎非虎"②的怪兽,与馔馐的形象体制有某些共通之处。但是,馔馐的形象无论从造型结构还是从内在意蕴方面,都表现出之华州人民的创造性,是华州民间虎崇拜和超凡脱俗想象力相结合的产物,体现出华州人民崇尚强力,追求征服一切的威力的文化心理,与西北地区刚猛、彪悍的民族品格相互印证。

馔馐所展示的强力,具有三个层面的含义:

其一,正如华州民间的阐释,是一种征服万物、慑服一切的威力的象征。虎为百兽之王,在中国文化中,一直被视为威力无穷的动物;龙是具有无限威力的动物,在古典文化观念中常与至尊的君主、领袖相联系,形成固定的象征关系,以示其威加海内,力达四极八荒;而鱼居水中,为水族诸动物之统治者,在华州的民俗观念中,它与龙、虎并列,形成天王、地王、水王的系统概念,构成综合性的统帅陆海空的至高无上、威力无极的动物形象——馔馐,表现出华州民俗对威力的崇拜与向往。

其二,馔馐又体现了旺盛的生命力。组成馔馐的三种动物,生命力都很强,都有着强健的体魄,有取之不尽、用之不竭的力量。它们不仅能很自主地适应环境,而且都会成为周围环境的主宰,使环境因自身的存在而加深层次和内涵。华州民俗在馔馐之上配置冬青、松柏,亦取其生命力顽强的特点,从侧面说明馔馐中的确蕴含着丰富的生命强力。

其三,馔馐又是强大生殖力的象征物。组成馔馐的三种动物,都是生殖崇拜对象物,在生殖文化中占据非常重要的地位。在生殖文化中,鱼与蟾蜍等动物一样,成为生殖文化中女性的象征物,盖因为多子、繁殖快等特点,其双鱼之外形组合与女阴有相似之处,在女阴崇拜中充当了主要的角色。③ 虎的生殖力也得到公认,中国古代常以虎骨治病,而虎鞭更被视为增强生殖功能的最佳药品,自古以来被当作珍品。

由此可见,馔馐之所以充当面花艺术中的主要角色,就在于它具有上述三个层面的文化意蕴,它不仅体现出华州人民崇尚强大威力的愿望,体现出华州人民征服自然力的良好祈愿和图强精神,而且体现了华州人民对自身强大的生命力和旺盛的生殖力的渴望,对世代繁衍、生命永恒的追寻。这三

---

① 本文作者民俗采访中山华州面花艺人口述。

② 何介均、张维明编写:《马王堆汉墓》,文物出版社 1982 年版,第 26 页。

③ 参见赵国华:《生殖文化略论》,《中国社会科学》1988 年第 1 期,第 131—156 页。

种力是相互关联的,只有具备了强的生命力,才能具有征服自然的威力,才能在与自然斗争中免于淘汰,同时也为旺盛的生殖力奠定基础;也只有具备了旺盛的生殖力,才能使战胜自然的威力和顽强的生命力得以延续和体现,才能最终战胜自然、征服自然。

搞清了面花艺术中馄饨的这些文化含意,就不难解释它在华州年节文化中的重要功能了。"完灯"标志着一个儿童时代的结束,表示一个孩子走向青年、成人,这时送馄饨,既有祈求馄饨的形象中诸物保佑儿童顺利成长之意,又有祈愿儿童获得馄饨的形象中诸物的强大力量、具有强健的体魄,准备从事生产活动;其次,"完灯"后,儿童的个性意识逐渐增强,过几年就要走向独立生活,因而,送馄饨也希望他们能获得像虎、龙、鱼一样顽强的生存能力;再次,自"完灯"始,儿童的性特征越来越明显,性意识亦随之增强,从这时就须积蓄力量,为结婚生子做必要的准备,因此,要不断增强生殖力,以出色地完成传宗接代的任务。此时送馄饨,同样具有希望他获得馄饨所体现的生殖力之意味。而结婚仪式贺礼中的馄饨,意义更加明确,希望新郎新娘象馄饨一样强壮有力。祈愿他们获得馄饨的生殖力,早生贵子,多生贵子,完成人类再生产的任务。

馄饨不独在年节行事中表现出特殊的文化功能,而且在华州建筑方面,亦体现出重要的文化作用。到了华州,我们常常见到房脊上刻有虎的图案,有些房屋的椽头上雕刻虎纹;而人们在"立木房"(屋架落成仪式)这一天,亲戚、朋友、邻居都要主动来帮忙、贺喜。这时,亲密的母系姻亲就要送馄饨以示郑重祝贺,当上房子最高一根房梁时,即鸣放鞭炮、驱鬼赶邪,并把馄饨用盘托出来。此时有人将馄饨上的红纱揭下,围观的大人孩童立即一拥而上,争抢馄饨上插的各种小面花,抢到的欣喜万分,仿佛也分到一份吉祥。这里的馄饨与房脊、椽头雕刻的虎纹具有同样的文化功能,都是祈愿房子牢固结实,同时具有祝福主人平安吉祥之意味。

在华州面花艺术中,非独馄饨表现出对强力、生命力、生殖力的追求,一些单独的小型面花,也同样体现了华州人民的这种文化心理。前文提及清明节上坟时吃虎馍的习俗就是明显的例证,在华州民间的婚姻民俗中,虎馍亦表现出重要的文化功能。有些地方(如华州乡)用一根红线两端各拴一只虎馍,婚礼时挂在新娘脖项上,虎馍垂至胸前左右,走进新郎家门;有些地方则由新娘双手捧一只较大的虎馍走进男方家门。并持续到进洞房,把虎馍放置于洞房中尊崇的方位。这种习俗,无疑具有如馄饨一样的文化功能,而且与民间"虎媒"的传习有着深刻的联系,同样,也具有驱灾辟邪、震慑女性之功能。

华州面花艺术体现出的这种对征服自然威力的渴望、对顽强生命力的崇慕和对旺盛生殖力的追求,表达了人类在进化、繁衍和发展过程中的共同愿望,集中代表了农耕文化中广大劳动人民的文化心态。人类正是在和自然的斗争中,在征服自然的实践中,实现人与自然的交流,不仅改造了自然,而且发掘了自身的潜能。华州面花艺术亦正是华州人民在与自然交流过程中产生的,它既以人的文化心态改造自然,把自然中虎的某些属性引入文化范畴,积淀为一种心理效应,并在长期的历史传承中形成一种严格的操作范式;同时,它又以自然的关系改造自身、发展自身、健全自身,从而形成了自己独特的文化风采,走出了自我的文化历史之路。

马克思说:"在人类历史中即在人类社会的产生过程中形成的自然界是人的现实的自然界。"①人类历史最根本的、最初始和最终极的关系就是人与自然的关系,自然是人的"第一对象",华州面花艺术中崇拜强力,就是华州人民在接触"人的第一对象——人——就是自然界、感性"②时所表现出的力量,是人把自然变成"人的现实的自然界"的力量,这种力量的主要表现形式就是科学的发展、物质生产技术的进步及由此而拓展的人类支配自然、利用自然力之自由度的不断扩张,正是基于人类的这种力量,华州人民把自然之"虎"变成了文化淘洗后的精神之"虎",变成了自己文化的主要标志。

华州人民在与自然的联系中,锻炼了自身。在以面花艺术为典型代表的虎文化心理支配下,增强了自身生存的目的性要求,体现了对人类精神的自我肯定。在他们的生活实践过程中,持续不断地把自然变成"现实的自然界",持续不断地创造出灿烂的物质文化和精神文化,改善生存境遇,增强生存能力,在这块土地上繁衍生息,代代相承。他们通过"虎"而表现出的对生殖力的崇慕、追求,更深刻地说明了他们对物质生产和精神生产的肯定,因为这种人的自身生产,既是物质生产和精神生产水平的综合体现,也是这两种文化持续发展的主体条件。人的繁衍,既是自然的一部分,也是社会发展的必然要求。因此,通过对生殖力的追求,肯定人的基本精神是一种更深层的肯定,体现了中华民族深层文化结构在地域文化中的特殊要求和独有方式。

马克思认为:"整个所谓的世界历史不外是人通过劳动而诞生的过程,

---

① 马克思:《一八四四年经济学哲学手稿》,人民出版社 1985 年版,第 85 页。

② 马克思:《一八四四年经济学哲学手稿》,人民出版社 1985 年版,第 87 页。

是自然界对人说来的生成过程,所以,关于他通过自身的诞生,关于他的产生过程,他有直观的、无可辩驳的证明。"①因而,征服自然的强力、强健的生命力和旺盛的生殖力,正是人类的最深刻方面,是人之本质的根本内蕴。由此可见,华州面花艺术对这种强力、生命力、生殖力的追寻与渴求,正是对人生的自我肯定,对人的本质力量的求索与弘扬。

---

①　马克思:《一八四四年经济学哲学手稿》,人民出版社 1985 年版,第 26 页。

第六章　历史文化资源开发与旅游产业

陕西、山西、浙东各有其文化背景，可资开发和利用的旅游资源非常丰富，三地根据特有的历史文化和自然遗产进行的资源开发利用，形成了有深厚文化积淀的旅游产业，极大促进了当地经济社会文化发展。

第一节　历史文化资源开发利用个案分析

就历史文化而言，陕西有半坡遗址、蓝田猿人遗址、兵马俑遗址、西安古城墙、法门寺、延安革命文化等诸多资源，是全国历史文化资源最为丰富的地域之一；山西有云冈石窟、雁门关、悬空寺、平遥古城、晋商大院等文化资源；浙东有河姆渡遗址、溪口、天一阁等历史文化资源。三地有效利用历史文化资源，开发旅游产业，形成了一批在全国甚至世界范围内的热门旅游景区，开发建设经验可资借鉴。

一、陕西历史文化资源旅游开发的典型案例

陕西省以古代文化遗迹分布广泛而闻名于世，文化旅游资源得天独厚。改革开放以来，陕西充分利用"地下资源"，成功地走出一条以西安为中心的文化旅游之路，产生了世界影响。其中，以秦始皇兵马俑和法门寺旅游资源开发为代表。

　　秦始皇兵马俑①，是秦始皇陪葬品，是世界最大的地下军事博物馆，是世界考古史上最伟大的发现之一，被誉为"世界第八大奇迹"。

　　秦始皇兵马俑坑布局合理，结构奇特，在深 5 米左右的坑底，每隔 3 米架起一道自东向西的承重墙，兵马俑排列在墙间空档的过洞中。秦陵内共有 3 个兵马俑坑，呈品字形排列。秦始皇一号俑坑总面积 14260 平方米，有武士俑、陶马和战车，8000 余件形体高大的俑群构成一组规模庞大的军阵体系。秦俑大部分手执青铜兵器，有弓、弩、箭镞、铍、矛、戈、殳、剑、弯刀和钺，埋在地下两千多年，至今仍然光亮锋利如新，兵器铸造的标准化工艺、兵器表面防腐处理技术填补了古代科技史研究的空白。兵马俑造型生动、神态各异、动作丰富、异彩纷呈，具有令人震撼的历史价值和审美价值。数千名手执兵器的武士，有的嘴唇努起似心结怒气；有的立眉圆眼，似有超人的大勇；有的舒眉秀眼，头微低垂；有的侧目凝神，机警敏锐；有的昂首静思，有的低首若有所思。将军俑的形象魁梧，身着双重短褐，外披彩色鱼鳞甲，头带双卷尾长冠，昂首挺胸，巍然伫立。

　　二号俑坑总面积约为 6000 平方米，由骑兵、战车和步兵（包括弩兵）组成，有陶俑、陶马 1300 多件，战车 80 余辆，青铜兵器数万件，其中 108 件骑兵俑，是我国考古史上首次大规模发现的古代骑兵形象资料。铜车马工艺之复杂、制作之精巧、技艺之卓越令人惊叹。铜车是一种带有篷盖的豪华车，车舆接近正方形，大篷盖不仅将车舆全部罩了起来，形成封闭式的车舆。铜车马总共由 3462 个铸件组成，其中铜铸件 1742 件，金铸件 737 件，银铸件 983 件，总重量达 1241 公斤。8 匹铜马、2 个御官俑的铸造都达到了惟妙惟肖的程度，无论是整体造型，还是神态、性格、气质的刻画都可以与秦俑坑那雕塑最好的将军俑相媲美。铜马的笼头由 82 节小金管和 78 节小银管连接起来，每节扁状金银管长仅 0.8 厘米，一节金管与一节银管以子母卯形式相连接，其精细和灵活程度较之现代的表链毫不逊色。马脖子下悬挂的璎珞是采用一根根细如发丝的铜丝制作的，铸造工艺堪称古代青铜冶铸方面了不起的奇迹。

　　兵马俑中少数陶俑脸部残留有彩绘，陶俑的战袍上绘有朱红、桔红、白、粉绿、绿、紫等色，裤子绘有蓝、紫、粉紫、粉绿、朱红等色，甲片多为黑褐色，

---

　　①　本节参见以下著作，袁仲一：《秦始皇陵兵马俑研究》，文物出版社 1990 年版；袁仲一：《秦兵马俑》，三联书店 2004 年版；陕西始皇秦俑坑考古发掘队：《秦始皇陵兵马俑》，文物出版社 1983 年版。

甲组和连甲带多为朱红。陶俑的颜面及手、脚面颜色均为粉红色,表现出肌肉的质感。面部的彩绘尤为精彩,白眼角,黑眼珠,眼睛的瞳孔彩绘活灵活现,陶俑的发髻、胡须和眉毛均为黑色。整体色彩显得绚丽和谐。陶马的色彩既逼真又艳丽,静态中的陶马形象更为生动,更具有艺术魅力。

陕西省充分挖掘兵马俑的独特资源,通过发掘宣传、打造国际化形象、完善旅游设施、吸引世界名人、开展学术研究等多方面手段,将兵马俑旅游景区打造成为世界著名的旅游目的地,并通过与周边旅游景区合作开发,带动了华清宫等旅游景区的人气,取得了巨大成功。

首先,向世界宣布发掘过程,根据兵马俑坑的发掘整理进程,依次开放相关景点,带动旅游产业可持续发展。1974 年 3 月发现规模宏大的秦始皇陵兵马俑坑,揭开了埋葬于地下的 2000 多年前的秦俑宝藏,1979 年 10 月 1 日秦始皇兵马俑博物馆开始向国内外参观者展出,1987 年,秦始皇陵及兵马俑被联合国教科文组织批准列入《世界遗产名录》。作为秦始皇陵重要组成部分的铜车马,二、三号坑先后向世界开放,随着考古发掘的不断深入,铠甲坑、文官俑坑以及四、五、六号坑,先后探明、发掘或完成整理,已经陆续向世界开放。这种持续性依次开放的方式,依据的是考古学家对兵马俑文物的整理过程,但客观上形成了"饥饿疗法",使兵马俑长期保持新鲜度,不断激发游客的心理需求,形成一个长久不衰的旅游目的地。

其次,做足名人文化效应,带动旅游产业发展。秦始皇兵马俑博物馆开馆 30 余年来,国家将参观秦始皇兵马俑作为招待外国元首的最高礼遇,包括美国总统、法国总统、德国总理在内的全球 160 余位国家元首,数以千计的各国政要,应邀进行国事访问期间,参观秦始皇兵马俑,瞻仰大秦帝国的兵马俑阵。同时,陕西省旅游部门采取秦始皇兵马俑、唐明皇临潼华清宫、骊山景区等地联动旅游,邀请文化名人、演艺明星、学者名流参观秦始皇兵马俑,营造名人效应,带动旅游产业发展。

再次,成立学术结构,开展学术研究,促进国际交流合作,进一步开拓旅游市场。随着秦始皇兵马俑影响越来越深远,陕西省成立秦始皇兵马俑博物馆学术委员会,推动秦俑学研究和学术交流,学人不断地从各方面深入研究兵马俑,取得了很有建树的成果。秦始皇兵马俑不仅是世界瞩目的旅游景点,也是世界秦俑学研究的重要基地,让人们不仅能直观地感受秦始皇兵马俑的历史气息,而且可以更为深入地了解秦始皇兵马俑的艺术价值和学术价值。

法门寺地宫发现及其旅游开发。法门寺始建于东汉桓、灵帝年间,距今约有 1700 多年历史,有"关中塔庙始祖"之称。法门寺因舍利而置塔,因塔而建寺,原名阿育王寺,公元 558 年,北魏皇室后裔拓跋育曾扩建,唐高祖李渊武德七年(625)敕建并改名"法门寺",高宗显庆年间修成瑰琳宫二十四院,建筑极为壮观。宋代法门寺承袭了唐代皇家寺院之宏阔气势,宋徽宗手书"皇帝佛国"四字于山门之上。清顺治十一年(1654)因地震塔体倾斜裂缝,1939 在朱子桥先生的主持下进行维修。此后,法门寺影响不大,不仅与西安的大雁塔、临潼的华清宫无法相比,即使与周边的乾陵、茂陵等,也没有可比性。

考古发现支撑旅游景区建设。法门寺成为中外瞩目的旅游景区,基于一次偶然的考古发现。1981 年 8 月 24 日,宝塔半边倒塌,1986 年政府决定重建,1987 年 4 月 3 日发现法门寺唐代地宫,通过对地宫的考古发掘,发现了法门寺十大宝藏:佛指舍利 4 枚,唐代佛塔地宫,密之金胎合曼荼罗,13 枚玳瑁开元通宝,整套宫廷茶具,双轮十二环大锡杖,13 件宫廷秘色瓷,700 多件丝织品,舍利八重宝函,鎏金银宝函等。

尽管法门寺以佛指舍利最为珍贵,但更多的唐代文化遗存和考古发现,让法门寺的旅游资源更为丰富,已经远远超出宗教文化的单一性,成为以历史文化闻名的旅游目的地。2001 年博物馆新建成五大陈列"法门寺历史文化陈列""法门寺佛教文化陈列""法门寺唐密曼荼罗文化陈列""法门寺大唐珍宝陈列"和"法门寺唐代茶文化陈列",成为具有世界影响的旅游景区,蜚声国内外,吸引八方来客。

法门寺的旅游资源具有不可复制性。尽管其发现过程有偶然性,但偶然之中有必然,大唐王朝辉煌大气的文化,为佛指舍利藏于东土提供了最佳的文化"护卫",为宗教圣物增添了不可复制的光彩。而此时,中国经济发展正走在快车道上,中国对外开放程度越来越高,外国领导人、宗教界人士和普通民众瞻仰佛指舍利的热情被极大地激发出来,一时游人如织。法门寺景区管理者顺势而为,通过广泛宣传"名人效应",进一步扩大旅游规模,提升景区的文化影响力。1994 年应泰国僧王邀请,佛指舍利在泰国瞻礼供奉。2002 年应台湾星云大师等邀请,佛指舍利到台湾瞻礼供奉。2004 年应香港佛教领袖觉光长老等邀请,佛指舍利在香港瞻礼供奉,盛况空前,影响极大。

完善旅游设施,举办大型活动。在法门寺举行佛指舍利安奉大典,海内外有两万多名高僧大德、社会贤达、企业家、八方信众等共同见证这一历史时刻。1988 年,法门寺正式开放并举办了国际性的佛指舍利瞻礼法会,海内外诸山长老及各界代表共三百余人参加法会。法门寺相继建成大雄宝殿、玉佛殿、禅堂、祖堂、斋堂、寮房、佛学院等仿唐建筑,不断加强信仰、道风、组织、人才、教制等五项建设,大力创办教育,培育僧才,安居、诵戒,进一步完善了寺院各项管理制度。2009 年 5 月 9 日,148 米高的法门寺合十舍利塔落成,塔前铺设佛光大道,建朝圣广场与山门广场,著名歌星王菲在佛光音乐会上献歌,吸引了众多演艺界人士和王菲的歌迷,将流行文化元素和宗教文化元素融为一体,更加彰显了法门寺旅游的群众性和游客的参与性。

延安红色旅游景区建设。延安充分利用革命圣地的"品牌",以"自力更生艰苦奋斗的创业精神""全心全意为人民服务的精神""理论联系实际、不断开拓创新的精神"和"实事求是的思想路线"等为主题,整合现代革命的红色旅游资源,建设特色鲜明的红色旅游景区,成为中华民族圣地、中国革命圣地、三大教育基地(爱国主义、革命传统、延安精神)。延安是中国红色旅游景点最多、内涵最丰富、知名度最高的红色旅游资源富集区,枣园、杨家岭、王家坪、凤凰山、南泥湾、清凉山、延安革命纪念馆、延安新闻纪念馆、中国抗日军政大学纪念馆等革命旧址和纪念馆,使原本普通的陕北民居、窑洞,成为中国现代革命的符号,获得"中国红色旅游景点景区"称号。

在建设红色旅游景区的同时,延安充分发挥现有的人文景观和自然景观资源,将红色旅游资源与轩辕黄帝陵、壶口瀑布、黄河蛇曲国家地质公园等人文资源、自然资源进行整合,打造延安整体旅游格局。黄帝陵是中华民族始祖黄帝轩辕氏的陵墓,号称"天下第一陵",为中国历代帝王和著名人士祭祀黄帝的场所,国家每年清明节举办黄帝陵祭祀大典,极大地激发了海内外中华儿女的民族自豪感,提高了文化认同感与文化凝聚力,不仅促进了当地旅游业发展,而且为对外交流与合作提供了更多选择。壶口瀑布是黄河上唯一的黄色大瀑布,也是中国的第二大瀑布,集黄河峡谷、黄土高原、古塬村寨为一体,展现了黄河流域壮美的自然景观和丰富多彩的历史文化积淀。延川黄河蛇曲是发育在秦晋大峡谷中的大型深切嵌入式蛇曲群体,规模宏大,是中国干流河道上蛇曲发育规模最大、最完好、最密集的蛇曲群,黄河在这里陡然急转,形成了 320 度大转弯,被称之为"天下黄河第一弯",具有很高的学术价值和观赏价值。

二、山西历史文化资源旅游开发的典型案例

山西是中华民族的发祥地之一,有丰富的历史文化资源,特别是远古文化资源海内独步,有"三千年历史看陕西,五千年历史看山西"之说。从现代旅游文化资源利用开发的角度来说,乔家大院、云冈石窟、平遥古城等旅游景区建设,可以作为山西现代旅游开发的典型案例。

晋商资源开发的成功案例——乔家大院。乔家大院位于山西省祁县乔家堡村,是清代晋商乔致庸的宅第,始建于清代乾隆年间,经过几代人的不断努力,于民国初年建成一座宏伟的建筑群体,集中体现了我国清代北方民居的独特风格。大院为全封闭式的城堡式建筑群,占地 10642 平方米,建筑面积 4175 平方米,分 6 个大院,20 个小院,313 间房屋,形成一座雄伟壮观的建筑群体,似一个象征大吉大利的双"喜"字。整个大院,布局严谨,建筑考究,规范而有变化,不但有整体美感,而且在局部建筑上各有特色。院内亭台楼阁,雕梁画栋,堆金立粉,显示了我国古代劳动人民高超的建筑艺术水平,被专家学者誉为"民居建筑史上一颗罕见的明珠"①,名扬三晋,誉满海内外。

乔家大院不仅建筑群宏伟壮观,更在于精湛的建筑技艺,一门一窗,一桌一几,一砖一瓦,一木一石都十分用心,砖雕、木刻、彩绘,随处可见。从门的结构看,有硬山单檐砖砌门楼、半出檐门、石雕侧跨门、一斗三升十一踩双翘仪门等。窗子的格式有仿明酸枝棂丹窗、通天夹扇菱花窗、栅条窗、雕花窗、双启型和悬启型及大格窗等。房顶有歇山顶、硬山顶、悬山顶、卷棚顶、平房顶等,形成平的、低的、高的、凸的、无脊的、有脊的、上翘的、垂弧的,每地每处都是别有洞天,让人赏心悦目,品味无穷。

精致的板绘工艺和巧夺天工的木雕艺术,及其所展现的民俗寓意。乔家大院现存有木雕艺术品三百余件,垂柱麻叶、葡萄百子图、三星高照图、花博古、财神喜神、南极仙骑鹿、百子图、四季花卉、八仙献寿等,取材于中国民间故事,采用传统装饰纹雕刻,栩栩如生,工艺精湛,是中国传统木雕艺术的上乘之作。乔家大院可以称得上中国民间砖雕工艺博物馆,几乎每块砖上都有雕刻,让普通的建筑物件散发出浓郁的文化意味。在众多壁雕、脊雕、屏雕、扶栏雕整体布局中,有四狮吐云、和合二仙、龟背翰锦、四季花卉、鹭鸶戏莲、麒麟送子、鹿鹤同春、省分箴等,其中"省分箴"是不可多得的艺术珍品。乔家大院的石雕工艺十分精细,尤其石狮形态各异,憨态可掬。有的石狮为跨步前行状,刀纹如新,锋芒犹在,表现得机警、威武、活跃,顾盼自豪的头部提起全身的神气,表现狮子的雄壮、英武而不失真,给人以健康、活跃、富有生命力的感觉。真金彩绘不仅表现乔家大院聚集财富之多,而且艺术

---

① 郑孝时:《明清晋商老宅院》,山西经济出版社 2006 年版,第 27 页。

价值很高,除"燕山教子""麻姑献寿""满床笏""渔樵耕读"外,还有花草虫鸟,以及铁道、火车、车站、钟表等多种多样图案。所用金箔纯度很高,立粉工艺十分细致,虽经多年风雨,色泽依然鲜艳如初。乔家大院既是建筑艺术的宝库,也是民俗学的殿堂。步入其间,既会得到美的享受,又能深入了解山西民俗文化。

山西在开发利用乔家大院旅游资源过程中,有几点经验值得注意:一是顺势而为,二是定位准确,三是科研支撑,四是融媒体宣传。

首先,中国社会发展转型为晋商重返"历史舞台"提供了机遇,山西及时抓住这一机遇,重点推出晋商系列旅游项目,开发旅游产业,顺势而为,打造乔家大院旅游产品。乔家作为中国明清时期晋商的典型代表,进入中国当代社会以后,由于个人商业行为受到诸多限制,晋商的历史价值和现实意义一直处于遮蔽状态,甚至濒临消失边缘。20世纪90年代,随着中国社会迅速向市场经济转型,商业经营和商人地位明显提升,晋商的历史价值和现实意义重新进入人们的视野。山西利用这一历史机遇,将晋商作为一个整体进行旅游资源开发利用,而乔家大院就是最成熟、最典型的代表,通过乔家大院、王家大院等典型个案,带动晋商旅游文化资源进入当代生活,回应社会的商业成功心理,大力宣传山西独有的商业文化精神,取得了极大成功。

其次,山西对开发利用乔家大院的定位十分准确,是保障旅游开发成功的关键因素。乔家大院不仅是一座宏大的建筑群,而且是晋商发展历史的承载,在中国商业文化中占据着重要地位,面对这个巨大的物化世界和文化载体,仅仅从商业、商人角度开发,并不能完全阐释乔家大院的价值。山西在开发利用乔家大院的过程中,抓住晋商、民俗、艺术、传承几个关键词展开,通过整理开发,不断发掘乔家大院的潜在价值,让令人眼花缭乱的"物化世界"呈现出更多的文化价值,吸引不同层面的游客。乔家大院是一座完整的明清时期民居建筑,但仅仅看建筑,许多游客并不满足,游客驻留时间也不能达到旅游经营要求。为此,山西相关部门经过反复调研,充分挖掘晋商文化、建筑文化和民俗文化之间的联系,利用这所古老的宅院成立了祁县民俗博物馆,陈展5000多件珍贵文物,集中反映了以山西晋中一带为主的民情风俗:农俗、人生仪礼、岁时节令、衣食住行、商俗、民间工艺,还专门设立了乔家史料、乔家珍宝、影视专题等陈列,增加旅游文化附加值,以吸引游客。

再次,晋商作为山西乃至全国最为典型的商业文化资源,理应是学术研究的题中之意,可惜在当代几十年历史中,这一领域少有学术涉足。随着晋商历史文化资源进入人们的视野,山西省很快搭建晋商研究学术平台,省内高校、科研院所建立晋商研究机构,系统整理晋商资料文献,组建科研团队,进行深入系统的研究,产生了一批有影响、有特色的学术成果,并将学术研究的成果迅速转为旅游产业发展的资源。与此同时,全国各地在整理当地商业文化资料,开展当地商帮与晋商的比较研究,中国十大商帮研究方兴未艾,也进一步推动了晋商学术研究的深入和发展。

最后,山西在旅游开发中,特别注意运用现代媒体手段进行宣传,打造旅游与新媒体融合的文化品牌,扩大旅游景区的知名度,推动旅游产业快速发展,乔家大院就是一个典型。如果说"王家大院"借助《大红灯笼高高挂》而走红的话,那么,以乔家发展经历为题材的电视连续剧《乔家大院》则取得了更大成功。《大红灯笼高高挂》讲述的不是晋商的故事,王家大院仅仅作为一个电影拍摄的"外景地",是一个场地性道具,更多的是借助张艺谋的叙事风格取得了成功。而《乔家大院》讲述的故事就是晋商的故事,强大的导演、编剧、演员阵容,曲折复杂的故事性,保障了电视剧的成功,而且电视剧比起电影而言,具有更为广泛的接受群体,乔家大院的宣传推广影响远远超过王家大院。

保护性开发的典型案例——云冈石窟。云冈石窟位于山西大同,与敦煌莫高窟、洛阳龙门石窟并称中国三大石窟艺术,其造像气势宏伟,取材多样,为中国古代雕刻艺术之瑰宝。早期的"昙曜五窟"气势磅礴,浑厚纯朴,中期石窟精雕细琢、富丽堂皇,晚期窟室人像清瘦俊美,是中国北方石窟艺术"瘦骨清像"的源起。云冈石窟形象地记录了印度及中亚佛教艺术向中国佛教艺术发展的历史轨迹,反映出佛教造像在中国逐渐世俗化、民族化的过程。

与一般性历史文化资源不同,石窟艺术一般处于环境并不好的地质条件下,在战乱频仍的中国历史中,石窟艺术很少受到大规模保护,而破坏行为倒是花样翻新,层出不穷,敦煌石窟、云冈石窟概莫能外。历经 1500 年沧桑的云冈石窟,经历长期自然风化和人为破坏,洞窟及雕像有不同程度的损毁。因此,大规模整修、保护成为云冈石窟的当务之急。新中国成立以后,全面保护、整修云冈石窟进入一个新时期,在 50 多年的历史变革中,云冈石窟的整理修缮保护先后经历了:整理环境保护修缮(1955—1959)、石窟保护实验研究(1960—1965)、防止石窟崩塌抢险加固(1973—1976)、全面维修(1977—1989)、石窟风化治理规划实施(1990—2005)、石窟防水试验工程及第 11 窟维修等(2005—2008)等相应阶段。在国家主导下,先后成立大同市古迹保养所、山西云冈古迹保养所、山西云冈文物管理所、山西云冈石窟文物保管所、山西云冈石窟文物研究所、云冈石窟研究院等,在不同的历史时期负责云冈石窟保护、研究与管理工作。云冈石窟是幸运的,在近 60 年的时间里,石窟及其造像一直受到不间断的保护,进入新世纪以后,山西又颁布了《大同市云冈石窟保护管理条例》,是全国大型石窟寺第一个关于保护方面的地方性法规,通过立法形式进行大型历史文物保护。尤其令人感动的是,从事云冈石窟整理保护的科研人员和工作人员,顶住重重压力,勇敢直面新时期以来大同城市的高速发展,多次"抗争",终于化解了高速公路等多项建设对云冈石窟的不利影响。在坚守云冈石窟艺术保护的同时,研究院坚持科学研究,不断挖掘、弘扬、宣传云冈石窟的历史价值和审美价值,丰富、细化历史文献,总结推广石窟文物保护的做法和经验,先后发表云冈石窟研究论文百余篇,出版《中国美术全集·云冈石窟雕刻》、《中国石窟·云冈石窟》、《云冈石窟》(中型画册)、《中国美术分类全集·云冈》、《云冈石窟编年史》、《2005 年云冈国际学术研讨会论文集》(保护卷、研究卷)。

正是基于长期全面保护整理的工作,云冈石窟的历史文化价值和审美价值被越来越多的世界人民所了解,充分利用这一唯一性资源进行旅游开发的条件越来越成熟。云冈石窟旅游开发过程中,始终坚持先保护文物、后旅游开发的思路,也许是由于历史的原因,在云冈石窟尚未作为"旅游产品"进行开发的时候,整理、保护、研究工作业已有系统地展开,并积累了相当成绩。20 世纪 90 年代以后,中国进入"旅游旺季",在破坏性利用旅游文化资源攫取商业利益的做法屡见不鲜的情况下,云冈石窟仍然坚守旅游产业开发的"文化本位",始终将石窟艺术的历史文化价值和审美文化价值放在首位,作为旅游产业开发利用的强大后盾,走出了一条"低调"而又成功的旅游品牌建设之路。云冈石窟不仅得到了广大游客的高度认可,也得到中外专门组织和专业人士的高度赞誉,成功入选联合国教科文组织的《世界遗产名录》,获得中国最具人气十大风景名胜区、文物保护模范单位、中国最具吸引力的地方、全国民族文化旅游十大品牌五十强、中国最佳旅游品牌景区、中国最具国际影响力休闲旅游景区等荣誉,可谓实至名归。

古城资源开发利用的成功案例——平遥古城。古城、古镇、古村落,一直是国际旅游业中最为重视的旅游资源,在日益城市化的现代社会中,这些带有怀旧情感元素的旅游资源,是现代都市人文化寻根的重要途径,也是现代都市休闲生活的首选目的地。全国各地的古镇古村落星罗棋布,但说到古城遗存,无论从城区规模、风貌品格、保全完整度来说,山西平遥古城当为翘楚。作为一个完整的县城遗存，平遥古城多个历史时期的文化遗存，形成了古城特有的文化"层级"。这些文化层级与考古学遗址不同，它基本上在一个平面上展开，许多历史文化内容仍然"活"在现代居民的世俗生活和民间艺术形式中，是研究中国政治、经济、文化、艺术和宗教发展的实物标本，为全面开发旅游产业，保障项目资源多样性和游客参与性，提供了得天独厚的条件。平遥古城始建于公元前827—前782年间的周宣王时期，北魏定名为平遥县。明洪武三年(1370)在旧墙垣基础上重筑扩修，城墙全部采用包砖形式，奠定古城的基本格局和建筑风貌，康熙四十三年(1704)康熙帝西巡路经平遥，筑四面大城楼，城池更加壮观。1997年12月3日，联合国教科文组织将平遥古城整体列入《世界遗产名录》，现在建设开放的主要景点有：平遥古城墙、文庙、平遥县衙、日升昌票号、清虚观、镇国寺、双林寺等景区景点。

　　平遥县衙始建于北魏时期，定型于明清两代，完整保存的最早建筑是元至正六年的建筑群，呈坐北朝南、中心轴线堆成基本格局，建筑主从有序、错落有致、结构合理，是全国现存最大最完整的"衙门"，也是研究中国古代官吏文化的活标本。平遥文庙始建于唐代贞观年间，大成殿为金代大定三年重建，保存完好，是我国现存文庙中历史最为悠久的"尊孔"殿宇，规模阔大，规制齐全。清虚观始建于唐代显庆二年，原名太平观，宋代治平元年改为清虚观，历经元明清三代沧桑，道教造像遗存所剩无几，现在建设为平遥县综合博物馆。平遥古城墙始建于周宣王时期，现存城墙大多为明、清两代多次修缮后的砖石城墙，整个轮廓呈方形，周长6.1公里，高10米，垛高2米。墙顶外建有垛口墙，依照孔门七十二弟子、贤者三千而建垛口3000、敌楼72座，东南角顶上建有魁星楼和文昌阁。六座谯楼始建于明代，清康熙年间补修，造型古朴典雅，结构稳重；四座角楼分别为西北角的霞叠楼、东北角的栖月楼、西南角的瑞霭楼和东南角的凝秀楼，作为防御工事弥补城墙拐角处的防御薄弱环节。整个平遥县城如同一只乌龟，头尾为南北，四足为东西，故有"龟城"之说，取固若金汤、长治久安之意。镇国寺位于县城东北12公里，始建于北汉时期，有天王殿、万佛殿和三佛楼等建筑，其中万佛殿是我国现存最古老的木结构建筑，造型雄伟，气势非凡。双林寺始建于北齐武平二年，由释迦殿、罗汉殿、武圣殿、阎罗殿、天王殿、千佛殿、菩萨殿、娘娘殿、贞义祠等十座殿堂组成，保存着从元代到明代彩绘造像1300多尊，是名副其实的彩绘艺术博物馆。

　　平遥古城内部交通纵横交错，分为四大街、八小街、七十二巷，南大街为平遥县城的中轴线,街道两旁,明清老字号店铺林立,是清代著名的"金融街",控制着全国一半以上的金融机构,著名的票号"日升昌"就在其中。日升昌成立于清代道光三年(1823),由财东李大金出资,总经理为著名职业经理人雷吕泰,占地面积1600多平方米,首创中国票号体制,开启中国现代银行业的先河,鼎盛时期的金融商业足迹达到欧美、东南亚等地,以"汇通天下"闻名于世。

山西平遥古城的旅游文化资源十分丰富:既有完整的县城格局,又有北方民居的典型特征;既有老百姓世俗生活遗存,又有宗教文化遗产;既有上古、中古、近古的建筑文化遗迹,又有震动一时的清代票号。尤其以城墙为轮廓的古县城建设格局和形制,在中国古代县城建造中,也属于奇迹。因此,平遥古城的旅游开发基本不需要增添新的项目,只要把现有的历史文化资源整理出来,安排合理的旅游线路,配套相关的旅游交通、餐饮、住宿和参与性设施,就不难成为一个吸引游客前往的旅游目的地。

三、浙东历史文化资源旅游开发的典型案例

河姆渡文化遗址。河姆渡遗址位于余姚河姆渡镇金吾庙村,是世界闻名的新石器时代遗址,总面积约4万平方米,表明在长江流域存在着灿烂和古老的新石器文化,也是中华民族文化的摇篮,与黄河流域许多文化遗址具有同等重要的意义。河姆渡遗址自下而上叠压着4个文化层,第四文化层距今约7000—6500年,第三文化层距今约6500—6000年,第二文化层距今约6000—5500年,第一文化层距今约5500—5000年。出土生产工具、生活器具、原始艺术品等文物6700余件,还有栽培稻谷遗迹、木建筑遗迹、动物骨骸、植物果实和墓葬遗存等,为研究我国远古时代的农业、建筑、制陶、纺织、艺术等提供了实物,更为探寻中华文明起源提供了极其珍贵的资料。

如同诸多历史文化遗址进入旅游开发的步骤一样,田野考古与学术研究是河姆渡走向旅游开发的第一步。河姆渡遗址发现后,在海内外学术界引起巨大反响,1976年4月,国家文物局、浙江省文化局在杭州召开"河姆渡遗址第一期发掘工作座谈会",确认7000年前长江流域同样有着繁荣的原始文化,与黄河流域一样都是中华民族远古文化的发祥地。20世纪80年代以来,文物考古工作者在宁绍平原进行新石器时代遗址的普查,陆续发现河姆渡文化类型遗址47处,分布于钱塘江以南的沿海地区和舟山群岛,进一步扩大范围证明河姆渡文化为中国新石器时代文化的典型代表。1993年,浙江省文物考古研究所与日本佐贺大学等合作开展"河姆渡遗址古水稻

田调查",彰显了河姆渡作为世界最早"稻作文化"遗存的价值。进入 21 世纪后,先后与南京大学、浙江大学、日本京都大学、英国伦敦大学、宁波大学、厦门大学等高校和科研院所合作,开展多项课题,进行深入细致研究,并对河姆渡文化遗址进行数字化、信息化记录和展示,发表学术论文 400 多篇,出版《七千年的奇迹——河姆渡遗址》《河姆渡文化初探》《河姆渡文化探源》《河姆渡文化研究》等学术专著十多部。通过学术研究,进一步摸清河姆渡文化的"底细",全面揭示河姆渡文化价值,为组织展览顺序、旅游景区建设奠定了坚实的学术基础。

　　遗址保护与复原是河姆渡展示远古文化资源的重要方式。河姆渡博物馆为了原始、真实、全面、深入地展示河姆渡文化遗址的样态与价值,采用了遗址保护、复原与展厅陈列三者结合的方式,对河姆渡文化及其价值进行全方位展示。河姆渡博物馆落成后,邀请时任中共中央总书记、国家主席江泽民题写馆名,一举提升了河姆渡博物馆的层次,引起巨大的新闻效应,吸引了更多游客前来参观。作为新石器时代的文化遗址,河姆渡的旅游文化资源首先是遗址现场,这种"现场"的旅游价值是不可复制、不可移动的,具有资源的唯一性和超稳定性,因此,保护好"现场",让游客看到"现场"就成为旅游产业开发的关键因素。河姆渡博物馆在展出河姆渡文化遗址设计中,非常重视考古发现的现场感,利用现代科学技术将"现场"保护为游客视觉能够达到的位置,走出了一条保护与开发利用并行不悖的道路。其次,河姆渡博物馆对河姆渡文化遗址进行科学性、艺术性相统一的复原工作,根据河姆渡 7000 年前"干栏式"的建筑风格,构筑出高于地面的架空层,人字形坡屋面上耸起 5～7 组交错构件,象征着 7000 年前榫卯木作技术,再配以土红色波纹陶瓦、炒米黄毛面墙砖,显得古朴简洁,与河姆渡文化融为一体。

　　准确进行文化价值定位,有序组织展陈内容,是河姆渡旅游产业建设的关键步骤。在文化遗址保护、复原的基础上,河姆渡博物馆广泛引入有关考古成果和科研成果,将河姆渡文化遗址放置在中国新石器时代文化、中华民族文化与东方远古文明起源等大背景下,遴选河姆渡文化遗址、考古鉴定、科学研究相关成果,组织展览内容、顺序和节奏,展出文物 320 件,分沧海桑田、日出而作、湖居人家和心灵之声四个部分,全面展示了中国新石器时代中期偏晚阶段活跃在宁绍地区先民创造的河姆渡文化遗存,穿插场景复原,借助声、光、电以及多媒体等高科技平台,利用语音导览系统等辅助手段,全面、生动地展示了河姆渡先民所创造的物质生产生活和精神文化方面的巨大成就。其中,第一展厅展出的两个完整的人头骨和复原的头像、七千年前河姆渡生态环境的模型,形象地再现了 7000 年前河姆渡先民从事农业、狩猎等生产、生活场景,惟妙惟肖,栩栩如生。第二展厅展出 7000 年前的人工栽培稻谷及照片,还有骨耜、木杵和石磨盘、石球等耕作加工工具,带炭化饭粒的陶片和以夹炭黑陶为主的釜、钵、盘、豆、盆、罐、盉、鼎、盂等炊、饮、贮器,证明 7000 年前东方民族的饮食习惯已基本形成。第三展厅反映河姆渡人定居生活和原始艺术两方面内容,有榫卯的干栏式建筑木构件和加工工具、纺织工具,以象牙、骨、玉、石、陶、木为材质的文物,特别是"双鸟朝阳"蝶形器,已经成为河姆渡文化的标志。

不断提高服务质量,强化教育基地功能,是河姆渡旅游景点扩大客源的有效手段。目前,已接待海内外专家、学者及游客近 300 余万人次,其中大中小学学生占到相当比例,被中共中央宣传部、人社部、国家文物局、浙江省委省政府等部门授予"全国优秀爱国主义教育基地""全国爱国主义教育示范基地""全国文物系统先进集体""浙江省文化建设示范点""浙江省社会科学普及示范基地"等荣誉称号,提升了旅游目的地的知名度。

天下第一藏书楼——天一阁。天一阁坐落于宁波市月湖之西的天一街,是我国现存最古老的私人藏书楼,也是世界上现存历史最悠久的私人藏书楼之一。始建于明嘉靖四十年(1561),建成于明嘉靖四十五年(1566),原为明兵部右侍郎范钦的藏书处。1982 年 3 月被国务院公布为全国重点文物保护单位,为全国重点古籍保护单位。

天一阁是以藏书文化为核心,集藏书的研究、保护、管理、陈列、社会教育、旅游观光于一体的专题性博物馆,收藏各类古籍近 30 万卷,以地方志、登科录等史料性书籍居多,设有《天一阁发展史陈列》《中国地方志珍藏馆》《中国现存藏书楼陈列》《明清法帖陈列》等陈列厅,以宝书楼为中心的藏书文化区有东明草堂、范氏故居、尊经阁、明州碑林、千晋斋和新建藏书库。以东园为中心的园林休闲区有明池、假山、长廊、碑林、百鹅亭、凝晖堂等景点。以秦氏支祠为中心的陈列展览区,包括芙蓉洲、闻氏宗祠和新建的书画馆。

书阁是硬山顶重楼式,面阔、进深各有六间,前后有长廊相互沟通。楼前有"天一池",绕池叠砌假山、修亭建桥、种花植草,整个楼阁及其周围初具江南私家园林的风貌。天一阁的建筑布局后来为其他藏书楼所效仿,乾隆年间以天一阁建筑格局为蓝本,在北京、沈阳、承德、扬州、镇江、杭州兴建了文渊阁等七座皇家藏书楼以收藏《四库全书》。秦氏支祠建于 1923 年至 1925 年,祠堂面积约 2165 平方米,前后三进院落,以照壁、门厅、戏台、正楼、后殿等形成南北中轴线,左右两侧建有厢房。它融合了木雕、砖雕、石雕、贴金、拷作等多种传统民间工艺，并且题材丰富，造型优美，是宁波民居建筑的集大成之作。

天一阁以藏书闻名于世，其中方志收藏是其最大特色，天一阁广搜博采，接受民间捐赠家谱，又形成家谱收藏特色，有宁海《张氏宗谱》《兰风邵氏宗族》《河南鹿邑丁氏宗谱》，象山《墙头蒋氏宗谱》，广西《范阳卢氏支谱》，《天姥王氏宗谱》《吕氏宗谱》《史氏宗谱（八行堂）》《荒里郑氏谱族》，《左原王氏史料集（宗谱类）》《滨江张氏宗谱》《彭城射圃金氏宗谱》等550部，涵盖了100多个姓氏，已经成为浙东第一家谱收藏中心。

作为一座藏书楼的天一阁，在知识群体中影响颇大，但社会认知程度不够广泛，需要借助文化名人的"光环"，引起一定的新闻效应或热点效应，余秋雨的散文《风雨天一阁》正当其时，宁波市相关部门充分发挥余秋雨及其散文的社会效应，及时推出系列活动。天一阁重视进行文化展演活动，通过小剧场演出越剧、甬剧，吸引市民关注，推出免费旅游游览日活动，开展征文竞赛等活动，不定期举办了多批次的宁波历史文化展、宁波知名书法家画家个人书展、画展，浙东文化研讨等多个专题的学术研讨会，开办"天一国学讲堂"等。这些活动，让天一阁接地气，走进老百姓的日常生活。近年来，随着宁波市推出"书藏古今，港通天下"的形象宣传口号，天一阁名声大震，层次不断上升，与宁波大学人文学院合作申报了国家社会科学基金重大招标课题，让天一阁走上了"顶天"的快车道。

民国文化资源开发利用的成功案例——蒋氏故里。蒋氏故里在宁波市奉化溪口镇，是蒋介石、蒋经国等人的故居所在地，大部分故居位于溪口镇中街，清澈见底的剡溪穿镇而过，五座山头朝向中街的蒋氏故居，形成独具特色的山水人文景观。蒋氏故里的旅游开发，不仅标志着中国政治生态的巨大变化，更掀起了民国文化研究和旅游资源开发的热潮，体现一种尊重历史的科学态度，表明全球华夏子孙同舟共济、谋求中华民族伟大复兴的意志和决心。

由于中国当代政治生态的原因，蒋氏故居长期没有得到应有的重视，当然也谈不上开发利用。随着改革开放的不断深化，大陆与台湾之间的关系也相对缓和，民间往来成为惯常行为，寓居台湾或海外的蒋氏后裔纷纷表达"归乡"探亲的愿望，蒋氏故里开发利用的历史条件逐步形成，经过多年努力，蒋氏故里以其特殊的资源优势，不仅成为海峡两岸知名的旅游目的地，而且带动了宁波市旅游产业发展，辐射包括浙江、上海，现有丰镐房、小洋房、玉泰盐铺、摩诃殿、文昌阁、武岭门等景点。

武岭门是进入溪口镇的必经之路，本为小庵堂，1930年被蒋介石改建为武关式城门,门额镌于右任先生"武岭"题字。丰镐房在溪口中街,建筑面积共 1850 平方米,包括大门、素居、报本堂、独立小楼等清代建筑,还有蒋介石1929 年扩建的几处建筑。小洋房是蒋经国留苏归来,携夫人蒋方良短期居住,读书"反思"的地方,结构为一幢三间二层西式小楼房,建于 1930 年,有蒋经国闻日本人炸死母亲消息后,愤然书写的"以血洗血"石碑。玉泰盐铺是蒋介石出生之地,建筑面积 600 平方米,现存建筑系 1946 年所建。文昌阁又名"奎阁",初建于清雍正九年(1731),有奎阁凌霄之称,是清代溪口十景之一,1924 年清明,蒋介石出资重建并作《武岭乐亭记》。摩诃殿是蒋家的私庵,1931 年毛福梅为纪念蒋氏先祖摩诃太公蒋宗霸而建,大殿内正面塑着蒋宗霸的立像,东侧空地是毛福梅的墓地。蒋母墓坐落于溪口镇白岩山鱼鳞岙,初建于 1923 年,墓道长 668 米,途中有下轿亭、墓庐、八角亭等建筑,墓庐额题"慈庵",主房中堂挂蒋母王采玉遗像,正中一石碑镌刻孙中山手书《祭蒋太夫人文》,碑阴刊蒋母事略,两壁分嵌蒋介石所写《哭母文》,两旁石狮相对,左右"别头柱"刻蒋介石自撰对联。

溪口蒋氏故里旅游景区开发建设有四点做法,在全国旅游文化资源利用开发中具有一定的启示意义。第一,是景区开发建设者的开拓精神,由于中国当代政治生态极其不稳定,在经过了无数次政治运动的大风大浪之后,溪口旅游开发区敢于打出蒋氏故里这张旅游名片,系统整理蒋介石故居旅游文化资源,较早地向社会开放,没有敢于开拓的精神是不可想象的。第二,充分利用"政治"因素,多方努力,积极引入更多的蒋氏文化资源,特别是邀请蒋氏后人归乡省亲,认祖归宗,蒋孝严大陆之行本来就是两岸敏感事件,相关部门不仅不"低调"处理,而且大张旗鼓,对蒋孝严认祖归宗一事连续报道,"高调"展示,吸引了更多的蒋氏后人陆续归来省亲,带动海外旅游客源,也引起持续不断的社会效应,激发了更多旅游潜在客源。第三,是整合旅游资源、升级文化内涵,打造一体化溪口旅游文化产业,树立品牌产品。在溪口旅游景区开发建设过程中,充分利用已有文化资源,整合蒋氏故里弥勒道场、雪窦寺、妙高台、张学良幽禁地等旅游文化资源,推出"蒋氏故里""弥勒道场"等旅游品牌,举办弥勒文化节等活动,造成轰动效应,延长了旅游线路和旅游时间,成功地留住客源,实现旅游文化产业升级。第四,是将科学研究和旅游开发结合起来,与高校、科研院所合作,开展民国文化研究,成立高校民国文化研究院所或研究基地,增加"民国文化大杂院"、博物馆等综合性展示景点,将民国时期政治经济社会和民俗文化熔铸在一起,形成旅游文化资源合力,为旅游文化产业可持续发展奠定了坚实的基础。

第二节　宗教文化与自然资源利用个案分析

在陕西、山西和浙东地区,除了以历史文化遗迹闻名的旅游景区建设外,还有诸多自然遗产和文化遗产相融合的旅游景区,特别是以宗教文化遗产与独具特色的自然风光融为一体,成为中外游客云集的旅游目的地。其中,陕西的楼观台是道教文化资源与自然遗产相结合的旅游目的地,山西五台山与浙东普陀山以佛教文化与自然风光相融合而闻名于世。这些旅游景区在开发建设过程中,充分利用已有的显在旅游资源,不断挖掘、整理潜在旅游资源,增强旅游资源的层次与内涵,面向海内外旅游市场,开拓进取,开发相应的现代化旅游项目,取得了巨大成功。

一、山西五台山旅游资源价值及其开发举措

五台山,原名清凉山,位于山西东北部,属于太行山的支脉。由东台望海峰、西台挂月峰、南台锦绣峰、北台叶斗峰和中台翠岩峰五大主峰环抱而成,顶平如台,因此称为五台山,是我国的佛教圣地。其山形"五峰中立,千嶂环开。曲屈窈窕,锁千道之长溪。叠翠回岚,幕百重之峻岭。岧巍敦厚,他山莫比"[①]。现在是融自然风光、古建艺术、历史文物、佛教文化、民俗风情、避暑休闲为一体的旅游区。

五台山的佛教文化资源。五台山是中华佛教四大名山之一,作为文殊菩萨的道场名震天下,佛教建筑是五台山最重要、最集中的佛教文化资源。自东汉永平(58—75)年间起,历代修造的寺庙鳞次栉比,形成规模宏大的佛教建筑集群。其间,北魏孝文帝扩建的灵鹫寺、善经院、真容院等十二个寺院;隋文帝时代建造的东台望海寺、南台普济寺、西台法雷寺、北台灵应寺、中台演教寺;唐代曾有寺庙300余座,在长期历史变迁中,许多寺庙建筑遭到破坏。五台山现有比较完整的寺院95处,南禅寺、佛光寺、显通寺、广济寺、岩山寺(繁峙县)、洪福寺等6处为国家重点文物保护单位,塔院寺、菩萨顶、圆照寺、罗睺寺、殊像寺、碧山寺、南山寺、龙泉寺、金阁寺、尊胜寺、延庆寺、公主寺、三圣寺、惠济寺、石佛堂(河北省阜平县)等15处为省级重点文物保护单位。显通寺是五台山历史最古、规模最大的寺庙,始建于汉明帝永

---

① 顾承甫编:《十大名山》,上海古籍出版社1991年版,第104页。

平年间,现有建筑 400 余座,规模浩大。塔院寺由尼泊尔匠师阿尼哥设计,有白塔一座,常被看做是五台山的标志。菩萨顶在清朝顺治年间重修改为黄庙,由喇嘛主持,有殿堂房舍 430 余间。金阁寺为唐代印度高僧三藏法师不空创建,印度那烂陀寺纯陀法师监工。广仁寺又称十方堂,清代康熙年间,罗睺寺由青庙改为黄庙(喇嘛庙),常住藏族喇嘛,道光年间修建了十方堂,有天王殿、宗喀巴大师殿、弥勒殿等。众多的寺院中的佛家造像是五台山佛教文化资源的又一大特色,五台山寺院中宗教造像数量多达 30000 余尊,不仅有佛、菩萨、罗汉、供养人、护法神等佛教造像,而且还有儒教、道教、地方宗教、帝王将相、僧侣居士等的造像;在造像材料和造像方式选用方面,有泥塑造像、金属造像、石刻造像、木雕造像、瓷器造像、脱纱造像、刺绣造像和绘画造像等多种。这些琳琅满目的造像,不仅充实了寺院的空间结构,蕴藏着丰富的历史内涵,而且对游客、香客产生非常大的吸引力,供众多中外游人前往观瞻,印度、尼泊尔、朝鲜、日本、蒙古、斯里兰卡等国的佛教信徒,来此朝圣求法、游览观光、烧香拜佛的络绎不绝。

五台山的自然资源。五台山地处华北大陆的腹地,展示出中国大陆基本的地质构造,拥有独特而完整的地球早期地质构造、地层剖面、古生物化石遗迹、新生代夷平面及冰缘地貌,具有地质构造和年代地层划界意义和对比价值,是开展全球性地壳演化、古环境、生物演化对比研究的典型例证,被誉为"中国地质博物馆"。地质结构层面丰富,造就了五台山的五个台顶的生物多样性,植被分布从下到上呈现垂直地带性,以金莲花、迎红杜鹃为代表的 590 多种植物,以金雕为标志的众多动物飞禽和 20 多种昆虫新种,按照各自的生长习性,和谐相处于五台山自然地貌之中,形成罕见的自然奇观。五台山方圆约 320 千米,五峰如五根擎天巨柱拔地而起,融自然风光、古建艺术、历史文物、佛教文化、民俗风情、避暑休闲为一体。东台望海峰,海拔 2795 米,蒸云浴日,爽气澄秋,东望明霞,如陂似镜;西台挂月峰,海拔 2773 米,台顶广平,月坠峰巅,状似悬镜;南台锦绣峰,海拔 2485 米,顶若覆盂,山峰耸峭,烟光凝翠,锦绣铺地;北台叶斗峰,海拔 3061 米,有"华北屋脊"之称,绝壁俊俏,积雪丰盈,钟鸣千嶂外,人语九霄中;中台翠岩峰,海拔 2894 米,巅峦雄旷,翠霭浮空。

2009 年 6 月 26 日,世界遗产委员会将五台山作为文化景观列入《世界遗产名录》,理由为五台山有六大特点:1. 五台山人文景观代表了中国人民创造性天才在宗教文化信仰领域的杰出成就的显示;2. 五台山宗教建筑与人文景观显示承载俗世价值观和宗教价值观交汇意义,显示了亚洲宗教景观和建筑文化超越时间和人文领域的对建筑艺术和建筑技术的巨大影响，以及亚洲宗教圣地对于山区规划和景观设计方面的巨大成绩；3.五台山宗教文明以其独特的文化景观印证了传统宗教与世俗文明正在不断的和谐共融，彰显了在现代人文文明生活中宗教文明具有人文与景观建设方面的巨大的意义与发展前景；4.五台山显示了它在中国历史上甚至人类文明历史上的重要发展阶段，在东方宗教文明方面是作为建筑设计、建筑技术和人文景观综合性集大成的一个杰出的例证；5.五台山宗教文明显示了人类在传统的宗教解决和土地使用方面作为一个杰出的实在的例证，在具有代表性的强势信仰与宗教文化方面，以及人类与环境的相互作用中，特别是在当下精神弱势的人类世界影响下，作为宗教人文景观的不可逆转的变化趋势；6.五台山在中华以及世界文明历史上，直接和明显地在历史生活事件和宗教传统、思想、信仰、艺术和文学作品中的突出的体现方面，具有普遍的价值和意义。

旅游资源开发利用。山西省充分挖掘、有效利用五台山的历史文化和自然资源进行旅游开发，尽管也走过一段不小的"弯路"，但他们广泛征求国内外专家和游客的意见，终于将五台山打造成为中外闻名的旅游目的地。

第一，保护、整理景区及其周边环境，积极申请遗产保护。五台山寺院众多，自古以来香客不断，游人如织，但申请世界文化遗产保护之路曲折而漫长。第一次申请铩羽而归，主要原因在于周边环境差，政府办公机构、村民挤占景区用地、用房现象严重；交通线路规划不合理；商业市场缺乏有效组织，酒店服务、餐饮服务质量不达标；景区和周边卫生条件差。得到相关部门反馈意见后，山西省用近20年时间整理景区及周边环境，极大改善了旅游条件，景区管理和硬件建设不断完善。1999年中央精神文明建设指导委员会授予"全国创建文明行业工作先进单位"，2000年中央文明办、国家建设部、国家旅游局联合授予"全国文明风景旅游区示范点"荣誉称号，2005年9月国家建设部授予"国家重点风景名胜区综合整治"先进单位称号，2005年10月通过GB/T9001质量管理体系和GB/T24001环境管理体系认证，2006年2月国家建设部授予"国家自然与文化双遗产"称号，2007年5月国家旅游局审定为"国家AAAAA级旅游景区"，2009年6月，在西班牙塞维利亚举行的第33届世界遗产大会上，被正式列入《世界遗产名录》。

第二，举办民俗文化活动，增加旅游文化附加值。五台山作为佛教名山，一开始在进行旅游定位时不够准确，存在单一化倾向，后来在专家指导下，定位为"自然与文化双遗产"，入选《世界遗产名录》。而在旅游宣传中，五台山打造"皇家寺院""皇家园林""皇家待遇",也成功地吸引了中外游客。同时,大力发掘民俗事项,举办游客参与民俗文化活动:每年农历六月十五前后举办的"跳布扎",是五台山黄教每年举行的重大佛事活动;每年农历六月举办骡马大会,期间举行大型佛事活动、民间文化活动、骡马牲畜交易大会,形成了五台山国际旅游月;每年8月21—9月21日在文殊菩萨的道场举办五台山佛教文化节。

第三,五台山打造"平民旅游"与专业旅游相结合的旅游形象。五台山作为佛教名山,不仅吸引着中国的善男信女,而且吸引着东南亚地区诸多国家的佛教信徒,无论是汉地佛教信徒还是藏传佛教信徒,都能在游览五台山景区的过程中,得到心灵的慰藉。五台山还大打"清凉"牌,将消暑休闲、文化旅游和科学考察结合起来,充分利用地质资源和佛教文化资源,将科学考察和专业、半专业登山活动结合起来,动员、组织、接待了若干批次的科学考察团队,吸引广大科学爱好者和登山爱好者。

二、陕西楼观台的旅游资源价值及其开发举措

楼观台位西安市郊周至县的终南山北麓,南依秦岭,千峰耸翠,楼台相叠,绿树青竹,以古老的道家宫观和美丽的自然风景闻名于世,道教文化资源和自然资源在这里相互交融。整个景区有323平方千米,分为楼观景区、金牛坪景区、木子坪景区等,主景区为楼观台景区,是历史文化与自然遗产均衡开发利用的最为典型的旅游风景区。

楼观台的道教文化资源。楼观台建筑创始于西周末年,到李唐王朝统治者寻找"正统"资源,老子和道教兴盛起来,楼观台建筑群规模遽然壮大,随着李唐王朝落幕,楼观台及其道教建筑趋于衰落,宋代末年竟然毁坏殆尽。现存楼观台建筑群是以说经台为中心的旅游景观综合体,有道教宫观30余座,道教文化遗迹主要有说经台、大秦寺、延生观、化女泉道院、衣钵塔、炼丹炉、魏晋古迹十老洞等。说经台,又称老子祠,位于海拔580米的高岗上,相传为老子讲经处,始建于公元619年,公元1236扩建,明清时期进行过数次小规模修葺。整体建筑群坐北向南,有山门、老山门、灵官殿、启玄殿、斗姥殿、救苦殿、后山门,配殿、厢房、碑厅等。大秦寺建于唐永徽元年,始称景教寺,唐天宝四年改称大秦寺,唐宝应元年(762),郭子仪副使基督教徒伊斯重建大秦寺,成为全国四大景教寺之一,出土的《大秦景教中国流行碑》,是具有世界意义的珍贵史料。延生观是玉真公主修行之处,曾称玉真祠、升天台,现存延生观为明嘉靖元年重修。化女泉道院有化女泉两眼,为

老子植杖化为女子,以验徐甲道心是否坚贞,后拔杖而出泉水,是为化女泉,泉水清洌,清甜爽口。衣钵塔是道士朱教先等为其师刘合仑建造的祝寿塔,塔体为六角形三层楼阁式实心砖塔。炼丹炉是一座山峰——翠微峰,海拔950米,峰巅有高炉,世传为老子炼丹炉,炉旁有古庙遗迹。

楼观台景区还有诸多与道教历史有关的洞、池、石、井、树、遗址遗迹等,是自然之物"道教化"的历史见证,构成楼观台旅游文化资源的有机组成部分。迎阳洞为唐末道教祖师汉钟离修道处,系天然石洞,洞口顶部凿刻楷书匾额"迎阳洞"。吕祖洞传为吕洞宾修炼的地方,现有亭和七星楼。吾老洞相传为老子墓地所在,现存明代重建吾老洞殿宇记碑和清代立老子墓碑2通。尹喜墓有清道光年间立墓碑1通,碑面雕有丁字纹图案边,隶书"周大夫尹喜墓"。仰天池位于显灵山顶,海拔1350米,池旁有康熙年间建造的八卦楼,安放着明代万历年间老君造像1尊。响石为老子炼丹碾压之石,八角形,取八卦金、木、水、火、土五行相克相生之意,以木击之,锵然响亮,清越韵长。宗圣宫遗址原系尹喜故宅,遗址内有三清殿的琉璃构件、覆盆状石柱、莲花龙纹瓦当和宋元明清诸代碑石。会灵观遗址是唐代会灵观遗存,现有殿堂基座,元代《重建会灵观记碑》和会灵观塔基。玉华观遗址是唐玉真公主修道的别馆,现存正殿殿基、条砖、板瓦、花草纹瓦当等。原始玉清宫遗址,原建于元大德二年(1298),现有砖石砌正殿殿基、元大德二年《原始玉清宫记碑》、仰莲、石柱础、透花脊饰及条砖、筒瓦等。遇仙桥遗址,建于元代的半圆拱单孔石桥,相传神仙相遇处,20世纪60年代被洪水冲毁。

楼观台的自然资源。楼观台景区群峰拱卫,沟壑纵横,山清水秀,空气清新,夏季清凉爽快宜于避暑,秋夏低温多雨日照充足,植被覆盖率85%,原始森林、次生林和人工林构成主要植被系统,峡谷、古道、繁花、古树、飞瀑、洞天等自然资源丰富。闻仙瀑布上游溪水淙淙,飞瀑隆隆而至,犹若白练自山腰跌落,更添清净幽远之味。仰天池,池水清澈见底,石鱼翱翔其间,登高南望,秦岭山脉郁郁葱葱,直通巴蜀之地,有登高怀古之感。田峪谷道南行,繁花小径,古木参天,行云映照于溪水,清新空气入肺,心旷神怡。金林峡夹壁陡峭,险滩涡流,水急石突;兴凤峡林木秀丽,鸟鸣山涧;野牛河十里飞瀑落入潭水,潭前巨石相勾连而成"天门",悬崖绝壁上飞燕往返;龙潭飞瀑呈半圆扇面形,飞沫细珠纷起纷落,蔚为壮观。首阳山风化岩石千姿百态,碧波荡漾的天池旁有铁板庙、太白庙和万仙庙。四十里峡似三峡胜景,有古栈道遗迹,峡谷、绝壁入云、漫滩、一线天、小溪流,三峡之景观在这里一样不缺;沿着鬼推磨走"老鼠牙岔骨"登上山顶,一边是悬崖百丈,河水滔滔,一边是石牙石笋如林,犬牙交错,前方阎王潭豁然开朗。"中国第二个竹类品种园"内花卉苗圃,近百种月季迎客,秦岭珍稀动物养殖场中大熊猫憨态可掬,金丝猴翻腾跳跃。楼观台的树赫赫有名,500 年左右的古树名木汇聚于说经台这些长寿的古树名木,见证了楼观台的历史风云,吸引远道而来的游客。

楼观台景区开发建设举措。楼观台的人文景观和自然景观完美结合,给楼观台景区建设提供了坚实的资源基础,尤其是道家文化资源,在全国具有唯一性,基督教文化资源的品质也非常高。但是,楼观台景区建设从一开始并没有打出宗教文化牌,而是打出了自然资源作为名片,与山西五台山、浙江普陀山的旅游开发建设思路不同。楼观台景区的开发建设有下列做法。

第一,根据社会经济文化的发展,不断进行资源整合,调整建设思路,深化景区内涵。楼观台景区建设开始于 1983 年,当时的思路是"森林公园"。1982 年 12 月,林业部批准建设"楼观台省级森林公园",属于全国首批 12 个森林公园建设项目之一,也是西北地区唯一的国家森林公园,当时占地面积645.7 公顷,1986 年正式对游客开放,主要是接待西安休闲旅游客人,年旅游规模在 25 万～30 万人。着眼于自然资源而打造的森林文化公园,尽管在西北地区具有唯一性,但当时国内旅游开放程度比较低,相关的宣传工作没有跟上,导致旅游人口不多,旅游收入也不够明显。20 世纪 90 年代,游客数量不仅没有增加,反而呈现下降趋势,主要原因是国内旅游市场逐渐开放后,作为楼观台客源预设对象的西北地区游客,更多地到西北以外区域旅游。1993 年陕西省人民政府正式批准建设"楼观台风景名胜区",涵盖 1992年林业部批准建设的"楼观台国家级森林公园"、楼观台实验林场、珍稀野生动物抢救饲养中心和一些山外景区,面积达到 323 平方公里,2002 年增设了"秦岭植物园",进一步整合人文资源和自然资源,打造综合性旅游景区。2010 年,根据游客人群的变化,西安市人民政府提出将楼观台打造成为"中国道文化精品旅游展示区"计划,建设具有"道文化探源体验、秦岭农林业休闲、民俗风情旅游、滨水休闲度假"等为一体的特色旅游目的地和宜居区,开启了楼观台"道家养生"旅游产品建设序幕,与武当山、青城山、崂山等,共同构成中国道文化养生休闲旅游综合体系列。这一思路变化的脉络很清晰,单纯的森林公园——风景名胜区(人文景观与自然景观并重)——道文化与民俗文化休闲体验,越来越重视宗教文化元素,并与养生休闲结合起来,适应最广大游客需求,特别是民俗风情旅游项目建设,其预设客源必然超出陕西、西北,客源定位扩大了许多,景区的内涵也变得丰富多彩起来,旅游项目的结构也更加合理。

第二，尊重旅游产业发展规律，不断协调合并管理机构，进行规范科学管理。楼观台旅游景区建设基本经历的四个阶段：省级森林公园——国家级森林公园——楼观台风景名胜区——中国道文化精品旅游展示区。四个阶段开发的旅游项目呈现叠加形态，不同的项目有不同的管理机构，有县级的"太白山风景区管委会"（和周至县旅游局合署办公），省林业厅的"楼观台林场"，省道教协会负责管理的道教宫观，市级旅游集团、私营企业主自负盈亏的投资管理等，多口管理带来旅游景区经营权限不够清晰，黑导游、强买强卖、餐饮交通宰客、封建迷信活动等严重影响游客心理，甚至威胁游客安全的行为。面对此种局面，陕西省逐步规范管理体制，不断提升管理层次，成立"楼观台风景旅游管委会"，统筹协调管理机构，合并国家森林公园管理处、楼观台实验林场、珍稀野生动物抢救饲养研究中心为"三块牌子，一套班子"。同时，加强景区管理人员、服务人员和周边群众的教育，打造让游客放心的吃、住、行、游、购、娱的综合性旅游形象。

第三，逐步确立"以人为本、健康旅游"的开发建设理念，打造具有个性特色的综合性旅游目的地。楼观台景区建设起步于"森林公园"，游客仅仅是观赏，参与性无法体现出来，导致旅游项目结构的单一性，区域内的人文资源和自然资源利用率不高。进入21世纪以来，楼观台景区参照学习武当山景区、青城山景区的成功经验，大力开发宗教文化资源，尤其是将道文化探源与休闲养生结合起来，准确地把握了"亚健康"人群的心理欲求，实现了景区建设中以资源为本位向以游客为本位的转换，在"体验""健康"的理念中，进一步激活了风景区内的旅游资源。与此同时，充分利用秦岭山区独特的资源优势和地方民俗事项，将野生动物、秦岭植物、民俗风情引入到旅游项目中，既提升了游客参与度，也彰显了特色旅游资源的价值，当游客们看到憨态可掬的大熊猫、世界唯一的朱鹮时，那种惊喜与满足感，是其他旅游景区无法提供的。

三、浙东普陀山旅游资源价值及其开发举措

普陀山是观世音菩萨教化众生的道场，素有"海天佛国""南海圣境"之称，是国家重点风景名胜区。岛上风光旖旎，洞幽岩奇，山海相连，是自然资源和人文资源完美结合的著名风景区，也是自然资源和佛教文化资源开发利用的典型。

佛国——普陀山的佛教文化资源。普陀山是全国著名的观音道场，其宗教活动可溯于秦,唐大中元年(847)有梵僧来谒潮音洞,感应观音化身,为说妙法,灵迹始著。唐咸通四年(863)日僧慧锷大师从五台山请观音像乘船归国,舟至莲花洋遭遇风浪,数番前行无法如愿,遂信观音不肯东渡,乃留圣像于潮音洞侧供奉,故称"不肯去观音"。后经历代兴建,寺院林立。鼎盛时期全山共有 4 大寺、106 庵、139 茅棚、4654 余僧侣,史称"震旦第一佛国"。现有普陀山三寺(普济禅寺、法雨禅寺、慧济禅寺)、普陀山三宝(多宝塔、杨枝观音碑、九龙藻井)、普陀山三石(磐陀石、心字石、二龟听法石)、普陀山三洞(朝阳洞、潮音洞、梵音洞)、普陀山十二景(莲洋午渡、短姑圣迹、梅湾春晓、磐陀夕照、莲池夜月、法华灵洞、古洞潮声、朝阳涌日、千步金沙、光熙雪霁、茶山夙雾、天门清梵)等著名景点。

海天——普陀山的自然资源。普陀山四面环海,风光旖旎,幽幻独特,自古被誉为"人间第一清净地"。山上金沙、奇石、洞壑、潮音、幻景浑然一体,形成山海兼胜、水天一色的独特景观。普陀山属亚热带海洋性气候,年平均气温在 20℃左右,降水量为 1100 毫米左右,海上潮涨潮落,岛上空气清新,实乃天然的"大氧吧"。普陀山素有"海岛植物园"之称,共有 66 种百年以上的树木 1221 株,还有被列为国家一级保护植物珍稀濒危物种的普陀鹅耳枥,环岛四周金沙绵亘、白浪环绕,青峰翠峦、渔帆竞发,构成了一幅幅绚丽多姿的画卷。

普陀山旅游资源开发利用经验。根据普陀山的资源特点,浙江省、舟山市采取多项措施进行文化遗产保护和旅游开发,使之成为世界知名旅游目的地,在中国旅游资源开发利用方面,堪称成功典型。

保护优先、传承为主是普陀山旅游景区建设中的重要经验。普陀山"海天佛国"的形象成熟比较早,在当代旅游开发中,为了适应现代旅游需要,普陀山也增加了一些旅游景点和旅游设施,但这些景点和设施,都是在保护原有旅游资源、传承历史的基础上,为方便游客进一步领略原有的旅游资源而增设的,不但没有损伤普陀山的历史形象,而且更加彰显了旅游特色。为了最大限度地保护普陀山的佛教文化资源和自然资源,浙江省在开发建设普陀山旅游景区过程中,始终坚持保护优先原则,从经济发展、交通布局、建筑修缮、寺院管理等各方面,下大力气。在全国许多滨海旅游景区高档别墅林立、房地产价格不断攀升、严重影响旅游景区形象的"热潮"中,普陀山对房地产实施了诸多"限制性"开发措施,稳定的房地产价格和外来人口限制政策,保证了普陀山旅游景区的稳定性,避免旅游景区"虚肿膨胀"。就交通设施而言,普陀山距离定海、朱家尖并不远,修建一座跨海大桥并不难,但浙江省坚持普陀山作为"海岛"的特点,一直采用航运来解决交通问题,不仅有效限制了游客人数,而且对维护普陀山治安有重要作用。为了进一步彰显普陀山旅游特色,花大力气对普陀山的佛教文化资源进行系统整理和保护,特别对寺院建筑、佛教文献、周边环境等,进行了多项综合性保护措施,确保普陀山香火旺盛,游人如织。

规范管理、有序组织是普陀山游客的普遍感受。近年来,旅游城市和旅游景区管理问题频发,不仅影响了游客的心情,也损害了游客的经济利益,普陀山作为一个 5A 级旅游景区,由于采取了规范管理、有序组织的诸多措施,整个景区尽管人如织,但秩序井然,给人以安全感和舒适感。普陀山景区管委会对景区内的交通工具、工作人员、停车场地、旅游线路、餐饮布局、僧侣、导游和当地民众,都进行了统一的教育和管理,特别是门票价格、香火价格、餐饮价格等方面的管理,值得许多景区学习。强化细节管理,保障游客利益,是普陀山旅游风景区长期游客火爆的重要原因,体现出很高的管理水平。

树立国际视野、举办国际活动是普陀山不断扩大影响力的重要举措。普陀山作为观音菩萨道场,早已驰名中外。20 世纪 90 年代以来,舟山市进一步完善旅游资源配置和旅游设施建设,举办国际性佛事活动和学术活动,全球推广普陀山旅游产品,将普陀山打造成世界性的"海天佛国",吸引了全世界宗教人士和广大游客。普陀山每年定期举办多项节庆活动,11 月普陀山南海观音文化节,以普陀山深厚的观音文化底蕴为依托,打造文化名山为内涵的佛教旅游盛会,期间有大型法会、佛教音乐会、众信朝圣、莲花灯会、文化研讨会、佛教文化旅游品展览会等一系列活动,吸引众多海内外观音弟子、佛教信徒、香客游客聚缘"佛国"。普陀山观音香会节,又称"普陀山三大香会期",每年农历二月十九观音圣诞日、六月十九观音成道日、九月十九观音出家日,海内外佛门弟子,从四面八方云集普陀山敬香朝拜和参加法会。3 月"普陀山之春"旅游节,以"生态旅游,人文体验,游客互动,百姓同乐"为宗旨,融群众娱乐、游客参与为一体,是普陀山继观音文化节、香会节之后的又一旅游盛会。通过这些国际化的宗教活动和学术活动,普陀山在海内外的影响日益扩大,成为中国最优质的旅游目的地。

第三节　秦晋与浙东旅游现状分析

一、陕西省旅游现状分析

（一）陕西省旅游资源条件

陕西省境内旅游资源条件丰厚，具体表现在以下三个方面。①

1. 种类齐全，总量丰富

陕西省是我国旅游资源比较丰富的省份，旅游资源数量大、种类多、品位高，文物古迹遍布全省，文化积淀比较深厚，是中国的天然历史博物馆。陕西省具有各类文物点多达 3 万多处，博物馆遍布全省各地，文物资源密度较大、等级较高，在规模和数量上均在全国处于领先水平。陕西省不仅文物古迹资源丰富，而且自然景观资源也比较壮观，具有较高的旅游价值。关中地区西岳华山之险、陕北地区壶口瀑布气势之恢宏、黄土景观之浩瀚、秦巴山地之婀娜、骊山惊奇之传奇皆令人叹为观止。

2. 品质较高，开发深入

陕西省旅游资源开发不仅在广度上有所增加，而且对旅游资源的开发也注重深度的开发。陕西省旅游资源在开发过程中，不仅注重其数量和广度的增加，而且重视挖掘其质量和深度。在陕西省旅游资源调查过程中，17%的旅游资源单体被评为优良级别。五级、四级和三级旅游资源单体分别占 172 个、378 个和 1178 个（被调查旅游资源单体总数为 9972 个）。秦始皇陵及兵马俑坑是评为优良的世界文化遗产；华山风景区、洽川风景区、黄帝陵风景区、天台山风景区和骊山风景区是评为优良的国家级风景区；全省国家 A 级景区一共达到 256 家。

3. 旅游资源空间分布差异明显

陕西省各地均有比较丰富的旅游资源，并且有明显的区域特色。关中地区拥有的旅游资源丰富度最高，旅游资源质量较高，并且整体优势较为明显，分布比较均衡，尤其是人文资源比较丰富；陕北地区旅游资源丰富度次之，其旅游单体主要集中分布于延安和榆林地区；陕南旅游资源丰富度最

---

① 参考拓庆阳：《陕西省旅游资源禀赋及开发的区域差异评价》，西北农林科技大学硕士论文，2012 年，第 22—23 页。

低,在三个地区的旅游资源组合状况和旅游资源品质均为最差,并且优良级旅游资源分布比较集中,发展很不均衡。总体而言,陕西省的人文旅游资源优势突出,自然景观占比相对较小。

(二)陕西省旅游市场发展现状

据陕西省旅游局统计,2014 年全省接待境内外旅游者 33218.8 万人次,同比增长 16.5%,完成年度目标责任考核的 101.3%。旅游总收入 2521.4 亿元,同比增长 18.1%,完成年度目标责任考核的 101.8%。

其中,接待入境过夜旅游人数 266 万人次,同比增长 5%,旅游外汇收入 14.16 亿美元,同比增长 5.5%;接待国内旅游人数 32952.8 万人次,同比增长 17%,国内旅游收入 2435 亿元,同比增长 19.9%。如果按 2014 年全国总人口 13.6072 亿人来计算,每 100 个中国人中,大约有 24 个可能在 2014 年来过陕西旅游。

表 6-1 陕西省国家 A 级旅游景区统计(截至 2014 年 6 月)

景区类型	景区名称	数量
5A 级景区	西安市:秦始皇帝陵博物院、华清池、大唐芙蓉园 华阴市:华山风景名胜区 延安:黄帝陵景区	5
4A 级景区	略	56
3A 级景区	略	140
2A 级景区	略	54
A 级景区	略	2
合计		257

资料来源:陕西旅游网政务版。

2014 年下半年,陕西高 A 级景区创建增速继续全国领先,又新增 5A 级景区 1 个(宝鸡市法门寺佛文化景区),4A 级景区 14 个。截至 2014 年末,全省 A 级景区总数达到 262 家,其中 5A 级景区 6 个,4A 级景区达到 70 个。2013 年全年,陕西省旅游景区实现营业收入 12.5 亿元。[①]

截至 2013 年末,陕西省全省有星级饭店 333 家,其中五星级饭店 14 家(西安 13 家,榆林 1 家)、四星级饭店 46 家(西安 27 家,宝鸡 2 家,咸阳 2 家,铜川 1 家,渭南 1 家,延安 5 家,榆林 3 家,汉中 3 家,安康 1 家,杨凌 1 家);

① 中华人民共和国国家旅游局:《2014 中国旅游统计年鉴》,中国旅游出版社 2014 年版。

三星级饭店 240 家。2013 年全年星级饭店实现营业收入 48.83 亿元。[1]

2013 年末,陕西省全省有旅行社 679 家,实现营业收入 47.29 亿元,利润率达 3.3%。[2]

(三)陕西省旅游发展亮点——文化旅游

陕西拥有一流的文化旅游资源。一是华夏根脉,中华文明的重要发祥地、十三朝古都。陕西创造了灿烂辉煌的历史文明,成就了汉唐盛世雄风,被誉为"中国天然历史博物馆"。二是世界级山水,自北向南形成的三大自然景观区地理特征全国少有,秦岭是我国南北地理和气候的分界线,是黄河与长江两大水系分水岭,被誉为"中国人的中央国家公园",黄河是我国第二大河,是世界上屈指可数的名川,孕育了灿烂的中华文明。三是中国符号,丝绸之路的起点、"兵马俑"的故乡。四是实现"中国梦"的精神家园,革命圣地延安。[3]

近年来,陕西省围绕以周秦汉唐为代表的历史文化,革命圣地延安为代表的红色文化,秦岭山水为代表的自然生态文化,大雁塔、楼观台和法门寺为代表的宗教文化,以关中民俗为代表的传统文化等深厚的文化资源优势,大力发展历史文化景点旅游、红色旅游、民俗体验游、山水观光游、旅游文化产业、大型实景演出和大型地方特色艺演,促进了文化旅游业飞速发展,成为彰显陕西形象的名片。

随着陕西旅游业的转型升级,陕西省旅游局推出了"秦岭与黄河对话"的文化创意活动,旨在向广大游客展示"山河竞秀"的陕西旅游新格局、新风貌,在一定程度上改变了过去人们心目中以文化、文物古迹观光为主的陕西旅游形象,对秦岭黄河范围内丰富的自然生态旅游资源又有了全新的认识。在"丝路文明"的带动下,陕西省作为丝绸之路的起点,将进一步向海内外游客传播人文美、自然美、文化美和现代美,全面提升"山水人文·大美陕西"的美誉度和影响力。

---

[1]　中华人民共和国国家旅游局:《2014 中国旅游统计年鉴》,中国旅游出版社 2014 年版。

[2]　中华人民共和国国家旅游局:《2014 中国旅游统计年鉴》,中国旅游出版社 2014 年版。

[3]　江泽林:《旅游业专题讲座心得体会》,《陕西日报》2014 年 3 月 4 日第12 版。

二、山西省旅游现状分析

(一)山西省旅游资源概况

山西省位于黄河中游,黄土高原的东部。其间高山峻岭,丘陵纵横,山环水绕,地形复杂,地貌多样,气候适中,四季分明,大自然神工鬼斧般地造就了一处处绚丽多彩的景色。山西又是中华民族文明的发祥地之一,历史悠久,源远流长,素有"中国古代艺术博物馆""文献之邦"的美称,保留有全国百分之七十的地面古代建筑。自然美景、历史文明、革命史迹和新时期建设成就,共同构成了山西得天独厚、古今兼备、多姿多彩的旅游资源。

表 6-2　山西省旅游资源类型列表

主要资源类型		资源特色举要
自然旅游资源	名山大川	北岳恒山、佛教名山之首五台山、五镇之一中镇霍山、风陵渡
	洞石雄关	山西境内太行、吕梁、中条山中有多处石灰岩溶洞
	清泉湖泊	冷泉:朔州神头泉、五台般若泉、太原难老泉等;温泉:浑源汤头泉、忻州奇村泉、原平大营泉等;矿泉:般若泉等
	激流瀑布	壶口瀑布、娘子关瀑布、王官谷瀑布、蟒河瀑布
人文旅游资源	寺庙宫观	宋金以前的木构建筑 106 处,占全国同期建筑物的 70% 以上
	历代古塔	历代古塔多达 280 多座,其中以应县佛宫寺释迦塔、五台山白塔、代县阿育王塔、太原永祚寺双塔、洪洞广胜寺飞虹塔和永济普救寺莺莺塔最为著名
	石窟造像	全国三大石窟之一:云冈石窟
	城垣关隘	雁门关、平型关、宁武关、娘子关、偏关等
	其他	古代壁画、古代彩塑古文化遗址、革命历史纪念地
国家历史文化名城		大同、平遥、代县、祁县、新绛县
民情风俗旅游资源		民歌、民间舞蹈、民间音乐、剪纸、皮影、年画等

(二)山西省旅游市场发展现状

据山西省旅游局发布数据显示,2014 年 1 至 4 月份,山西省旅游经济总体运行情况良好,入境旅游市场平稳增长,国内旅游市场增速较快,全省累计实现旅游总收入超 620 亿元,同比增长 24.28%。1 至 4 月份,全省累计接待入境旅游者 16.88 万人次,同比增长 3.94%;旅游外汇收入 6175.44 万美元,同比增长 3.65%;全省累计接待国内旅游者 6572.51 万人次,同比增长 19.32%;国内旅游收入 616.94 亿元人民币,同比增长 24.28%。

2. 主要产业表现

旅游景区市场。

表 6-3　山西省国家 A 级旅游景区统计(截至 2014 年 12 月)

景区类型	景区名称	数量
5A 级景区	大同:云冈石窟旅游区;忻州:五台山风景名胜区;晋城:皇城相府生态文化旅游区;晋中:介休棉山景区;祁县:乔家大院	5
4A 级景区	太原:8 家;临汾:8 家;运城:8 家;晋中:15 家;大同:3 家;朔州市:4 家;晋城:5 家;长治:8 家;阳泉:3 家;忻州市:2 家;吕梁市:3 家	67
3A 级景区	略	不详
2A 级景区	略	不详
A 级景区	略	不详

资料来源:山西旅游网政务版。

表 6-4　山西省旅游星级饭店统计表(截至 2013 年 12 月 31 日)

地市	五星	四星	三星	二星	总数
太原	6	14	48	7	75
大同	3	9	5	6	23
朔州	1	4	2	0	7
忻州	1	6	13	13	33
晋中	2	3	19	9	33
阳泉	1	3	5	2	11
吕梁	1	5	6	2	14
长治	2	2	5	4	13
晋城	2	11	9	5	27
临汾	0	6	19	15	40
运城	3	7	20	9	39
合计	22	70	151	72	315

　　截至 2013 年 12 月 31 日,山西省共有旅行社 866 家,其中出境旅游资质旅行社 59 家,赴台旅游资质旅行社 6 家,实现营业收入 37.66 亿元。2013 年度山西省旅行社行业产生较大变化。从企业数量上看,总数有所增加,新增设旅行社多于注吊销旅行社,说明社会投资兴办旅行社的热情还较高,显示了旅游业的吸引力,特别是近两年来旅行社申请增加出境游资质的积极性高涨,过去两年新增出境旅游资质旅行社 22 家,占总数的 37%,一方面迎合了市场需求,一方面促进了竞争的市场化,推动了出境游发展。从发展趋势上看,旅行社网络化、集团化、大型化、业务细分化越来越明显。有的旅行社广设分社,扩大市场覆盖面,有的旅行社以业务为纽带开展合作,有的旅行社以资本为纽带形成网络,有的旅行社迅速发展壮大。旅行社行业总体上向批发、零售两种类型分化发展。从经营方式上看,各旅行社在继续做精门市的同时,大力开展了线上业务;一些旅行社在提升常规产品的同时,大力开发新型线路产品,在操作散拼团的基础上更加重视特别订制线路等新型产品。

　　(三)山西省旅游发展亮点——历史文化旅游

表 6-5　2004—2010 年山西文化及相关产业增加值增长统计表[①]

年份(年)	2004	2005	2006	2007	2008	2009	2010
文化旅游产业增加值(亿元)	83.36	100.7	124.72	160.75	207.75	250	335
文化旅游产业增加值占 GDP 比重(%)	2.33	2.44	2.63	2.8	2.84	3.45	3.72

　　山西旅游的主要特色与历史文化紧密相关,这一点与立足于自然风光资源的旅游根本不同。随着旅游需求的快速增长,山西省文化旅游业增速迅猛。文化旅游及相关产业增加值逐年上升,由 2004 年的 83.36 亿元增加到 2010 年的 335 亿元,历年平均增长速度达到 26.09%,文化旅游及相关产业增加值占 GDP 的比重由 2004 年的 2.33% 增长至 2010 年的 3.72%,文化产业发展对国民经济的贡献正在逐步提升(见表 6-5)。可见,从山西的实际情况出发,从全球文化产业的发展趋势考虑,发展山西文化旅游业是山西省旅游发展的战略重点。

---

　　① 孙玉梅、秦俊丽:《山西省文化旅游资源的特征与文化产业发展模式》,《地理研究》2011 年第 5 期,第 845—853 页。

三、浙东地区旅游现状分析

浙东地区现代旅游业的发展,侧重于按照现代地理分布和旅游经济布局重新界定浙东地区,主要涵盖宁波、绍兴、台州、温州和舟山五地。

(一)浙东地区旅游发展条件

2005年台州、宁波、温州、绍兴、舟山五市旅游部门组成浙东南旅游联合体,通过以政府为主导、企业为主体、产品为纽带、市场化运作的方式,实现区域旅游合作。这五个地区的地域约占浙江全省的三分之一,旅游市场份额约占五分之三,在旅游发展中优势条件显著。

1. 经济条件——地区经济基础雄厚,旅游发展有保障

2014年浙东五市生产总值达19184亿元,占全省的51.1%,占全国的3.26%;财政总收入3303.5亿元,占全省的47.8%,占全国的2.6%;宁波、舟山、绍兴、台州、温州人均GDP分别排名全省第二、第三、第四、第八和第十一。强大的经济基础,为浙东地区的旅游发展提供了有力的保障,同时不断增强的居民消费能力蕴藏着巨大的旅游客源市场。(见表6-6)

表6-6 2013年浙江省分市旅游总收入相对于地区生产总值和服务业增加值的比重

城市	旅游总收入		相对于	
	绝对值(亿元)	增长(%)	地区生产总值GIP(%)	服务业增加值(%)
全省	5536.2	15.3	14.7	31.9
杭州市	1603.7	15.2	19.2	36.3
宁波市	953.5	10.5	13.4	30.7
温州市	582.4	20.2	14.5	31.1
嘉兴市	485.6	15.9	15.4	38.4
湖州市	393.6	21.6	21.8	54.3
绍兴市	584.4	15.4	14.7	35.0
金华市	490.3	22.7	16.6	35.7
义乌市	131.0	10.3	14.8	26.0
衢州市	197.3	31.8	18.7	47.2
舟山市	300.1	12.5	32.2	70.9
台州市	493.4	19.7	15.6	34.6
丽水市	266.3	29.4	27.1	66.5

数据来源:浙江省旅游局;《浙江旅游统计便览》,2013年。

2. 资源条件——旅游资源特色鲜明,旅游产业体系完善

浙东地区自古以来就有鱼米之乡、丝绸之府、文物之邦、旅游胜地的美誉。五市文化底蕴深厚,夏禹文化、河姆渡文化、宗教文化、海洋海岛文化、越文化、鲁迅文化、酒文化、古城文化等精彩纷呈。区域内拥有国家级风景名胜区 7 处,省级风景名胜区 14 处,全国重点文物保护单位 24 处,国家级历史文化名城和国家优秀旅游城市 2 个。同时,该区域依托雄厚的经济基础和资源环境,旅游产业规模不断扩张,旅游产业体系的配套格局基本形成。①

3. 交通条件——区域交通便捷,旅游可进入性强

浙东区域内铁路、公路、水路、海运、空运构成的立体交通网络体系已基本形成。甬台温沿海铁路、杭甬客专与杭宁、杭长、沪杭、京沪、甬台温等多条线路相连,使浙东地区正式融入长三角的 2 小时交通圈。温福高铁、福州至厦门段、厦门至深圳段进一步打通了浙东通往海西经济区和南部沿海地区的通道。公路方面四通八达,杭州湾跨海大桥、舟山跨海大桥以及象山大桥的建设,由台金高速、宁波绕城高速、沪杭甬高速、甬台温高速、甬金高速等高速公路交织的陆地网状格局已经形成。市际水陆交通发达,宁波至朱家尖、桃花岛、金塘岛的高速客轮相继开通。宁波栎社机场、温州龙湾机场、台州路桥机场基本满足了浙东地区客货空中往来的需求。

(二)主要城市旅游市场现状

1. 宁波

2014 年前三季度,宁波市接待入境旅游者 96.67 万人次,同比增长 10.01%;旅行社组织出境旅游者 46.37 万人次,同比增长 1.87%;接待国内游客 5075.55 万人次,同比增长 10.1%;实现国内旅游收入 701.48 亿元,同比增长 12.02%;旅游总收入 732.63 亿元,同比增长 11.37%。②

旅游景区市场。2014 年前三季度,宁波市旅游景区共接待游客 3727.87 万人次,同比增长 3.96%,景区的门票收入达到 5.71 亿元,同比增长 3.56%,其中,乡村休闲类的景区和接待设施在宁波市旅游景区发展中表现非常抢眼,从规划建设、经营效益到品质管理各方面都有明显的提升。一批特色节庆活动使传统景区焕发出新的吸引力,溪口景区民国风情秀和雪

---

① 苏勇军:《浙东区域旅游一体化发展的路径研究——基于 SWOT 模型分析》,《宁波大学学报》(人文科学版)2009 年第 1 期,第 96—99 页。

② http://gtog.ningbo.gov.cn/art/2014/12/1/art_10283_1139773.html,2014 年前三季度宁波市旅游经济运行分析。

窦山弥勒文化节、达蓬山旅游度假区的"狂欢夏夜"音乐啤酒节、大桥生态农庄的油菜花节和农业科学嘉年华、松兰山七夕篝火派对等,收到了不错的市场反响,开渔节、文化艺术节、国际短片电影展、购物节等大型的旅游节庆活动对整个区域中的景点景区产生了正面辐射力,大幅度带动了无景点旅游休闲的大发展。

表 6-7　宁波市国家 3A 级以上旅游景区统计(截至 2014 年 12 月)

景区类型	景区名称	数量
5A 级景区	溪口—滕头风景旅游区(奉化)	1
4A 级景区	海曙:天一阁博物馆 江东:宁波神凤海洋世界 江北:慈城古县城、保国寺风景区、绿野山庄、宁波老外滩 鄞州:梁祝文化园、天宫庄园、五龙潭风景名胜区、宁波(鄞州)博物馆 镇海:招宝山旅游风景区、九龙湖旅游区、郑氏十七房景区 北仑:凤凰山海港乐园、九峰山旅游区 东钱湖:雅戈尔动物园 杭州湾:宁波海天一洲景区 余姚:天下玉苑、丹山赤水 慈溪:达蓬山旅游区、大桥生态农庄旅游区 奉化:黄贤森林公园 宁海:前童古镇旅游区、伍山石窟旅游区、宁海温泉旅游区 象山:松兰山海滨旅游度假区、石浦中国渔村、象山影视城、石浦渔港古城	29
3A 级景区	余姚:四明山国家森林公园、中共浙东区委旧址、四明山地质公园、浙东小九寨沟景区 慈溪:五磊山风景区、虞洽卿故居 奉化:岩头古村景区 宁海:梁皇山旅游区、许家山历史文化名村 象山:白玉湾生态农业观光园、鲤龙潭景区 鄞州:浅水湾欢乐乡村世界 江东:庆安会馆、科学探索中心	14
合计		44

数据来源:宁波旅游网政务版。

　　旅游饭店市场。根据宁波旅游网平台发布的《2013 年度宁波旅游经济运行分析总报告》,截至 2013 年末,宁波全市星级饭店总数为 160 家,其中五星级 20 家,四星级 27 家,三星级 53 家,三星级以上饭店数量达到 100 家,占全部星级饭店数量的三分之二,结构与总数与上一年维持不变。但 2013 年多重环境变化对星级酒店经营造成了严重冲击,星级酒店消费需求明显萎缩,纷纷向经济型饭店和农家乐转移,同时全市饭店业供给继续稳步扩大,行业经营面临严峻挑战。2013 年,全市星级酒店整体营业额同比下降了 20.22%。

2014 年前三季度,全市星级饭店平均出租率和累计平均房价基本与 2013 年同期保持一致,可售房平均房价为 174.40 元/间/天,微弱下降 0.64%。四五星级饭店在出租率方面表现较好,出现了小幅回升,涨幅分别为 1.48% 和 4.76%,中低星级饭店则出现出租率和平均房价双重下跌。饭店餐饮在"亲民"方向上继续前进,许多五星级饭店针对亲子市场、大众市场推出了特价餐、套餐和团购自助餐,受到市场欢迎。

旅行社市场。据宁波旅游平台网发布,截至 2013 年末,宁波星级旅行社达到 82 家,其中五星级旅行社 5 家,四星级旅行社 26 家,三星级旅行社 47 家,三星级以下 4 家。2014 年前三季度,旅行社入境接待和外联游客同比分别下降了 16.31% 和 4.3%。从数据看,旅行社无论组团接团业务都在下滑,这不但与传统客源国出现的政变、绑架、台风天气等因素相关,更重要的是,传统旅行社受新兴旅游中介业态的冲击越来越明显。互联网的迅速发展推动着各种消费方式变化,各种在线消费已经深入人们的生活。其中,在线旅游的快速发展,年轻顾客群体对移动互联网依赖度增加,从传统旅行社手中切走了相当比例的"蛋糕",大大挤压了旅行社的生存空间和利润空间,这就要求旅行社顺势而变,搭上互联网经济快速发展的"便车"。

旅游发展亮点。宁波地处长三角南翼中心区,特别是杭州湾跨海大桥的开通,使宁波市进入长三角两小时旅游区,并与上海、杭州形成旅游"金三角",宁波旅游的战略地位得到了极大的提升。宁波市已经提出了打造长三角最佳休闲旅游目的地的战略目标,加快发展都市旅游既是建设最佳休闲旅游目的地的重要组成部分,也是促进城市发展、提升城市形象和城市国际化水平的重要载体。近年来,宁波通过都市旅游的发展,向海内外广泛推广"书藏古今、港通天下"的城市旅游形象,极大地改变了旅游发展现状和格局,带热了城市周边景点,过夜游客和人均旅游消费明显增加。

宁波海洋旅游资源品种丰富,类型多样,自然与人文资源兼备,拥有海岛、沙滩、奇石、滩涂等自然风光和海上丝绸之路,浙东渔民俗、海防等文化资源。近年来,宁波海洋旅游发展迅猛,已建成以松兰山休闲旅游度假区、中国渔村、石浦渔港古城、宁海湾旅游度假区、海天一洲观光平台、杭州湾湿地公园等为代表的一批海洋旅游产品,其中包括 1 个省级旅游度假区和 8 个国家 4A 级旅游景区,在全省范围内处于领先地位。目前,全市在建投资过亿的海洋旅游项目 21 个,投资总额超过 310 亿元。

2. 舟山

从 2006 年到 2013 年,舟山依托丰富的旅游资源,大力发展旅游业,在旅游接待人数、旅游总收入、旅游景区建设等方面,增长幅度大,在国民经济发展中的比重大幅提升,旅游业作为一张名片,在地区建设与发展中,产生了巨大影响。

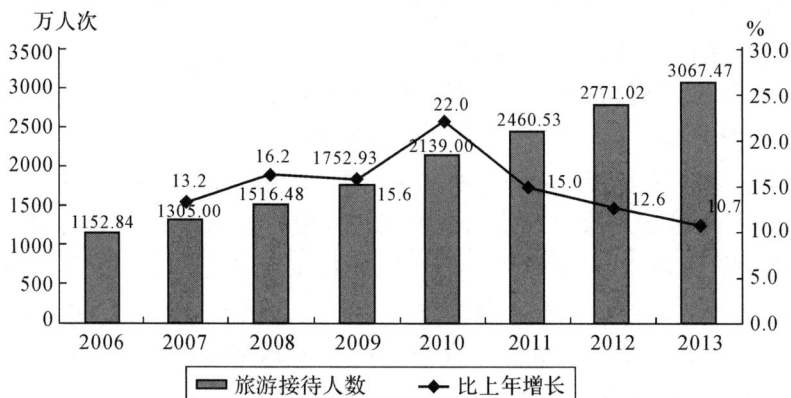

图 6-1 2006—2013 年舟山市旅游接待人数及其增长速度①

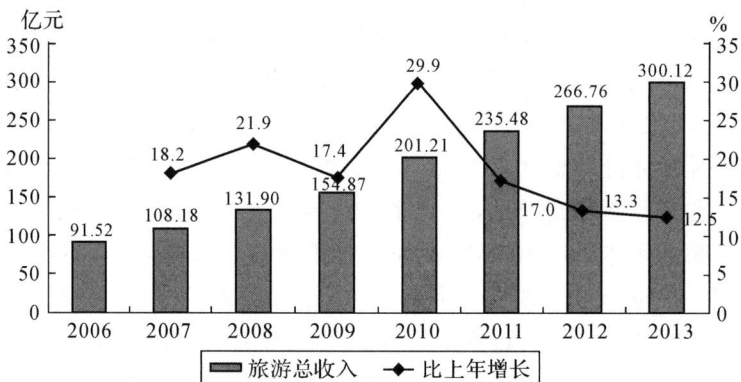

图 6-2 2006—2013 年舟山市旅游总收入及其增长速度②

① 《舟山市 2013 年国民经济和社会发展统计公报》,http://www.zhoushan.gov.cn/web/zhzf/zwgk/tjxx/ndtjgb/201403/t20140327_649813.shtml.

② 《舟山市 2013 年国民经济和社会发展统计公报》,http://www.zhoushan.gov.cn/web/zhzf/zwgk/tjxx/ndtjgb/201403/t20140327_649813.shtml.

表 6-8　舟山市国家 A 级旅游景区统计(截至 2014 年 12 月)

景区类型	景区名称	数量
5A 级景区	舟山普陀山风景区	1
4A 级景区	桃花岛、朱家尖	2
3A 级景区	秀山岛、白沙海钓旅游景区、沈院、富丹工业旅游区、舟山东海岸户外拓展训练基地	5
2A 级以下景区	马岙旅游区、六横镇旅游区、蚂蚁岛旅游区等	3
合计		12

数据来源:舟山旅游网政务版。

截至 2013 年底,全市有 A 级景区 12 个。其中,5A 级景区 1 个,4A 级景区 2 个。全年接待国内外游客共 3067.47 万人次,比上年增长 10.7%。其中,接待国际游客 31.54 万人次,增长 1.6%。从主要景区看,普陀山景区接待游客 594.68 万人次,比上年增长 6.9%;朱家尖景区接待游客 427.80 万人次,增长 10.1%;桃花岛景区接待游客 188.16 万人次,增长 10.3%。全年实现旅游总收入 300.12 亿元,比上年增长 12.5%;实现旅游外汇收入 16084 万美元,增长 1.4%。

截至 2013 年底,全市有星级饭店 49 家,其中五星级饭店 2 家,四星级饭店 7 家,三星级饭店 24 家,二星级以下饭店 16 家。2014 年 1—11 月份,受宏观政策形势的不利影响,全市星级饭店实现营收 9.66 亿元,同比下降 7.34%;平均客房出租率 49.04%,同比下降 6.43%;平均房价 408.58 元/间夜,同比上涨 2.85%。全市有旅行社 134 家,比上年末增加 9 家。

旅游发展亮点。舟山市是我国唯一以群岛著称的海上城市,由 1390 个岛屿组成,岛屿数量占全国的五分之一。全市区域总面积 2.22 万平方公里,其中海域面积 2.08 万平方公里。舟山群岛古称"海中洲",海岛特有的蓝天、碧海、绿岛、金沙、白浪是舟山海洋旅游环境的主色调。以海、渔、城、岛、港、航、商为特色,集海岛风光、海洋文化和佛教文化于一体的海洋旅游资源在长江三角洲地区城市群中独具风采。

3. 绍兴

根据绍兴市旅游局最新公布的统计数据,2013 年一季度,全市共接待国内外游客 1162.82 万人次,同比增长 16.31%,旅游总收入 109.69 亿元,同比增长 15.74%。其中接待国内游客 1147.79 万人次,同比增长 16.41%,国内旅游收入 106.53 亿元,同比增长 16.55%;接待入境游客 15.0364 万人次,同比增长 8.99%,旅游外汇收入 5429.67 万美元,同比增长 4.25 %。

表 6-9 绍兴市国家 A 级旅游景区统计(截至 2014 年 9 月)

景区类型	景区名称	数量
5A 级景区	绍兴鲁迅故里沈园景区	1
4A 级景区	绍兴市区:兰亭(市区)、会稽山、乔波冰雪世界、东湖 绍兴县:柯岩、大香林 新昌县:新昌大佛寺、达利丝绸世界 诸暨市:华东国际珠宝城、五泄、西施故里 上虞市:曹娥景区	12
3A 级景区	略	18
2A 级景区	略	17
合计		48

数据来源:绍兴旅游网政务版。

2013 年第一季度,鲁迅故里·沈园景区被评为国家 5A 级景区后,对绍兴市区其他景区带动效应显现,绍兴游客接待量前三名的景区分别是鲁迅故里、大禹陵和柯岩景区,游客接待量分别为 41.46 万人次、34.41 万人次和 31.3 万人次。其他一批周边景区,如:沈园、兰亭和东湖也在 5A 效应下游客接待量和收入双双强势增长。在传统文化观光类景区接待良好外,登山、赏花、农家乐、单车骑行等休闲旅游活动渐成气候,同时配合一系列的节事活动,休闲旅游氛围日渐显现。

截至 2013 年第一季度末,绍兴全市有星级饭店 96 家,其中五星级 11 家,四星级 14 家,三星级 45 家,二星级 25 家,一星级 1 家。全市星级饭店营业总额为 7.00 亿元,同比减少 25.84%;其中餐饮收入 3.97 亿元,同比减少 31.27%;客房收入 2.07 亿元,同比减少 18.70%。一季度平均客房出租率为 55.12%,同比下降 9.34%;一季度平均房价为 329.24 元,同比下降 6.49%;其中五星级饭店一季度的客房出租率同比下降 11.35%。一些饭店开始深挖文化内涵,以特色化、主题化为契机,用文化吸引顾客,感动顾客,留住顾客,提高饭店经营业绩。一些饭店与景区合作,实施捆绑式营销策略,借助网络、微博等平台,利用携程和淘宝聚划算等电子商务团购,共同应对形势变化,取得了良好的效果。

截至 2013 年第一季度末,绍兴全市有旅行社 137 家,在市场业务上遭遇了公务消费市场萎缩的巨大冲击。从全市 20 家主要旅行社了解的数据显示,一季度大多数旅行社总营业额降幅为 40% 左右。其中 8 家位于绍兴市区的四星级旅行社中一季度接待量最大的是中青旅,接待游客 0.84 万人,同比减少 19.19%;接待量同比下降最大的是海外旅行社,同比下降70.3%;一季度组团量最大的是国旅,组团游客 0.9 万人,同比下降 2%;组团量同比下降最大的是乡情旅游公司,同比下降达到 90%。虽然旅行社都不断推出低价产品,各条热门旅游线路的报价都维持在较低水平,但市场反应平淡。相比市区旅行社,绍兴诸暨、上虞、新昌、嵊州等县市旅行社经营则呈现勉强持平或略有增长的格局。可见,生态旅游、乡村旅游等休闲旅游成为绍兴旅游新趋势,农家乐、采摘游、赏花游等成为游客欢迎的休闲项目。

绍兴作为文化名城,是一座没有围墙的博物馆,更是一部文化的演进史,江山代有才人出。名士之乡、水乡、酒乡、桥乡、书法之乡交相辉映,民风、民俗、民情独具特色,人文资源得天独厚,通过深度挖掘、系统梳理及有效运作,绍兴旅游完全可以打造成为"长三角人文旅游的第一品牌"。

旅游业态从观光型为主向度假休闲转变,新兴业态不断涌现。涌现出以参与性为主的上虞市"爱情圣地"主题公园项目,依托网络游戏"爱情连连看",与祝家庄景区链接,突出爱情主题,虚拟场景实体化;以体验性为主的游艇俱乐部、乔波冰雪世界、天马汽车休闲广场等。乡村旅游开发蓬勃发展,嵊州狮子山旅游养生综合体、绿城现代生态农业观光园、上虞覆卮山度假村、新昌十里潜溪等一批休闲度假项目加快推进;产业融合发展加快,达利丝绸深度挖掘旅游资源,开发体验园、特色街、文化创意中心,打造完整产业链。

4. 台 州

据台州市旅游局发布的台州市各县(市、区)旅游业发展情况统计,2014年前三季度,台州全市共接待国内外旅游者 4205.34 万人次,同比增长15.9%;其中接待国内旅游者 4194.78 万人次,同比增长 15.4%,接待入境旅游者 10.56 万人次,同比增长 18.6%;实现旅游总收入 400.52 亿元,增长20%,其中国内旅游收入 398.51 亿元,增长 20.5%;实现旅游外汇收入3493.66 万美元。

表 6-10 台州市国家 A 级旅游景区统计(截至 2014 年 9 月)

景区类型	景区名称	数量
5A 级景区		0
4A 级景区	台州市区:台州海洋世界 玉环县:大鹿岛景区、漩门湾农业观光园 天台市:天台山、国清景区、石梁景区、赤城景区 仙居县:神仙居 临海市:江南长城 温岭市:长屿洞天 三门市:蛇蟠岛	11
3A 级景区	略	17
2A 级景区	略	9
合计		37

数据来源:台州旅游网政务版。

2013 年台州全市各主要旅游景区共接待游客 9870.20 万人次,比上年增长 16.4%,门票收入 2.63 亿元,增长 20.2%。其中 4A 级景区共接待 424.45 万人次,门票收入 8514.69 万元;3A 级景区共接待 833.40 万人次,门票收入 4127.97 万元。年游客接待量在 500 万人次以上的景区有 3 个。2014 年前三季度,台州市旅游景区的发展依旧保持高速增长势头。共接待游客 8420.31 万人次,同比增长 21.3%,景区的门票收入达到 2.52 亿元,同比增长 34.9%。全市旅游景区接待的稳步增长,得益于散客市场不断攀升和台州市旅游景区的转型升级。全市旅游景区在原有的观光旅游基础上,积极调整业态,垂钓、露营、特色餐饮、自行车、徒步运动、采摘等新兴休闲旅游业态蓬勃兴起。城市休闲游、近郊乡村游成为台州假日旅游主打产品。

截至 2013 年底,台州市有旅游星级饭店 57 家。其中五星级 2 家,四星级 15 家,三星级 25 家。2013 年全市星级饭店营业总收入 11.43 亿元,比上年下降 12.4%。其中四星级及以上饭店营业总收入 7.45 亿元,下降 13.6%。2014 年上半年,随着高端公务消费的进一步萎缩,高星级饭店依然处于低位运行状态。而中低档饭店由于受政策遏制影响稍小,加上积极调整经营思路,总体发展保持平稳有序,餐饮消费有所回升。二星级及以下饭店客房出租率和平均房价也有不同程度的回升。台州全市旅游星级饭店的平均房价 269.72 元/间/天,同比上涨 2.87 元/间/天,星级饭店平均出租率为 49.8%,上升 4.0 个百分点。

截至 2013 年底,全市共有旅行社 145 家,比上年增加 6 家。其中出境游组团社 6 家,与上年持平。新增星级品质旅行社 9 家(其中四星级旅行社 7 家,三星级 2 家)。旅行社的集约化(连锁化)程度明显提高,本土旅行社分支机构大量增加,全市经备案的门市部(包括分社)已达 109 家。同样受到公务消费市场的政策影响,2013 年台州旅行社市场也受到冲击,全年接待来台游客 68.31 万人次,比上年下降 12.8％,组团到外地旅游 61.13 万人次,比上年下降 17.5％。2014 年上半年,台州全市旅行社开始基本适应市场变化,面向大众市场推出定制化旅游线路产品以及多种主题性线路产品,获得较好的市场反响,尤其出境市场更是表现活跃。上半年全市通过旅行社组团国内旅游 31.29 万人次,同比增长 2.5％;接待国内游客 30.80 万人次,同比负增长 20.6％;通过旅行社组团出境游客 1.31 万人次,同比增长 38.0％。

台州自古以"海上名山"著称于世,天台山、括苍山、雁荡山三大山系构成了台州独特的山川水貌。台州山水旅游资源数量多,等级高,地位突出。在国务院公布的国家重点风景名胜区中,天台山、仙居、长屿硐天—方山等 3 处均以山水旅游资源为特色,它们或是以山体构成旅游景观的骨架和主景,或是以山水兼而有之为构景要素,或是因山水的映衬而显其美。这也充分说明山水旅游资源在台州整体旅游景观构成中的地位突出。山水观光旅游一直是台州旅游发展的核心产品。

近年来大力实施智慧旅游工程,推出"台州旅游微信"和"台州旅游指南 APP",及时发布一些旅游资讯,为游客搭建起集"吃、住、行、游、购、娱"一体的全方位综合服务平台。与百度、新浪网、腾讯网、同程网、驴妈妈、19 楼、浙江在线、浙江旅游网等网站合作,开展了"台州旅游月月旺"宣传推广活动。智慧旅游营销极大方便了游客,扩展了产品组合,吸引了大量近程的中青年散客。

5. 温州

根据温州市旅游局的数据显示,2014 年温州共接待入境旅游者 91.08 万人次,同比增长 22.73％;旅游创汇 4.8 亿美元,同比增长 15.6％;国内旅游接待人数 6487.4 万人次,同比增长 14.28％;国内旅游收入 656.7 亿元,同比增长 18.03％;旅游总收入 686 亿元,同比增长 17.8％。全市入境旅游者接待人数增幅较往年略有回落,但显著高于全省平均水平;国际旅游(外汇)收入增幅略高于往年,反映出人民币汇率上升对入境游客消费具有一定的抑制作用,且随着温州国际航线的开展和信息化水平的提升,入境游客结构比例有所上升。

2014年前三季度,温州市纳入统计的 A 级旅游景区(点)累计接待境内外旅游者 1527.03 万人次,同比增长 23.32％,实现门票收入 1.77 亿元。其中,雁荡山、楠溪江和文成百丈漈等景区"上榜"境内外游客最喜欢的温州旅游目的地。

表 6-11　温州国家 A 级旅游景区统计(截至 2014 年 9 月)

景区类型	景区名称	数量
5A 级景区	雁荡山风景名胜区	1
4A 级景区	温州市区:江心屿、温州乐园 洞头县:洞头景区 永嘉县:楠溪江 平阳县:南雁荡山 苍南县:玉苍山风景区(森林公园) 文成县:文成百丈飞瀑景区、文成龙麒源旅游景区、铜铃山国家森林公园 瑞安市:寨寮溪风景区 乐清市:中雁荡山	11
3A 级景区	略	12
2A 级景区	略	10
合计		34

数据来源:温州旅游网政务版。

截至 2014 年 11 月,温州全市有旅游星级饭店 94 家,其中五星级饭店 5 家,四星级饭店 20 家,三星级饭店 47 家,二星级以下饭店 22 家。受宏观政策形势的不利影响,2014 年 1—11 月,温州全市星级饭店实现营收 20.83 亿元,同比下降 5.46％;但平均客房出租率达到 60.77％,同比上涨 2.76％;平均房价 345.55 元/间/天,同比仍有 0.78％的微弱涨幅。

温州全市有旅行社 212 家。

随着私家车的普及,自驾游已成为越来越多人的出游选择。温州积极推进自驾旅游的配套设施建设,举全市之力打造"自驾旅游名城"的品牌形象。经过几年的建设,随着营地、驿站、综合绿道、特色旅游客栈等基础逐步完善,温州自驾旅游发展条件、接待设施已初具规模,"自驾游温州"成为时尚度假的新方式。

主要参考文献
（按照出版或发表时间先后顺序）

一、著作类：

[1] 周作人.鲁迅的青年时代.北京:中国青年出版社,1957.

[2]〔汉〕司马迁.史记.北京:中华书局,1959.

[3] 侯外庐,赵纪彬,杜国庠.中国思想通史（第四册上）.北京:人民出版社,1959.

[4]〔刘宋〕范晔著.〔唐〕李贤注.后汉书.北京:中华书局,1962.

[5]〔汉〕许慎.说文解字.北京:中华书局,1963.

[6]〔后晋〕刘昫等.旧唐书.北京:中华书局,1975.

[7]〔宋〕欧阳修,宋祁等.新唐书.北京:中华书局,1975.

[8]〔元〕脱脱等.宋史.北京:中华书局,1975.

[9] 章锡琛点校.张载集.北京:中华书局,1978.

[10] 顾学颉校点.白居易集.北京:中华书局,1979.

[11] 何介均,张维明编写.马王堆汉墓.北京:文物出版社,1982.

[12] 常任侠.东方艺术丛谈.上海:上海文艺出版社,1984.

[13] 中国科学院考古所编.新中国的考古发现和研究.北京:文物出版社,1984.

[14] 许维遹.吕氏春秋集释.北京:中国书店,1985.

[15]〔清〕章学诚.章学诚遗书.北京:文物出版社,1985.

[16]〔清〕黄宗羲.明儒学案.北京:中华书局,1985.

[17]〔清〕董浩编.全唐文.北京:中华书局,1985.

[18]〔清〕陈士珂辑.孔子家语.北京:中华书局,1985.

[19] 胡朴安.中华全国风俗志.上海:上海书店,1986.

[20] 陈俊民.张载哲学思想及关学学派.北京:人民出版社,1986.

[21] 冯从吾.关学编.陈俊民点校.北京:中华书局,1987.

[22] 杜维明.人性与自我修养.北京:中国和平出版社,1988.

[23] 国语·战国策.长沙:岳麓书社,1988.

[24] 国语.上海:上海古籍出版社,1988.

[25] 柯文.在中国发现历史:中国中心观在美国的兴起.北京:中华书局,1989.

[26] 姚公鹤.上海闲话.上海:上海古籍出版社,1989.

[27] 袁仲一.秦始皇陵兵马俑研究.北京:文物出版社,1990.

[28] 黄晖.论衡校集.北京:中华书局,1990.

[29] 张荷.吴越文化.沈阳:辽宁教育出版社,1991.

[30] 冯宝志.三晋文化.沈阳:辽宁教育出版社,1991.

[31] 顾承甫.十大名山.上海:上海古籍出版社,1991.

[32] 邵宏漠,韩敏.陕西回民起义史.西安:陕西人民出版社,1992.

[33] 张玉勒.山西史.北京:中国广播电视出版社,1992.

[34] 林华东.河姆渡文化初探.杭州:浙江人民出版社,1992.

[35] 陈忠来.河姆渡文化探源.北京:团结出版社,1993.

[36] 管敏义.浙东学术史.上海:华东师范大学出版社,1993.

[37] 安冠英等.中华百年老药铺.北京:中国文史出版社,1993.

[38] 吴钢.高陵碑石.西安:三秦出版社,1993.

[39] 韩邦奇.苑洛集(卷四).上海:上海古籍出版社,1993.

[40] 张海鹏,张海瀛.中国十大商帮.合肥:黄山书社,1993.

[41] 黄新亚.三秦文化.沈阳:辽宁教育出版社,1995.

[42]〔清〕纪昀.阅微草堂笔记.成都:巴蜀书社,1995.

[43] 陈俊民点校.二曲集.北京:中华书局,1996.

[44] 李刚.陕西商帮史.西安:西北大学出版社,1997.

[45] 李泽厚.论语今读.合肥:安徽文艺出版社,1998.

[46] 周晓红.传统与变迁——江浙农民的社会心理及其近代以来的嬗变.北京:生活·读书·新知三联书店,1998.

[47] 陈方竞.鲁迅与浙东文化.长春:吉林大学出版社,1999.

[48] 牟宗三.心体与兴体.上海:上海古籍出版社,1999.

[49]〔清〕纪昀.钦定四库全书总目.北京:中华书局,2000.

[50]曹聚仁.我与我的世界.太原:北岳文艺出版社,2001.

[51][日]斯波义信.宋代江南经济史研究.方键,何忠礼,译.南京:江苏人民出版社,2001.

[52]黄鉴晖.晋商经营之道.太原:山西经济出版社,2001.

[53]张正明.晋商兴衰史.太原:山西古籍出版社,2001.

[54][美]余英时.中国近世宗教伦理与商人精神.合肥:安徽教育出版社,2001.

[55][法]孟德斯鸠.论法的精神.孙立坚,孙丕强,樊瑞庆,译.西安:陕西人民出版社,2001.

[56]曹振武编著.山西民俗.兰州:甘肃人民出版社,2002.

[57]周梦江注.周行己集.上海:上海社会科学院出版社,2002.

[58]周作人.地方与文艺.石家庄:河北教育出版社,2002.

[59]续修四库全书.上海:上海古籍出版社,2002.

[60]浙江省文物考古所编.河姆渡——新石器时代遗址考古发掘报告.北京:文物出版社,2003.

[61]袁仲一.秦兵马俑.北京:生活·读书·新知三联书店,2004.

[62]王遂今.吴越文化史话.杭州:浙江大学出版社,2005.

[63]龚杰.张载评传.南京:南京大学出版社,2006.

[64]殷俊玲.晋商与晋中社会.北京:人民出版社,2006.

[65]郑孝时.明清晋商老宅院.太原:山西经济出版社,2006.

[66]刘军.河姆渡文化.北京:文物出版社,2006.

[67]黄宗羲.明儒学案.北京:中华书局,2008.

[68]田旭东.话说陕西——远古西周卷.西安:西北大学出版社,2009.

[69]张岂之,卢鹰.话说陕西·汉风荡神州.西安:西北大学出版社,2009.

[70]葛贤慧.商路漫漫五百年:晋商与传统文化.太原:山西经济出版社,2009.

[71]田螺山遗址编委会.田螺山遗址——河姆渡文化新视窗.杭州:西泠印社出版社,2009.

[72]张之恒.中国考古通论.南京:南京大学出版社,2009.

[73]沈善洪主编,费君清执行主编.浙江文化史.杭州:浙江大学出版社,2009.

[74]苏秉琦.苏秉琦文集(三).北京:文物出版社,2009.

[75]〔宋〕王应麟.四明文献集(外二种).北京:中华书局,2010.

[76]〔美〕黄仁宇.赫逊河畔谈中国历史.北京:九州出版社,2011.

[77]李刚.李刚话陕商.西安:三秦出版社,2010.

[78]〔清〕章学诚著,罗炳良译注.文史通义.北京:中华书局,2012.

[79]聂元龙.山西民俗撷拾.太原:山西人民出版社,2012.

[80]张如安.南宋宁波文化史.杭州:浙江大学出版社,2013.

[81]北平图书馆甲库善本丛书.北京:国家图书馆出版社,2014.

二、论文类:

[1]王靖泰,汪品先.中国东部晚更新世以来海面升降与气候变化的关系.地理学报,1980(4).

[2]牟永抗,毛兆廷.江山县南区古遗址墓葬调查试掘.浙江文物考古所学刊,北京:文物出版社,1981.

[3]黄逸平.近代宁波帮与上海经济.学术月刊,1994(5).

[4]南志刚.儒道自由观与审美关系论.唐都学刊,1995(3).

[5]周静芬,张孟耸.鸦片战争后宁波帮近代化的标志之一.浙江师范大学学报,1996(1).

[6]周静芬,张孟耸.宁波帮传统优势行业的转型.浙江师范大学学报,1996(6).

[7]毛曦.自然环境与三秦文化的地域特征.唐都学刊,1997(3).

[8]李庆元.源远流长的三晋文化.民主,1997(9).

[9]邵继勇.明清时代边地贸易与对外贸易中的晋商.南开大学学报,1999(3).

[10]姜国柱.张载思想的基本内容和主要特征.咸阳师范专科学校学报,1999(4).

[11]武占江.关学、实学与心学.西安电子科技大学学报,1999(4).

[12]林乐昌.李二曲的经世思想与讲学实践.中国哲学史,2000(1).

[13]心浩."经世致用"浙东文化的最高宗旨.宁波大学学报,2000(2).

[14]张如安.浙东文化的本质内涵.宁波大学学报,2000(2).

[15]赵吉惠.关中三李与关学精神.西安交通大学学报(社会科学版),2001(3).

[16]林乐昌.张载答范育书三通与关学学风之特质.中国哲学史,2002(1).

[17]刘学智.冯从吾与关学学风.中国哲学史,2002(3).

［18］陈厥祥.包氏家族与宁波帮精神.宁波大学学报,2003(2).

［19］吴光.简论"浙学"的内涵及基本精神.浙江社会科学,2004(6).

［20］赵馥杰.论关学的基本精神.西北大学学报(哲学社会科学版),2005(6).

［21］金英.舟山诸岛的出生礼仪.浙江海洋学院学报(人文科学版),2005(2).

［22］孙晋浩.开中法与明代盐制的演变.盐业史研究,2006(4).

［23］潘起造.浙东学术的地域文化渊源及其文化精神.浙江社会科学,2006(4).

［24］陈杨,管守新.晋商兴衰原因探究.沧桑,2006(6).

［25］张亲霞.关学的历史地位与作用.长安大学学报(社会科学版),2008(2).

［26］张亲霞.明代关学的基本特征.西北大学学报(哲学社会科学版),2008(4).

［27］刘永清.论关学的精神特质.理论月刊,2008(12).

［28］[韩]辛太甲,[中]侯杰,[美]李钊.中国传统商业文化的现代转型.南方论丛,2009(1).

［29］郑绩,卢敦基.论浙商的两种传统.浙江社会科学,2009(10).

［30］米文科.薛瑄与明代关学的中兴.兰州学刊,2010(12).

［31］孙玉梅,秦俊丽.山西省文化旅游资源的特征与文化产业发展模式.地理研究,2011(5).

［32］郑备军,陈铨亚.宁波钱庄的制度创新与宁波帮的崛起.浙江学刊,2012(5).

［33］刘学智.张载及其关学研究的方法与研究走向探析.唐都学刊,2012(5).

［34］赵海涛,胡海桃.近十年来晋商研究综述.山西社会主义学院学报,2014(1).

［35］汪俊芳.论山西民歌的地域性风格特征.艺术评论,2014(4).

［36］刘海萍.山西民歌的风格特色.艺海,2014(5).

三、其他类:(含学位论文、资料集等)

［1］张建强.明清陕商经营艺术研究.西北大学硕士学位论文,2001.

［2］王琛.明清时期陕商与粤商的比较及其现代启示.西北大学硕士学位论文,2008.

［3］管小丽.晋商伦理及其现代价值初探.南京师范大学硕士学位论文,2008.

［4］宋瑛璐.从"晋商精神"谈东方管理哲学的本质与创新.吉林大学硕士学位论文,2008.

［5］拓庆阳.陕西省旅游资源禀赋及开发的区域差异评价.西北农林科技大学硕士论文,2012.

［6］李鹏.山西面食传统制作工具初探.山西大学硕士学位论文,2013.

[7] 彭泽益.中国近代手工业史资料(第 1 册).北京:生活·读书·新知三联书店,1958.

[8] 陕西始皇秦俑坑考古发掘队.秦始皇陵兵马俑.北京:文物出版社,1983.

[9] 上海通社.上海研究资料续编.上海:上海书店,1984.

[10] 浙江民俗学会编.浙江风俗简志.杭州:浙江人民出版社,1986.

[11] 山西票号史料编写组.山西票号史料.太原:山西人民出版社,1991.

[12] 中华人民共和国国家旅游局.2014 中国旅游统计年鉴.北京:中国旅游出版社,2014.

[13] 江泽林.旅游业专题讲座心得体会.陕西日报,2014-3-4(12).

关键词索引

后　　记

　　"浙东文化与秦晋文化比较研究"是 2010 宁波市文化工程招标课题,要求完成 20 万字左右专著,经过课题组长达五年多的艰苦努力,今天终于拿出了书稿。当落下最后一个字的时候,作为项目主持人,感慨良多。

　　首先,本课题的难度和工作量远远超过原来的预期。作为招标课题,当时设计的主要目标是宁波帮与晋商比较研究。课题组成员在申请这一课题的时候,翻阅了相关资料,首先发现晋商在形成过程、经营品类、商业范围和商业文化精神等方面,与陕西商帮——秦商存在着千丝万缕的联系,二者均受明代"食盐开中""开中折色"影响,以输粮换引的方式崛起,全国各地的山陕会馆昭示着秦商与晋商的"秦晋之好"。而且,宁波帮在形成和发展过程中,与秦商、晋商、徽商、江右商帮、粤商等诸多商帮均有交集,十大商帮中唯有宁波帮成功转型。所以,在课题组讨论过程中,大家一致建议将商帮文化比较扩充,进行秦商、晋商与宁波帮比较研究。后来,在具体写作申报书过程中,课题组认为仅仅进行商帮文化比较研究,既无文化之"源",也无文化之"流",三大商帮文化赖以产生的区域环境显然不能忽视,于是,建议将研究范围进一步扩大,进行"秦晋文化与浙东文化比较研究",设计从远古文化形成基础、历史文化、学术文化、商业文化、民俗文化、文化资源开发等六大维度开展研究工作。随着研究范围扩大,文献阅读工作量成几何倍数增加,且对研究者的专业素质、知识结构、学术判断提出更高要求,显然已经远远超出"年度课题"的工作量和学术难度。

　　五年来,课题组本着"雄心壮志",扛着这份"超负荷"的任务,严格按照申报书计划的章节结构,逐步实施,遇到了许多意料不到的问题,诸如资料不足的问题、学术界成果积累不够的问题、比较分析基础不对等的问题,等等。期间几度"悔不当初",几番彷徨踌躇,欲进还退,曲折摸索。但有一个信念支撑着课题组全体成员,因为直到目前,学术界关于"秦晋文化与浙东文化"研究的整体性成果尚难见到,即使在该课题开展的一些分支领域,相关的学术成果也不多,远古文化基础、民俗文化、文化资源开发比较等方面,将秦晋与浙东进行比较研究的成果更是凤毛麟角,即使在商帮文化比较研究中,更多是进行宁波帮与晋商比较研究,秦商往往被忽略了。

　　常言道:万事开头难。既然申报了课题,就要硬着头皮开这个头,时至今日,面对这部书稿,我们真有"欲哭无泪""难以诉说"的情绪。我们明白,尽管我们付出了艰苦努力,但由于课题组成员的专业素养、学术水平与研究对象的内在要求不对等,这个成果还是粗糙的,不免存在着这样那样的问题,与课题管理机构的要求尚有一段距离。在此,我们诚恳期望管理机构领导、专家和读者批评指正,以利我们进一步修改,不断提高研究成果质量。

　　本课题研究曲曲折折,困难重重,有些困难超出了我的承受力。在研究工作的时候,来自多方面的支持令我们倍感欣慰。感谢课题主管单位——宁波市社会科学院,如果没有诸多领导的关心、激励、支持、批评,作为课题组负责人可能坚持不到现在,当我数次冒出"放弃"想法的时候,来自这里的声音给了我不少温暖。感谢课题组成员杨心珉、白斌、张骁飞、张蒲荣、王彩萍、苏勇军、周娟、钟晓欢等,他们或为本课题完成提供了部分章节资料,或写作了部分章节初稿,请谅解我多次"催命鬼"式的催稿和近乎无理的要求。感谢为本课题做出相关研究成果的专家学者,是他们的专著论文,打开了本课题研究的思路,提供了研究的文献资料,支撑、激发了本课题的相关论点。

　　本书稿得以完成,是集体合作的成果。各章节完成人如下:第一章由杨心珉提供初稿,南志刚改写完成;第二章白斌提供初稿,南志刚重写完成;第三章第二节由张骁飞执笔完成;第五章第一节由张蒲荣执笔完成,第二节由王彩萍执笔完成,第三节由苏勇军执笔完成;第六章第一节由周娟执笔完成,第二、三、四节由钟晓欢执笔初稿,南志刚修改完成。其余章节内容均由南志刚执笔完成。

南志刚

2015 年 1 月 20 日于宁波

图书在版编目(CIP)数据

浙东文化与秦晋文化比较研究 / 南志刚等著. —杭州：
浙江大学出版社，2017.9
ISBN 978-7-308-16179-4

Ⅰ.①浙… Ⅱ.①南… Ⅲ.①地方文化－比较文化－
浙东、陕西省、山西省 Ⅳ.①G127

中国版本图书馆 CIP 数据核字(2016)第 211195 号

浙东文化与秦晋文化比较研究

南志刚　等著

责任编辑	张小苹
责任校对	李增基　董　唯
封面设计	项梦怡
出版发行	浙江大学出版社
	（杭州市天目山路 148 号　邮政编码 310007）
	（网址：http://www.zjupress.com）
排　　版	浙江时代出版服务有限公司
印　　刷	杭州日报报业集团盛元印务有限公司
开　　本	710mm×1000mm　1/16
印　　张	15
字　　数	270 千
版 印 次	2017 年 9 月第 1 版　2017 年 9 月第 1 次印刷
书　　号	ISBN 978-7-308-16179-4
定　　价	48.00 元